高等职业院校通识教育融媒体创新教材

新时代
大学生创新创业教育

主　审　彭富强

主　编　朱艳军　夏利波　黄德斌

副主编　刘　超　肖坤斌　涂晴晖　张　娜

江西高校出版社
JIANGXI UNIVERSITIES AND COLLEGES PRESS

图书在版编目(CIP)数据

新时代大学生创新创业教育/朱艳军,夏利波,黄德斌主编.—南昌:江西高校出版社,2021.5(2021.12重印)
高等职业院校通识教育融媒体创新教材
ISBN 978-7-5762-1307-2

Ⅰ.①新… Ⅱ.①朱… ②夏… ③黄… Ⅲ.①大学生—创业—高等职业教育—教材 Ⅳ.①G647.38

中国版本图书馆CIP数据核字(2021)第080275号

出版发行	江西高校出版社
社址	江西省南昌市洪都北大道96号
总编室电话	(0791)88504319
销售电话	(0791)88511423
网址	www.juacp.com
印刷	南昌市光华印刷有限责任公司
经销	全国新华书店
开本	787 mm×1092 mm 1/16
印张	14
字数	270千字
版次	2021年5月第1版
	2021年12月第2次印刷
书号	ISBN 978-7-5762-1307-2
定价	45.00元

赣版权登字-07-2021-530

前　言

随着我国经济社会发展进入新常态，党中央、国务院做出了加快实施创新驱动发展战略、建设创新型国家的重大决策。目前，创新创业已经成为国家战略，政府部门出台了许多政策推动大学生创业，创业之风正蔚然兴起，创业者有了更广阔的平台，经济全球化、社会信息化为创业提供了前所未有的舞台和契机。本书正是在这样的大背景下编写而成的。

人才是创新的核心要素，创新驱动实质上是人才驱动。大学生是祖国的未来、民族的希望，是担负创新创业使命的种子力量。近年来，我国高校不断加强创新创业教育，取得了积极进展，但是仍然存在创新创业教育理念滞后、对教育自身的创新创业要素重视不够、与专业教育结合不紧、与实践脱节、缺乏高品质的创新创业课程教材、教师开展创新创业教育的意识和能力欠缺等诸多突出问题，为此，我们组织编写了本书。

本书结合大学生群体的实际特点，帮助大学生了解和掌握创新与创业的相关知识和规律，提高大学生的创新意识和创业能力。本书具有知识新颖、内容丰富、案例鲜活、贴近实际、注重素质培养和能力提升等特点。本书在编写过程中，内容取舍以实际、实用、实效为原则，精讲细练，对各知识点和技能进行着重叙述。书中还设置了众多案例，案例内容紧贴湖南交通职业技术学院各专业情况，有利于帮助学生建立共鸣感，增强学习兴趣。本书体例新颖，特色鲜明，每章设置了学习目标、案例导入、拓展阅读、经典案例、项目实训等环节，理论与实践相结合，促进学生对各章知识的掌握。

本书由彭富强担任主审，并对书稿的特点及内容更新、总体编排结构提出了宝贵的意见。本书由朱艳军、夏利波、黄德斌担任主编，由刘超、肖坤斌、涂晴晖、张娜等人担任副主编。在本书的编写过程中，参考了大学生创新创业的同类书籍、文献，在此谨向这些资料的作者致以诚挚的谢意。

由于时间仓促，编者水平有限，疏漏及不当之处在所难免，恳请各位专家、读者批评指正。

编　者

2021 年 1 月

目录

第一章 创新认知

学习目标

1. 了解什么是创新,能够进行自主创新。
2. 了解创新意识与创新能力的含义。
3. 了解创新思维,能够进行创新思维训练。

案例导入

从一个全新的品牌成长为北京地区的头部健身房品牌,Shape 仅仅用了不到两年时间。谈起这样的“弯道超车”,创始人曾翔说,团队一直在做的就是“颠覆传统健身行业”。“因为健身本身并不是一个新的商业模式,已经有很多用户在持续从事健身的消费。而我们所做的就是用新的理念、新的商业模式、创新的想法和互联网的思维方式去服务一批更新、更年轻的用户。”曾翔表示,基于这样的理念,Shape 进行了很多微创新。

在商业模式上,Shape 降低了用户首次体验的门槛,可以单次付费,相比于传统健身房的捆绑办卡方式更加灵活方便。所有人都可以简单地体验到高质量的课程,对拉新有极大的帮助。同时,在用户接触 Shape 品牌的整个过程中,没有任何人为的干预,体验不到销售的存在。用户只需要关注公众号预约课程、到店扫码上课就可以轻松解决一切,迎合了现在年轻消费者的心理,极大提升了用户对品牌的忠诚度。“在传统健身房,他们最重要的 KPI 是销售,用户从头到尾的体验都并不是很好。而作为新型健身房的代表,我们做到了把销售因素完全排除在外,让用户在整个过程中感受到轻松自然,之后再自发地进行复购。”

Shape 团队将精力都放到了如何提升用户体验上,包括教练培训、教学标准化、微信小程序的优化升级、会员积分体系改良,甚至店内的装饰灯光音响也完全从用户的视角出发。Shape 应用了很多全新的运营思维和理念，其中关键的一点是全面监控用户的燃脂数据。“进入健身房签到的时候要佩戴我们的手环和臂环，通过场馆的系统可以将所有人的排名、实时心率、燃脂情况、用户级别都显示出来。”曾翔介绍，在 Shape 的会员体系中，用户消耗的卡路里相当于自己的积分，根据积分一共分为九个等级。更高级别的会员享有更多的福利，同时积分也可以当钱花。社群对当代城市人的生活和心理状态都有很大的影响，Shape 将游戏和社交的元素融入健身体验中，力求打造一个健康的生活方式品牌。“我们希望健身能够成为城市白领的一个常规运动解决方案，不是说每个人都要练出很多肌肉来，重要的是始终保持健康的状态。”

（节选自东方欲晓：《颠覆传统行业模式让健身成为生活习惯——访 Shape 塑健身创始人曾翔》，《中国商界》2020 年第 Z1 期，第 113~115 页）

第一节　创新概述

一、创新的概念

创是始的意思，所以创造不是后造，而是始造。创造和仿造相对。通常说创造，含有造出了一个前所未有的事物的意味。创新，顾名思义即创造新的事物。创新，大致有两种含义：一种含义是创造了新的东西，这和创造实际是同一个意思。另一种含义是本来存在一个事物，将它更新或者造出一个新事物来代替它。在这种含义下，创造不可能凭空而起，新的创造一般是建立在原有的事物或其转化的基础上，是对原有事物的创新，因而创造中又包含了创新。人类的创造创新可以分解为两个部分：一是思考，想出新主意；二是行动，根据新主意做出新事物。一般是先有创造创新的主意，然后有创造创新的行动。

在西方，最先提出“创新”这一概念的是美籍奥地利经济学家约瑟夫·阿罗斯·熊彼特（Joseph Alois Schumpeter）。他于 1912 年在《经济发展理论》一书中，首先使用“创新”（innovation）一词。他将创新概括为发明的首次应用，包括五种类型：①引入一种新产品或提供一种新的产品质量；②采用一种新的生产方法；③开辟一个新的市场；④获得一种原料或半成品的新的供应来源；⑤实行一种新的企业组织形式。人们之所以要进行这些方面的创新，正是出于经济原因，即强烈的利润动机和潜在的利润前景的驱使。

二、创新的特征

（一）目的性

创新是有目的的，其目的就是不断满足人类自身生存发展的需要。具体来讲，就是创新总是围绕着解决一定的问题而进行的，总是与完成某个任务相联系，所以创新是一种有目的地认识世界和改造世界的实践活动。

（二）价值性

从创新的成果来看，创新具有明显、具体的价值，也就是具有一定的社会和经济效益。创新是各种社会事物进步与发展的共同因素，它能够满足人们的某种需要，促使企业获得成功、国家经济活力得到增强、社会取得进步。创新成果的价值可以分为社会价值、经济价值和学术价值。若没有价值，创新也就失去了意义。

（三）新颖性

就创新的特性来看，创新是把新的或重新组合和再次发现的知识引入所研究对象系统的过程，是引入新概念、新东西和革新的过程，因而其成果必然是新颖的，与过去相比具有新的因素或成分。原有事物的内容和形式正是由于增加了新的因素而得以更新、发展和突破。"求新"是其灵魂，没有"求新"的变革，称不上创新。

（四）先进性

先进性就是与旧事物相比具有相对优势。创新在多大优势上优于已有的和现存的事物，这是人们是否愿意采纳创新成果的关键。一个创新产品的先进性主要体现在结构更合理、功能更齐全、效率进一步提高等等。一个创新的管理方法的相对优势表现在提高了利润、降低了成本、调动了人的积极性、提高了管理效率等等。如果不具有先进性，新事物就不可能替代旧事物，创新就失去了意义。另外，创新的先进性还体现在它代表了事物的发展规律和趋势。

（五）发展性

创新是一个不断发展的过程。创新发展是创造新知识、应用新知识并不断发展知识的过程。知识是创新之源，通过知识创新推动科技创新、文化创新、管理创新以及其他各方面的创新。创新使知识生生不息，没有知识的不断更新，创新的源泉就会干涸。对知识进行创造、应用、再创造、再应用，这种形式循环往复，以至无穷，而每个循环创造和应用的内容都进入了更高一级的程度。这是人类创新永无止境、无限发展的客观规律。

（六）变革性

就创新的实质来看，都是变革旧事物，使其更新，成为新的事物。“穷则变，变则通，通则久。”当遇到难以解决的问题时，就应该采用“变”的方式，如改变思考角度、方式方法、结构、功能等。“变”了，问题就解决了，即“通”了。这个由“变”到“通”的过程，就是创新的过程。故步自封，安于现状，不想变革，就没有创新。

（七）再创造性

再创造就是对原有事物、现有知识和已有创新成果的再次发现和重新组合，既包括使知识达到新的深度和广度，又包括修正错误和更新知识；既包括从研究新情况、新问题中获得新知识和新成果，又包括从研究老情况、老问题中获得新知识和新成果。

（八）层次性

根据人们解决问题的新颖、独特程度不同，可以将创新划分为以下三个层次：第一层次为高级创新，是指经过长期的研究和探索所产生的科学发现，它是一种从无到有、填补空白的创新活动。第二层次为中级创新，主要是指经过改革或发明，在原有知识和经验的基础上重组材料，获得有社会价值的技术革新。这一层次的创新已成为社会生产力发展的巨大力量。第三层次为初级创新，主要是指在别人率先创新的基础上，通过引进技术和购买专利等方式，消化、吸收而进行的一种创新。这是以跟踪当前国际先进水平并加以模仿为主的创新思路。

三、创新的类型

（一）产品创新

产品创新是指通过改善或创造产品，以进一步满足顾客需求或开辟新的市场。产品创新的价值在于创造性地解决了用户的问题，同时兼顾了用户价值和商业价值，既满足了用户的需求、创造了用户价值，又达成公司的商业目标、创造了商业价值。成功的产品创新通过在功能、外观、质量、安全等各方面不断改进以满足顾客的需求，从而争取更多的顾客基础，实现企业的市场竞争优势。

产品创新的方式可分为以下 6 种：

(1)全新产品。这类新产品是同类产品的第一款，并创造了全新的市场。此类产品占新产品的 10%。

(2)新产品线。这些产品对市场来说并不新鲜，但对于有些厂家来说是新的，约有 20%的新产品归于此类。

(3)已有产品品种的补充。这些新产品属于工厂已经有的产品系列的一部分。对市场来说,它们也许是新产品。此类产品是新产品类型中较多的一类,约占26%。

(4)老产品的改进型。这些不怎么新的产品从本质上说是工厂老产品的替代品。它们在性能上比老产品有所改进,能提供更多的内在价值。该类新改进的产品占26%。

(5)重新定位的产品。适于老产品在新领域的应用,包括重新定位于一个新市场,或应用于一个不同的领域。此类产品占新产品的7%。

(6)降低成本的产品。将这些产品称作新产品有点勉强,它们被设计出来替代老产品,在性能和效用上没有改变,只是成本降低了。此类产品占新产品的11%。

(二)工艺(流程)创新

工艺(流程)创新是指生产和传输某种新产品或服务的新方式,如对产品的加工过程、工艺路线、设备、生产规则体系等所进行的创新技术活动。企业通过研究和运用新方式方法和规则体系等实现工艺创新,提高企业的生产技术水平、产品质量和生产效率。

工艺(流程)创新的方法有:

(1)创造策略,即利用新原理、新技术开发新工艺。

(2)模仿策略,即根据市场预测及企业自身的能力,选择市场上已有的生产工艺进行模仿或稍加改进。

(3)复合策略,即把创造和模仿结合在一起的工艺创新。

(三)服务创新

服务创新是企业为了提高服务质量和创造新的市场价值而发生的服务要素变化,对服务系统进行有目的、有组织的改变的动态过程,是一种技术创新、业务模式创新、社会组织创新、需求创新和用户创新的综合。服务创新能通过新的设想、新的技术手段转变成新的或者改进的服务方式,使顾客或潜在顾客感受到不同于从前的崭新内容。

服务创新的途径如下:

(1)全面创新。借助技术的重大突破和服务理念的变革,创造全新的整体服务。其比例最低,却常常是服务观念革新的动力。

(2)局部革新。利用服务技术的小发明、小创新或通过构思精巧的服务概念,而使原有的服务得到改善或具备与竞争者服务存在差异的特色。

(3)形象再造。服务企业通过改变服务环境、伸缩服务系列、命名新品牌来重新塑造新的服务形象。

(4)改型变异。通过市场再定位,创造出在质量、档次、价格方面有别于原有服务的新的服务项目,但服务的核心技术和形式不发生根本变化。

(5)外部引入。通过购买服务设备、聘用专业人员或特许经营等方式将现成的标准化服务引入本企业中。

(四)商业模式创新

商业模式创新是改变企业价值创造的基本逻辑以提升顾客价值和企业竞争力的活动。商业模式创新既可能包括多个商业模式构成要素的变化,也可能包括要素间关系或者动力机制的变化。简而言之,商业模式创新是指企业以新的方式盈利。

商业模式创新是对企业以前的基本经营方法进行变革。一般而言有 4 种方法:改变收入模式、改变企业模式、改变产业模式和改变技术模式。

(1)改变收入模式是改变一个企业的用户价值定义和相应的利润方程或收入模型。

(2)改变企业模式是改变一个企业在产业链的位置和充当的角色。

(3)改变产业模式是要求一家企业重新定义本产业,进入或创造一个新产业。

(4)改变技术模式是商业模式创新的最主要驱动力,企业可以通过引进激进型技术来主导自身的商业模式创新。

四、创新的原则

(一)科学原理原则

创新不得违反科学规律。在进行创新构思时,要注意以下几点:①应进行科学原理相容性检查。与科学原理是否相容,是检查创新设想有无生命力的根本标准。②必须进行技术方法可行性检查。如果设想所需要的条件超过现有技术方法可行性范围,则该设想只能是一种空想。③对新设想的功能体系进行合理性检查。这关系到该设想是否具有推广应用的价值。

(二)相对较优原则

创新不可盲目追求最优、最佳、最美、最先进。许多创新设想都各有千秋,这时就需要按相对较优的原则,对设想进行判断选择。要注意以下几点:①可从创新技术先进性上比较,看谁领先和超前。②从创新经济合理性上比较,看谁合理和节省。③从创新整体效果性上比较,看谁全面和优秀。

(三)构思独特原则

兵法中一直强调"出奇制胜"。所谓"出奇",就是"思维超常"和"构思独特"。创新贵在独特,创新也需要独特。在创新活动中,往往要从创新构思的新颖性、开创性和特色性几个角度进行系统的检查和思考。

（四）机理简单原则

在现有科学水平和技术条件下，如不限制实现创新方式和手段的复杂性，所付出的代价可能远远超出合理程度，使得创新的设想或结果毫无使用价值。因此，在创新的过程中，要注意以下几点：①新事物所依据的原理是否重叠，超出应有范围。②所拥有的结构是否复杂，超出应有程度。③所具备的功能是否冗余，超出应有数量。

（五）不轻易否定、不简单比较原则

在分析评判各种创新方案时应注意避免轻易否定的倾向。创新的广泛性和普遍性都源于创新具有的相融性。我们应在尽量避免盲目地、过高地估计自己的设想的同时，也注意珍惜别人的创意和构想。

第二节　创新意识与创新能力

一、创新意识

（一）创新意识的概念

创新意识是指人们根据社会和个体生活发展的需要，引起创造前所未有的事物或观念的动机，并在创造活动中表现出的意向、愿望和设想。它是人类意识活动中的一种积极的、富有成果性的表现形式，是人们进行创造活动的出发点和内在动力，是创造性思维和创造力的前提。创新意识是人们对创新及其价值性、重要性的一种认识水平、认识程度，以及由此形成的对待创新的态度，并以这种态度来规范和调整自己的活动方向的一种稳定的精神态势。创新意识总是代表着一定社会主体奋斗的明确目标和价值指向性，成为一定主体产生稳定持久的创新需要、价值追求、思维定式以及理性自觉的推动力量，成为唤醒、激励和发挥人所蕴含的潜在本质力量的重要精神力量。

（二）创新意识的表现形式

创新意识的表现形式主要有以下几个方面：

1.主体意识

主体意识是人在同客体的相互作用中所表现出来的独立性、自主性、能动性。它是个人生活的灵魂，是国民基本素质的核心部分。唤起人的主体意识、弘扬人的主体精神，是个体人格的凸现，是当今时代精神的最核心内容。心理学家马斯洛曾指出，人的生理需要和安全需要得到基本满足后，爱的需要和尊重的需要就会突出来成为主体需求。人在满足了爱的需要与被尊重的需要后，就会感觉到自己有价值、有用处、有能力，从而焕发出挑战自我的勇气和信心，以及自尊、自信的心理品质。挑战自我、超越现实的勇气正是创新的强大内驱力。

2.问题意识

问题意识即质疑意识，是创新的根本要素。问题意识在思维过程和科学创新活动中占有非常重要的地位。爱因斯坦认为，提出问题比解决问题更重要。因为解决问题也许仅是一个数学或实验上的技能而已，而提出新问题、新的可能性、从新的角度去看旧的问题，却需要有创造性的想象力，而且标志着科学的真正进步。从科学发展进程来看，很多重大的发明与创新与其说是问题的解决者促成的，不如说是问题的寻求者促成的。每天有无数的人烧开水，他们都看见水开时壶盖会跳动的现象。其他人对此都已司空见惯，只有瓦特发现问题：壶盖为什么会跳？他发现了这个问题并由此问题研究发明了蒸汽机，直接推动了人类社会由农业文明进入工业文明的发展。这些理论与实践，非常有力地证明了一个简单却重要的命题：一切创新的活动都源于问题的发现，而发现问题的行为又来自强烈的问题意识。所以，一个没有问题意识的人是无法进行或维持创新活动的。

3.超越意识

超越是对传统的挑战，是对现实的突破。敢于超越前人，超越现实，超越自我，是人类最宝贵的精神财富之一。只有不安于现状，不满足于现成的知识和物质，不畏惧于先辈及权威，敢于探索、怀疑、否定、超越，人类社会才得以发展，科学才得以进步。

4.集体意识

良好的社会性，是现代人才必备的个性之一。集体意识的培养，就是要培养学生具有团体的意识以及社会归属感、义务感和责任感。当今社会，人类的生产实践日益趋向于全球化、复杂系统化，其生产要素的范围越来越广阔，这就要求个体的、局部的生产活动互相依赖、互相组合成一个整体。随着信息技术的飞快发展，共享各地域以及各个体、团体的信息与文化已成为现实，网络社会的实现，使人与人之间互相交流、互相融合的交往越来越迫切。社会的进步与变化，比以往更加要求社会成员具有人际交往的意愿与能力，要求具有善于与其他成员相互交流、相互协作、互相尊重的合作精神。要自小培养自身的合作意识，以适应团体生活，根据集体的需要，自觉调整自己的角色，主动承担义务。在竞争与合作之中，善于团结友爱、彼此交流，善待自己和他人、成功与失败，敢于奉献自己的成功，也乐于分享其他成员和团体的胜利。只有具备这种集体意识的社会个体，才能在未来的社会大合作中充分发挥自己巨大的潜能，才有希望获取更大的成功。

（三）创新意识的作用

第一，创新意识是决定一个国家、民族创新能力最直接的精神力量。如今，创新能力实际就是国家、民族发展能力的代名词，是一个国家和民族解决自身生存、发展问题能力大小的最客观和最重要的标志。

第二，创新意识促成社会多种因素的变化，推动社会的全面进步。创新意识根源于社会生产方式，它的形成和发展必然进一步推动社会生产方式的进步，从而带动经济的飞速发展，促进上层建筑的进步。创新意识进一步推动人的思想解放，有利于人们形成开拓意识、领先意识等先进观念。创新意识会促进社会政治向更加民主、宽容的方向发展，这是创新发展需要的基本社会条件。这些条件反过来又促进创新意识的扩展，更有利于创新活动的进行。

第三，创新意识能促成人才素质结构的变化，提升人的本质力量。创新实质上确定了一种新的人才标准，它代表着人才素质变化的性质和方向。它传送了一种重要的信息：社会需要充满生机和活力的人、有开拓精神的人、有新思想道德素质和现代科学文化素质的人。它客观上引导人们朝这个目标提高自己的素质，使人的本质力量在更高的层次上得以确证。它激发人进一步发挥主体性、能动性、创造性，从而使人自身的内涵获得极大丰富和扩展。

（四）如何培养大学生创新意识

1.重视知识积累

知识积累是培养、激发创新意识的必要条件。大学生要培养自己的创新意识，首先就要增强自己的求知欲，使自己具备勤奋求知的精神。因为“学而创，创而学”是创新的根本途径。

创新知识积累需要具备创新学习的能力。创新学习是接受、优化和构建知识的过程，其实质是知识的增值，是进行创新思维和创新实践的基础。创新学习能力是获取、继承和重构知识的能力。因此，对于创新能力的开发，首先要重视创新学习能力的培养，然后通过创新实践把新的思想和设计变为现实产品，这些产品包括文字产品、艺术作品、技术成果以及工艺、方法、工业产品等。

只有掌握创新的基础知识和基本技能，并遵循创造性规律，了解科技发展和知识更新的动态，形成较强的学习能力和思维能力，才能萌生创新意识。

2.培养强烈的创新动机

创新动机是激励大学生思考、推动大学生行动的内在力量。它是大学生开展创造活动的根本动力。创造动机的核心是事业心和责任感，这是激发大学生创造动机产生的思想基础。因此，大学生应当结合国家发展、社会进步的宏伟目标，树立正确的事业观、责任观和行为观，培养自己强烈、积极、正确的创新动机。

3.激发好奇心，开发创新潜能

创新需要有一定的敏感度，这样人们在仔细观察、探索和努力思考时，就会产生更多的思维火花，解决许多之前难以解决的问题。同时，创新还需要强烈的好奇心。古今中外有很多真知灼见、发明创造都是通过不断探索而获得的，而人们的探索欲望常常表现为强烈的好奇心。好奇心使人们对某物、某事、某人充满兴趣，这些兴趣促使人们去质疑、探索或刨根问底。这时思维会变得特别活跃，人的潜能也会在这个过程中得到释放，人的创造性也会随之空前高涨。

4.消除创新的心理障碍

谈到创新，有的创业者会有一种抵触和恐惧情绪。他们认为创新是神秘、可望而不可即的，认为那是科学家才能干的事情，而自己没有能力去进行创新，也没有创新的意识。其实，人人都具备创新的潜能，教育家陶行知先生曾在《创造宣言》中说过："处处是创造之地，天天是创造之时，人人是创造之人。"要具备创新意识，首先需要消除创新的心理障碍，树立创新的信心，拥有"敢为天下先"的勇气。其次，要有首创精神，敢于尝试做别人没有想过、没有做过的事情，拥有强烈的进取精神和勇于开拓的思维意识。首创精神是创新的动力，是培养创新习惯的基础。创业者只有具备首创精神才能敏锐地发现创新点。

创新是一个长久的过程，这一过程中最难的环节就是创新活动前创新意识的产生。一个一闪而过的念头、一件微不足道的小事都可能触发人们去思考，然而这个触发的过程也许并不持久，这就要求人们要进一步运用创新意识去挖掘这件小事。就像很多人都被树上掉下的果子砸到过，但并不是所有被砸到的人都能因此受到启发而发现万有引力。

5.树立坚定的创新信念

信念是事业的立足点，是成功的领航灯。大学生的创新活动是对他们创造理想的追求和探索。在大学生创造活动的过程中充满艰难曲折和未知因素，如果没有坚定的创造信念，大学生的创造活动就难以持之以恒地开展下去。因此，大学生应当树立坚定的创造信念，既要相信创造力人人可有、时时可见、处处可用，又要相信尽管创造无坦途可言、不能心存侥幸，但只要通过自己的努力奋斗和不懈追求，就有可能到达成功的彼岸。

6.参与创新实践活动

培养创新意识是一种严肃且严谨的创造性活动，不能把创新意识的培养简单化或表象化，否则会降低创新精神的科学性和严肃性。创业者在培养创新意识的过程中一定要注意树立科学的创新理念，明确创新的真实含义。要防止把创新仅仅当作一种响亮的口号，只是局限于一些没有实质意义的新名词和新举措，而不能解决实际问题。

在培养科学的创新意识的过程中,“一心只读圣贤书”的方式是无法适应社会日新月异的发展的,大学生创业者应该积极参与创新实践活动。创新实践活动可以是创新创业培训,也可以是创新创业比赛;可以是理论性的,也可以是操作性的。

作为大学生,一定要激发自己的创新意识,学会思考、怀疑与探索,并结合自己所掌握的知识加以实践。

经典案例

“艺术+科技”助力城市提升和产业发展

用多彩炫目的光艺术打造城市形象;用“艺术+工科”方式设计月球概念车……四川美术学院在艺术领域融入科技、智能元素,助力城市提升和文化产业发展。

“我们花了5个通宵将马赛克墙体上的画作描绘下来”

将罗中立的油画《父亲》用光投影技术将其“搬”上黄桷坪涂鸦墙;用光怪陆离的灯光营造虎溪校区“时光通道”……2020年10月底,四川美术学院迎来建校80周年校庆。该校联合20多家照明企业,在黄桷坪校区和虎溪校区的8个标志性地点,用裸眼3D技术、光投影等上演了一场超炫酷的灯光秀。

最魔幻的作品是四川美术学院美术馆墙体上展现的《沐光森林》。夜幕下,墙体上绚烂的灯光营造出一片“森林”:奇花异草、飞禽走兽,惟妙惟肖。

“我们用科技为涂鸦纹理赋予生命。”川美公共艺术学院公共艺术系主任周波介绍,在四川美术学院美术馆五彩斑斓的马赛克墙体上,原本就有《沐光森林》的巨幅画作。创作团队在电脑上按原尺寸对壁画进行描绘、编程,然后用3台高达88000流明的投影仪,在墙体上诠释出一个立体、动感的奇妙世界。

“我们花了5个通宵将马赛克墙体上的画作描绘下来。”周波回忆,整面墙体有70米长、17米高,包含近百种树木、花草、走兽等元素。团队给墙体按区域打网格,然后各自分工负责不同区域,按原尺寸进行原点位描绘,从而将树木、鸟儿、大鱼等图案用光艺术生动呈现。

据悉,川美正在黄桷坪街道杨九路、黄桷坪正街沿线,以及李家沱长江大桥北桥头一带打造灯饰景观,其体量是川美校庆灯光秀的20倍。“届时流光溢彩的光艺术将美化城市空间,助推夜游经济,打造九龙半岛靓丽的城市名片。”周波说。

“‘艺术+工科’相得益彰，对创新思维非常有帮助”

一款可在月球上行驶的载人车会是什么模样？

2015年，川美团队参加全国月球车创意概念大赛，其创意作品获得金奖。随后，团队不断改进，在2019年设计出“升级版”。

这台月球概念车由四川美术学院副院长段胜峰带领团队设计，其采用铝合金制作，前后共6个轮子，因此相比传统的4个轮子抓地力更好，越障能力也强；可折叠，体积小；顶上装有摄像头，两位宇航员背靠背而坐，视角可达360度。

不仅能拉货、载人，这台月球概念车还有特别寓意。其整个车身由一根蜂窝状的钛合金绕出来，意寓“天上的丝绸之路”；轮胎上的胎纹，则是用金属编织成的若干个“China”的英文字母。

参与这台月球车设计的杨承颖现在已留校任教。他回忆：“我们和重庆大学机械工程学院等团队合作，根据力学参数、工程数据等修改造型和材料。当时，熬夜是家常便饭，有时一周只能解决一个小问题，但‘艺术+工科’相得益彰，对创新思维非常有帮助。”

拟建重庆市工业设计中心

2020年，川美新建了一个600平方米的“未来移动实验室”。这是一个主要针对汽车智能产品进行综合测评的实验室。

“随着技术发展，汽车会有许多智能一体化设计，例如车载语音交互、用屏幕做的流媒体后视镜、智能座舱等。”实验室负责人、设计系主任蒋金辰介绍，实验室围绕工业设计、智能制造、用户体验等相关专业搭建实验平台，通过建设驾驶模拟系统、视景仿真系统等，采集用户的心电、脑电波、驾驶注意力等数据进行用户体验综合测评。其结果不仅可以引导设计方向，还可以制定相关行业标准。

“川美还拟建重庆市工业设计中心。”段胜峰介绍，在川美已有的“全球艺术设计创新中心”基础上，川美拟修建新的设计中心大楼，聚集相关研发机构和人才，聚焦新一代信息技术、高端装备、医养健康、现高效农业等领域，采用大数据、智能制造等相关技术，打造物联网工业应用、虚拟现实、医工交叉设计研究与应用集群等平台，服务产业应用进行设计创新，助推西部（重庆）科学城的建设和发展。

（李星婷：《四川美术学院：“艺术+科技”助力城市提升和产业发展》，《重庆日报》2020年11月11日第6版，本文有删改）

二、创新能力

（一）创新能力的概念

创新能力是指在具体解决现实矛盾和问题的过程中，提供最新的有社会需求的劳动产品、服务产品和精神产品，满足人们幸福生活目标追求的需要的能力。人类所拥有的各种能力中，创新能力属于最高层次的。创新能力并不只是单纯地开发新事物的能力，它由创新意识、创新思维、创新方法、创新环境和创新意志五部分组成。

创新意识是形成创新能力的基础，也是创新活动的内在动力。创新意识是创新主体开展创新活动最根本的内驱力。

创新思维在创新活动中起着关键作用。思维是头脑感性认识的抽象表达，它会在人做某事之前形成思维框架，从而支配着人的整个实践活动。在实践活动中，思维通常会告诉人们做某事的目的、方法、意义等。所以，人的各种实践活动离不开思维并且受其控制。创新思维是超越现有旧思维或思想惯性的一种思维方式，其在创新活动中的指导作用是不言而喻的。

创新方法是创新能力的核心部分，是创新能力的具体表现，是创新活动得以实现的方式和步骤。创新方法是创新能力高低的决定因素，直接影响着创新活动的结果。创新方法是否得当与奏效从创新成果角度观察便一目了然。

创新意志是创新活动中解决问题、克服难题、跨越障碍过程的心理活动，影响着创新活动的进程。创新能力的产生不可能一劳永逸，创新活动在实践过程中也不可能一帆风顺，遇到问题和困难是经常会发生的事情，正确面对挫折与困难，创新意志的重要性就会得以显现。顽强的创新意志会在遇到困难时发挥其正能量的作用，帮助创新主体克服困难，完成创新活动；反之，则会使创新活动功亏一篑。

创新环境是影响创新能力的外在因素。创新能力的形成除了受创新主体的主观因素影响，也受外部客观因素中环境因素影响。良好的环境氛围有利于形成积极的创新氛围，对创新思维的形成也会有增益的作用，但运用不善也会产生安逸心理，影响创新。恶劣的环境氛围对创新活动的影响则在于个体的应对方式。大学生要正确把握创新环境因素。

创新能力是技术和各种实践活动领域中不断提供具有经济价值、社会价值、生态价值的新思想、新理论、新方法和新发明的能力。创新能力是经济竞争的核心。当今社会的竞争，与其说是人才的竞争，不如说是人的创新能力的竞争。

（二）创新能力的类型

创新能力作为一个系统、综合的概念，是各种基本能力的组合方式，这种组合方式随不同领域的创新活动而有所不同。创新能力通常包含以下几种基本类型：

1.发现问题的能力

发现问题的能力，是一种发现那些让人难以察觉的、隐藏在习以为常现象背后问题的能力。其表现为意识到存在于周围环境中的矛盾、冲突、需求，意识到某种现象的隐蔽未解之处，意识到寻常现象中的不寻常之处。

发现问题能力的前提是好奇心和怀疑。好奇心会增强人们对外界信息的敏感性，发现问题并追根溯源，提出一连串问题。怀疑就是对权威的理论、既有的学说和传统的观念等，不是简单地接受与信奉，而是持怀疑和批判的态度。

2.流畅的思维能力

流畅的思维能力是指就某一问题情境能顺利产生多种不同的反应，给出多种解决办法和方案的能力。常用“文思泉涌”“下笔如行云流水”“口若悬河滔滔不绝”等来形容思维流畅的人。思维流畅对创新有重要意义，因为能形成大量设想，就有更多机会产生有创新意义的想法。提出的设想越多，出现有创见性想法的机会也就越多。

思维流畅是以丰富的知识和较强的记忆力为基础的。个体还要能够根据当前情况所得到的印象和所观察到的事物激活知识，调出大脑中储存的信息，并进行创造性思维，从而提出大量新观点。

3.变通的能力

变通的能力，是指思维迅速地、轻易地从一类对象转变到另一类对象的能力。它能够从某种思想转换到另一种思想，或是多角度地思考问题，能用不同方式研究问题。具有变通能力的人，一般都能根据客观情况的变化机智地解决问题，在思维中灵活应变，不囿于条条框框，敢于提出新观点，思想活跃。

创新需要多向思维，仅有了流畅的能力是不够的，还需要变通能力。因为流畅性强调产生设想的数量，如果只是在同一类型上做出众多反应，那么就会形成思维定式。

4.独立创新的能力

独立创新的能力是一种以不同寻常的思想和新奇的、独特的方式解决问题的能力。具有独创能力的人往往与他人不同，独具卓识，能提出新的创见，做出新的发现，实现新的突破，具有开拓性。独创能力是创新能力最本质、最重要的核心要素，它反映了一个人创新能力水平的高低。我们在技术产品开发上，在生产、管理和市场开拓上，甚至在日常学习和生活中，都需要运用独创能力。

独创能力是最重要也是最难得的。它主要体现在两个方面：一是打破常规，追求与众不同；二是求新求异的有机结合。打破常规就要求思维具有批判性，用近乎挑剔的眼光来看问题，并总是能提出与众不同的、罕见的、非常规的想法。求新就是以新的角度看问题，以新的思路、新的方式提出新设想。求异就是要独特，提出的设想与常规的设想相比要有很大不同，是一般人不易想到的。

5.制订方案的能力

创新的设想能否实现取决于方案的制订和实施。制订方案的能力是指把一个创新的想法变成一个具体的实施方案的能力。方案是为了解决特定问题、达到预期目标采用的方法和手段。制订方案时，首先，要明确创新目标是什么，方案是围绕着实现创新目标而制订的；其次，分析实现这个创新设想存在哪些问题和困难，了解其有利因素和不利因素；再次，针对需要解决的问题，选择采用的主要方法和途径（主要是运用创新方法，包括类比、想象、直觉、灵感等多种形式，并确定需要解决的重点和方向）；最后，制订方案的实施步骤。

（三）提高大学生创新能力的必要性

1.民族发展壮大的需要

国家民族要发展壮大，硬实力和软实力要双管齐下。提高大学生创新能力可以带动科技创新和文化创新，这二者又是硬实力和软实力的重要组成部分，所以培养大学生的创新能力迫在眉睫。创新，是一个民族发展壮大最重要的推动力，是提高一国国际地位的可靠保证。国与国的竞争，从表象上看是各国综合国力的较量，实则是人才科技的比拼。纵观人类历史的发展，从古至今都遵循着这样一个规律：凡是因循守旧者、墨守成规者，必定成为落后者。历史也已证明，落后就要挨打。

世界各国间的竞争与其说是产品竞争，实则更像是一场以创新能力为核心的综合国力竞赛，拥有高素质创新型人才越多的国家，其竞争优势越明显，越能掌握管理国际事务的话语权。面对如此严峻的国际竞争局势，党中央高度重视创新的重要作用，发出“大众创业、万众创新”的号召，强调“让人们在创造财富的过程中，更好地实现精神追求和自身价值”。“双创”的提出让越来越多的人投身到创业创新之中，催生了新供给，释放了新需求，成为稳增长的重要力量。要应对经济全球化和科学技术发展带来的挑战，缩小与发达国家的差距，在竞争中占据优势地位，我们必须在科技上取得突破性的发展，提高民族创新能力，而培养创新型人才就是最佳的方法。

2.高等教育发展的需要

教育是立国之本，是一个民族、一个国家发展的不竭动力之源。大学生作为祖国的未来和栋梁，是我国建设创新型国家的青年生力军，他们是否具备高水平的创新思维和创新能力，事关我国未来社会的兴旺发展。人的创新能力不是与生俱来的，需要将头脑中的关于创新的意识活动从感性表达提升到理性探索上，实现由感性到理性的质的飞跃，并付诸实践。大学生创新能力的培养不是顺其自然就能等来创新潜力的自动出现，而是需要在学校通过系统的创新教育才能得以形成。良好的创新思维和自身素质一经形成，就会自动步入不断建构和更新的轨道，并且成为推动大学生创新能力发展的内在力量。一方面，强化高等教育质量是适应经济社会发展的需要，完善高校专业设置和结构，应该以创新人才培养为出口。另一方面，提高教师队伍整体素质，加强学生实践能力和创新精神，转变人才培养模式、教学内容和方法，应该着眼于社会发展的要求。深化高等教育改革，提高人才培养的能力和水平，更好地满足经济社会发展对高素质创新性人才的需要。国内各个高校应该把提高教学质量与适应经济发展相结合，充分利用自身优势，推进新时期的教育改革，积极落实并推进素质教育，制定新的衡量人才的标准，以利于创新人才的成长。综合素质的评判中侧重创新能力为核心，发挥评判的导向功能等杠杆，可以从提升教学质量、改变教育方式等方面来推进教育改革与创新能力培养相结合，建设更符合时代发展的全新教育机制。所以，培养大学生创新意识、提高大学生创新能力既是现代化教育改革的要求，也是其必然的选择。

3.中国梦的实现离不开创新的驱动

在市场配置供求的前提下，个体劳动价值需要转化为社会需求而被肯定，这决定了产品和服务的质量的发展性和创新性。创新性会随着社会的发展在经济、政治、文化的不同领域不同层次提出新的要求，这最终要由个体的创新能力来回应和满足。人们是在追逐梦想、实现目标中逐渐成熟与发展，这同时也是国家的强大与进步的过程。中国梦的提出既向我们描绘了一张祖国未来发展的蓝图，同时又向我们提出了新的挑战和要求。要实现本国生产力的创新发展，首先要解决创新人才的培养。十九大报告指出，人才是实现民族振兴、赢得国际竞争主动的战略资源。这不仅是强调创新人才的重要性，也是对创新人才培养方向的肯定。

要想以自力更生的方式实现中国梦，就要走创新发展之路，培养创新型人才。从某种程度上说，改革开放初期的经验积累和基础建设是今天创新认识由量变到质变的体现，也是全面深化改革出现的新红利。竞争领域的深入和产业科技层次的提升，都需要创新型人才来参与完成。通过培养大学生创新能力带动科技创新，进而催生出一些新的产业，这本身就是对就业和产品提供的双向提升。创新可以使我们在各领域实现技术的世界领先。因此，加强大学生创新能力培养，对提高生产力水平，发展国民经济，最终实现中华民族伟大复兴的中国梦具有重大意义。

第三节 创新思维

一、认识创新思维

（一）创新思维的概念

创新能力是人的能力中最重要、最宝贵、层次最高的一种能力，其核心因素就是创新思维。人是靠大脑解决一切问题的。头脑中的创新是人们进行创新实践活动的基础和前提，一切需要创新的实践活动都离不开思考，离不开创新思维。可以说，创新思维是一切创新活动的开始。

那么，什么是创新思维？关于创新思维的定义和本质，至今也说法不一。简而言之，创新思维是指对事物间的联系进行前所未有的思考，从而创造出新事物的思维方法，是一切具有崭新内容的思维形式的总和。科学家们的新发现，科技人员的技术革新和发明，社会改革家的新设想、新计划，普通劳动者的创造性活动，艺术家的创作，甚至小学生通过独立思考，解决从未遇到过的难题，这些都是创新思维的具体体现。总之，凡是能想出新点子、创造出新事物、发现新路子的思维都属于创新思维。

（二）创新思维的特征

1.联想性

联想性就是我们通常所说的由此及彼和触类旁通，它们的共同点是将从表面看来互不相干的事物相联系起来，从而形成创新思维成果。通过创新思维的联想性，我们可以利用别人的发明或创造进行创新。比如，铅笔发明后，有人在铅笔的头部加上橡皮擦，这就属于这一类创新。另外，我们也可以根据已有的经验进行创新，这就需要我们具有创新意识，不断提高创新能力。

联想是创新者在创新思考时经常使用的方法，这种思考方式也卓有成效。当然，能否有效地利用联想进行创新创造与一个人联想能力的高低有关，联想能力也是创新思考的重要前提。

创新者需要掌握一点，那就是积极寻找事物之间的对应关系。因为任何事物之间都存在一定的联系，这是人们能够进行联想的客观基础。

2.求异性

求异性就是破除思维定式和逆转思维惯性，敢于对司空见惯的现象和权威的结论提出质疑。盲从心理让人难以有新发现或有所创新。求异性是在实事求是的基础上，基于客观事实提出质疑或否定。例如，对企业的组织构架提出质疑，对企业技术的合理性提出改进意见，以及对产品包装、服务理念等与企业相关的环节提出不同看法。

要想有所创新，创业者要不拘泥于常规，不轻信权威，要以怀疑和批判的态度对待一切事物和现象。

3.发散性

创新思维具有发散性的特征，它是一种开放性的思维。其过程是从某一点出发，任意发散，既无一定方向，又无一定范围。

发散性思维是创新思维的核心。发散性的思维活动不受任何限制和禁锢，人们运用发散性的思维可以在众多可供选择的方案、办法及建议中选择最佳的一个，还能提出一些别出心裁、出乎意料的见解，使看似无法解决的问题迎刃而解。

4.逆向性

逆向性就是有意识地从常规思维的相反方向去思考问题的方法。如果把传统观念、常规经验、权威言论当作金科玉律，那就常常会阻碍我们的创新思维活动。因此，面对新的问题或长期解决不了的问题时，不要习惯于沿着前辈或自己长久以来形成的固有思路去思考问题，而应从相反的方向寻找解决问题的办法。

“反其道而行之”的思维模式往往具有颠覆式的创新性，它能够使人们在市场的不利局面中开辟出新的市场，刺激消费者的认知发生改变，从而激发消费者的消费欲望。

5.综合性

创新思维实际上是各种思维形式的综合体。它既包含抽象思维，又包含非逻辑思维；既包含发散思维，又包含聚合思维；既包含求同思维，又包含求异思维。由此形成的创新思维的矛盾运动推动了创新思维的发展。

6.独创性

独创性是创新思维的直接体现或标志，具体表现为创新成果的新颖性和唯一性。

(三)创新思维的过程

英国心理学家沃勒斯在其1926年出版的《思考的艺术》一书中提出，创新思维过程一般都要经历准备期、酝酿期、明朗期和验证期四个阶段。

1.准备期

准备期是准备和提出问题阶段，包括发现问题、收集资料以及从前人的经验中获取知识和得到启示。创新性思维的准备包括三个方面的具体工作：①知识和经验的积累及整理；②搜集必要的事实和资料；③了解所提出问题的社会价值能满足何种社会需要及其价值前景。通过这三方面的工作，力求使问题概念化、形象化和具有可行性。

2.酝酿期

酝酿期也称沉思和多方思维发散阶段。在酝酿期要对收集的资料、信息进行加工处理，探索解决问题的关键，因此常常需要耗费很长时间、花费巨大精力，是大脑高强度活动时间。这一时期，需要从各个方面，如按纵横、正反等方向进行发散思维，让各种设想在头脑中反复组合、交叉、碰撞和渗透，按照新的方式进行加工。加工时，应主动地使用各种创新技能，力求形成新的创意。创新思维的酝酿通常漫长而又艰巨，也很有可能归于失败，但只要坚持下去，方法得当，仍然充满希望。

3.明朗期

明朗期即找到解决问题的办法的顿悟或突破期。它是经过酝酿期的反复思考，在充分酝酿的基础上，突然出现灵感或产生顿悟，使创新性思想脱颖而出、豁然开朗的时期。明朗期往往短促而又突然，呈爆发状态。久盼的创新性突破在瞬间实现，人们通常所说的“豁然开朗”“众里寻他千百度，蓦然回首，那人却在灯火阑珊处”等都是描述这种状态的。如果说“踏破铁鞋无觅处”描绘的是酝酿期，“得来全不费工夫”则是明朗期的形象刻画。在明朗期，灵感思维起着决定作用。这一阶段的心理状态可能是高度兴奋甚至感到惊愕。

4.验证期

验证期是对创新思维的评价、完善和充分论证阶段。由灵感闪现得到的想法，还需要在理论上进行推敲或用实验来检验，验证其是否正确、是否完备、是否可行，并不断加以修正和完善。创新思维所取得的突破，假如不经过这个阶段，就不可能真正取得创新性成果。

经典案例

“世界正在经历百年未有之大变局，新一轮科技革命和产业变革迅猛发展。人类面临的共同挑战需要各国携手应对。没有一个国家可以成为独立的创新中心，或独享创新成果。创新成果应惠及全球，而不应成为埋在山洞里的宝藏。”这是习近平2019年11月22日在人民大会堂会见出席2019年“创新经济论坛”外方代表时的讲话中的重要内容。

当前的世界机遇前所未有，挑战也是前所未有。美国前财政部长保尔森表示，当一些创新技术具有广泛的商业开发潜力同时并不威胁国际安全时，封锁这些技术就可能将经济领军者的地位让给作为竞争对手的企业和国家。

“创新与应用是无国界的。创新使我们能够高效、便捷地分享彼此的思想、观点和价值,能够携起手来汇聚智慧,应对面临的问题和挑战,探讨全球经济社会进步的新动力。”中国国际经济交流中心理事长曾培炎说,“封闭的创新是没有生命力的,科技脱钩和人为设限不符合数字经济发展的方向与趋势,也将无谓地增加新的创新成本,背离创新的初衷,于人于己都不利。”

美光科技有限公司首席执行官桑贾伊·梅赫罗特拉以半导体行业为例表示:“高科技行业需要交流接触,使企业的创新能够让所有客户受益。我们要支持自由创新,并且是在公平的环境里支持创新。”

“零和游戏是危险的。”保尔森表示,开放可以促使竞争,竞争才能带来经济的繁荣,筑起篱笆会影响全球经济的发展。

“封闭创新、打断创新实际上打断的是自己攀登技术顶峰的可能。”中国国际经济交流中心总经济师陈文玲说,“全球产业链已经是一个整体而密不可分,零和博弈只会给经济、贸易、科技、金融等各领域带来极大的混乱。中国提出的人类命运共同体理念不仅为世界描绘了一个美好愿景,更是展现了中国好、世界更好的开放诚意。”

与会的专家学者普遍认为,人类的历史就是一部创新的历史,每当出现颠覆性创新时都会改变人类的命运,但没有一次革命是哪一个国家发明了这项技术就为之独有,一定是通过分享、转移、转化才形成全球的科技革命,这就需要开放的胸怀,需要合作的诚意。

(节选自邓大洪:《创新需要“拆篱”而不是“筑墙”》,《中国商界》2020 年第 Z1 期,第 14~17 页,略有改动)

(四)创新思维的常见类型

1.发散思维

发散思维是大脑在思维时呈现的一种扩散状态的思维模式。它表现为思维视野广阔,思维呈现出多维发散状,也叫辐射思维、扩散思维、求异思维和多向思维等。发散思维是一种非逻辑思维、跳跃式思维,是指人们在进行创新活动或解决问题的思考过程中,从一个已有的问题或信息出发,无拘无束地将思路由思维原点向四面八方展开,突破原有的圈,充分发挥想象力,经不同途径以不同的视角去探索,重组眼前和记忆中的信息,产生新信息,从而获得众多的解题设想、方案和办法,使问题得到圆满解决的思维过程。不少心理学家认为,发散思维是创新思维最主要的特点,也是测定一个人创新能力的主要标志之一。

2.收敛思维

收敛思维又被称为聚敛思维、集中思维、求同思维、复合思维,也是创新思维的一种形式。发散思维是为了解决某个问题,从已有的问题出发,思考的方法、途径越多越好，总是追求还有没有更多的办法。而收敛思维虽也是为了解决某一问题，但在解决问题时与发散思维相反，思维主体总是尽可能地利用众多的现象、线索、信息、方法和途径，把众多的信息和解题的可能性逐步引导到条理化的逻辑链中去，向着问题的一个方向思考，根据已有的经验、知识或发散思维中针对问题的最好办法去得出最好的结论和解决问题的方法。从已知信息中产生逻辑结论，从现成资料中寻求唯一正确或可行性答案的思维，其思维方向总是从四面八方指向思维目标。收敛性思维包括分析、综合、归纳、演绎、科学抽象等逻辑思维和理论思维形式。

3.想象思维

想象力可能会成为解决其他任何问题的钥匙。美国科学家本杰明·富兰克林也认为，想象在解决创新问题的过程中起着主导的作用。事实和设想本身都是死东西，是想象赋予了它们生命。有了精确的观测和实验作依据，想象便成为科学理论的设计师。科学家只有具备想象能力，才能理解肉眼观察不到的事物是如何发生和怎样作用的，从而构想出解释性的假说。

4.联想思维

联想思维就是通过思路的连接把看似毫不相干的事件（或事项）联系起来，从而达到新成果的思维过程。一般而言，我们把联想思维看成是创新思维的重要组成部分，联想思维的成果就是创造性的发现或发明。

5.逆向思维

当大家都朝着一个固定的思维方向思考问题时，而你却独自朝相反的方向思索，这样的思维方式就叫逆向思维。逆向思维也被称为求异思维，它是对司空见惯的似乎已成定论的事物或观点反过来思考的一种思维方式。敢于“反其道而思之”，让思维向对立面的方向发展，从问题的相反面深入地进行探索，树立新思想，创立新形象。人们习惯于沿着事物发展的正方向去思考问题并寻求解决办法。其实，对于某些问题，尤其是一些特殊问题，从结论往回推，倒过来思考，从求解回到已知条件，反过去想或许会使问题简单化。

6.组合思维

组合思维又被称为连接思维或合向思维，是指把多项貌似不相关的事物通过想象加以连接，从而使之变成彼此不可分割的新的整体的一种思维方式。

组合是一种创新，它的思维方式是将两个看似不相干的事物进行组合，使整体具有单个事物所不具备的新特质，增加了新的功能。组合，不是简单的加法，而是一种创新。

（五）创新思维的作用

创新思维是创新能力的核心，没有创新思维就没有创新性活动。因为人的活动无处不受思维的支配。思维出现混乱，就会导致行为的失调。从某种意义上讲，人的思维越准确，则人的活动越准确；人的思维越有创新性，则人的活动越有创新性。

首先，创新思维是人类赖以生存和发展的重要手段之一。人类社会文明和进步的历史就是一部创新活动的发展史，创新思维为人类的生存和发展所必需。没有创新性思维，人类就没有创新性活动，也就没有现在的物质文明和精神文明。创新思维是一种促进人类社会文明和进步的思维，它可以创新具有新的社会价值的事物。

其次，创新思维是确立、提升人的主体地位，强化人的主体力量的最有力的手段和途径。创新思维能强化人的主体力量，能激发个体的创新潜能和生命活力，唯有创新思维才能从根本上和本质上确立、提升人的主体地位和强化人的主体力量。

最后，现代创新教育呼唤创新思维。传统教育不重视创新思维能力的培养，培养出来的人缺乏创新思维和创新能力，很难适应知识经济的要求，很难适应社会发展的要求。学校教育中知识的传授和能力的培养，归根结底就是为了让学生毕业后能为社会去创新、去发明，对人类社会的文明和进步做出贡献。各级各类学校唯有重视对学生创新思维的培养和训练，才能最大限度地开发他们的潜能，才能使我国教育更好更快地实现“三个面向”。

（六）如何培育创新思维

创新思维不是凭空想象，它是在一般的思维基础上发展起来的，是后天培养和训练的结果。

1.展开幻想的翅膀

想象力是人类运用储存在大脑中的信息进行综合分析、推断和设想的思维能力。在思维过程中，如果没有想象的参与，思考就无法继续。特别是创造性想象，它是由思维调节的。幻想是构成创造性想象的准备阶段，今天还是幻想中的东西，明天就可能出现在创造性的构思中。

2.善于观察和思考

通常我们会对一些事物视而不见，或者是司空见惯，但如果仔细观察，就会发现许多奇特现象。善于观察和思考，也就有可能对这些现象提出问题，进而分析、解决问题。

3.培养发散思维

倘若一个问题可能有多种答案，那就以这个问题为中心，思考的方向往外散发，找出适当的答案。答案越多越好，而不是只找一个正确的答案。人在这种思维活动中，可左冲右突，找出来的适合的各种答案充分表现了思维的创造性成分。

4.培养强烈的求知欲

积极的创新思维往往是从人们感到惊奇而产生对这个问题强烈的追根究底的探索兴趣开始的。因此,要激发自己创造性学习的欲望,首先就必须使自己具有强烈的求知欲。而人的欲求感总是在需要的基础之上产生的。没有精神上的需要,就没有求知欲。要有意识地为自己出难题,或者研究前人遗留下的不解之惑,激发自己的求知欲。

5.打开惯性思维的枷锁

没有突破就没有创新,没有创新就没有活力,没有活力就没有生命力。突破就是打破旧的传统、习惯、经验等思维定式,使思维创新产生质的飞跃。所以,在创造性思考中,无论是新碰到的问题,还是老问题,都需要有新的思考程序和新的思考步骤。作为一种对问题的创造性思考方法,突破思维定式有助于打破各种束缚,充分发挥出人们的想象力和创新能力,使人们能产生许多出人意料的新思想、新方法。要突破思维定式就要有意识地抛开头脑中以往思考类似问题所形成的思维程序和模式,使思维迸发出创造性的火花。

相信通过一些科学且行之有效的方法培训之后,我们的创新思维能力将大幅度提高,从而创造更大的价值,并能通过创新创造出一个属于我们自己的美好未来。

二、训练创新思维

(一)突破思维定式

思维定式指人们用一种固定的思维模式来思考问题的习惯。它会使人们的思维沿一定的方向、一定的次序思考,让思维受到了限制,从而阻碍新观念和新想法的产生,抑制了人们的创造性。

妨碍人们创新的最大障碍,并不是未知的东西,而是已知的东西。因此,要想挖掘无穷的创新能力,必须跳出思维定式的框框,开阔视野与思路。

思维定式适合用在人们遇到同类或相似问题的时候,但对于创造性问题来说却是十分不利的,因为它会让人的思维活动逐渐变为一种既定的方向和模式,形成思维惯性,逐渐成为一种本能反应,使人的创造性思维受到束缚。

对于创新者来说,突破思维定式是十分重要的。我们在思考问题时,可以从以下几个方面来打破常规的思维模式:

(1)用其他方式表示这个问题。

(2)可以将问题颠倒过来看看。

(3)用另外一个问题替换目前的问题。

(4)将自己的思考方向转换一下。

(5)将思考问题时脑中出现的想法记录下来,并认真思考。

(6)把复杂问题转化为简单问题。

(7)把自己生疏的问题转换为熟悉的问题。

(二)拓宽思维视角

"视角"就是思考问题的角度、层面、线索或立场。思考问题时,若仅从一个视角出发,得到的结论往往是不全面的。如果大学生创业者要训练自己的思维能力,就应该尽量拓宽视角,学会从多种角度观察问题,从而提高发现新事物或解决问题的能力。

1.发散思维训练

发散思维就像一棵树,想法就像树枝从树干向四面八方伸展出去,这样就能从多个方向、多个角度扩展思维的空间。大学生创业者在进行发散思维训练的过程中,要做到思维的流畅、变通和新颖。

(1)流畅,指尽可能在较短的时间内产生较多的思维火花,表达尽可能多的思想和观念。训练思维流畅的方法有很多,如下就是几个例子:①在5分钟内,说出至少50个带有"雨"字的成语。②在3分钟内,列出至少60种水果的名称。③如果你只剩下一天的时间,你会做什么?

(2)变通,又叫灵活,指转换思维,打破已有的思维框架和思维定式,利用某种新视角、新观念、新途径来思考问题的思维方式。变通的主要特点表现在对待同样的问题能够用许多不同的角度和范畴进行思考,一旦思维出现困难能主动地改变思路,从其他角度重新思考问题。我们在生活中往往习惯按照固定模式来思考问题,久而久之,就会妨碍思维灵活性与创造性的发挥。因此,我们必须训练自己的思维能力,打破常规,为自己的思维插上腾飞的翅膀。

(3)新颖,指用与众不同的新观点和新认知来反映客观事物,对事物萌生出独特的见解。新颖既是发散思维结果的最高目标,又是创新思维的本质。作为大学生创业者,更要努力开阔自己的思维独特性,以获得解决新问题、孕育新思想和发现新事物的能力。

2.逆向思维训练

逆向思维的主要目标是要形成一种观念,即在思维过程中并不局限于一条思维道路,而要对客观事物的相反方向进行分析和思考,这样才能改变传统的立意角度,产生全新的见解。逆向思维的训练方法有如下几种:

(1)对待事物,要以怀疑的眼光来看待。

(2)在思考问题时,既要看到事物之间的差异,又要看到因事物之间存在的差异而产生的互补性。

(3)要积极主动地从正、反两方面进行思考,以便于发现问题存在悖论的地方。

(4)对问题进行分辨、评判和剖析,以发现客观事实。

3.联想思维训练

联想是一种创造性的思维活动,它可以通过对事物的对比和同化等手段把许多事物联系起来思考,从而加深对事物之间联系的认识,由此形成新的构想和方案。联想思维训练要求人们在大脑内为事物建立某种联系。因此,大学生创业者必须广泛实践、接触和了解事物,然后再结合思维训练的方法,将大脑中存储的经验和知识联系起来,这样才能达到创造性思维的目的。

(三)头脑风暴法

头脑风暴法又称智力激励法,是由美国创造工程学家奥斯本于 1948 年首创的一种激发性思维方法。它指一群人(或小组)围绕一个特定的兴趣或领域,无限制地自由联想和讨论,进而产生新观念或激发创新设想的一种方法。

在头脑风暴中,每一个人都被鼓励发表就某一具体问题及其解决办法的看法,从而产生尽可能多的观点。头脑风暴法有以下几个成功的要点:

(1)不要在思考的过程中评价想法,一定要在完成头脑风暴后再进行评价。

(2)尽可能地说出想到的任何意见,不要害怕自己的意见不被采纳。

(3)看法越多越好,主要着重于看法的数量,而不是质量。

(4)综合分析他人的方法,集思广益。

(四)水平思维法

水平思维法又称发散式思维法、横向思维法,由英国学者爱德华·德·博诺创立。水平思维法是摆脱"非此即彼"思维方式的思考方法,也是摆脱逻辑思维和线性思维的思维手段。每个人都具有走路、呼吸和对事物进行思考的能力,而思考的方法则因人而异。

水平思维法让人们从多角度、多侧面去观察和思考同一件事,捕捉偶然产生的构想,从而萌生意料不到的"创意",使人们学会创造性地看待问题和解决问题,让人们跳出"思考的盒子",使人们的思考变得更加丰富多彩且更有质量。比如一个需要解决的焦点问题:创业者如何鼓励员工创新? 一个人提出了一个想法:用巨额奖金来鼓励员工创新。在这个想法的基础上,可以提取一个概念:让员工有成就感。然后再以"成就感"为基点进行思考,就会产生更多想法,例如,对公司创新有特殊贡献的员工,奖励其创业基金,或奖励其为新产品命名的权利等。当然,还可以提取许多的概念,然后以这些新的概念为基点,提出更多的新想法。

水平思维的关键在于联想力,而不是判断力。在水平思维的过程中,不需要做非常慎重或严密的判断，即使做判断，也是非常迅速且简单地进行判断，这是水平思维的一个重要特性。

水平思维法的原则如下：

(1)找到支配性的构想。

(2)寻找各种各样的看法。

(3)从垂直性思考的强烈习惯的束缚中挣脱出来。

(4)有效地利用偶发性机遇。

(五)六顶思考帽法

六顶思考帽法是爱德华·德·博诺开发的一种思维训练模式，至今仍被采用。该思考法强调的是“能够成为什么”，而非“本身是什么”，寻求的是一条向前发展的路，而不是争论谁对谁错。它提供了一个“平行思维”工具，避免将时间浪费在无谓的互相争执上。六顶思考帽分别如下：

(1)白色思考帽，关注客观的事实和数据。

(2)绿色思考帽，代表创造力和想象力，即提出如何解决问题的建议。

(3)黄色思考帽，代表价值与肯定，即从正面考虑问题，评估建议的优点。

(4)黑色思考帽，运用否定、怀疑和质疑的态度，合乎逻辑地进行批判，尽情发表负面的意见，找出逻辑上的错误。

(5)红色思考帽，通过直觉、感受或预感等进行判断。

(6)蓝色思考帽，负责规划和管理整个思考过程，并给出结论。

六顶思考帽法已经被全球很多学校设为教学课程，同时还被许多著名企业采用。

思维导图

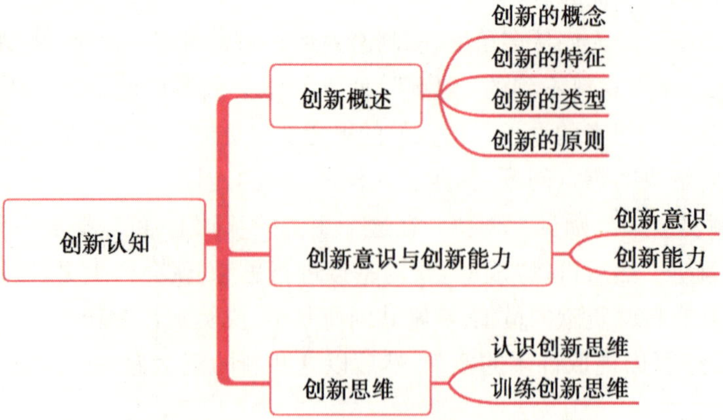

图 1-1　本章思维导图

项目实训

使用13个思维工具，分析智能手机颠覆传统手机和固定电话方面的创新思维。

13种思维工具如下：

（1）观察。通过观察磨炼所有的感官，从而使思维变得非常敏锐。

（2）想象。使用某些或全部感官在心里创造各种形象。

（3）抽象。观看或思考某种复杂事物，去粗取精，化繁为简，把唯一本质的东西找出来。

（4）模式认知。观察和研究不同的事物，找出它们在结构上或性能上的相似之处。

（5）模式形成。找到或创立新方法，对事物清理出头绪，纳入规范。

（6）类比。虽然两件事物迥然不同，但可以从功能上找到相同点。

（7）躯体思维。使用肌肉、肠胃的感觉以及各种感情状态。

（8）感情投入。将自己设想为自己所研究、绘画或写作的对象，与之合为一体。

（9）层次思维。能把情绪变成不同的层次，就像把素描改成雕塑一样。

（10）模型化。能将复杂的事物简化成一个模型。

（11）游戏中的创造力。能从毫无目的的游戏活动中演化出技术、知识和本能。

（12）转化。使用新获得的思维技巧，形成新发明的基本构图，然后制出模型。

（13）综合。使用各种帮助思维的工具得出结果，能用各种不同的方式对事物进行思考，诸如身体、直觉、感官、精神和智力等。

第二章 创业认知

学习目标

1.了解创业的含义、内容，有初步的创业想法。

2.理解什么是创业精神。

3.了解创新与创业的关系。

4.理解并掌握大学生创新创业的政策。

案例导入

要不要做口罩机？2020 年 2 月份，李群自动化联合创始人、总经理石金博一度有些犹豫。不做，口罩机的生意实在是太好了，相当于“坐家里收钱”；做，疫情过后订单怎么办？团队怎么养？更重要的是，那些因为疫情需要上机器人提升自动化的客户，谁来负责呢？

斟酌之后，她决定不做。现在来看，她觉得这是疫情期间最正确的决策。

2011 年，几位“数学控”博士引用了一个数学概念，创办了这家名为“李群”的公司。因为看到东莞制造业发达，团队便决定在这里落户，主攻食品、3C、新能源和日化行业的轻型工业机器人。

创业前，石金博取得了香港科技大学的博士学位，师从世界顶尖机器人专家李泽湘，和大疆创始人汪滔是同门。她不想把机器人做成一个冷冰冰的东西，在她看来，“机器人也应该被赋予人的智慧、人的能力，去解决大量产业工人正在做的事情”。

石金博的第一桶金来自苹果。公司刚起步时，研发的产品未能引发关注，一时陷入困境。那时苹果恰好要找一个项目的工业机器人合作伙伴，给iPhone手机做天线的自动化测试。

石金博觉得要抓住这个机会，她后来接受媒体采访时回忆，那段时期她负责代码编写，每天工作十几个小时，从自学编码到完成两万多行代码编写用了一个半月，终于如期交付样机，赚到了100万元。

2013年，公司又一次面临危机，团队负责人离开，需要一个新的CEO。在一帮工科男的世界里，石金博个性开朗，更善于沟通，无论是在部门之间传达技术团队的语言，还是给客户翻译机器人的语言，她都是最合适的那一个，“那就站出来干呗”。

但编码可以速成，管理上的挑战却不容易解决。起初因为不懂或者心虚，如果员工做得不好，石金博甚至都不敢直接表达出来。这个问题困扰了她很长时间，每发生一件事情，她都要及时反思怎么能做到更好。

后来石金博逐渐意识到，归根结底还是要打破自己。公司有许多技术人员，有时候可能很固执，不太会去交流、沟通，而她能做的就是建立起一种沟通机制，理解别人，然后再去调整自己的思考、表达方式。

当年石金博没有选择学术，而是走上了创业这条路。对于创业者来说，焦虑和挫败感不可避免，“但每隔一段时间，都能对自己有一个新的认知。无论是对自己，还是对业务越来越有把握和信心的状态，都会让我觉得人生很踏实，这样来看，创业这件事还是挺酷的”。

（节选自李佳：《石金博：创业这件事还是挺酷的》，《中国企业家》2020年第5期，第63~65页，略有删改）

第一节 创业概述

我国四次创业高潮

一、创业的概念

在我国“创业”一词最早出现于《孟子·梁惠王下》：“君子创业垂统，为可继也。”《辞海》将“创业”解释为“创立基业”。《现代汉语词典》将“创业”解释为“创办事业”。目前，人们定义“创业”为创业者通过发现和识别商业机会，在资源缺乏的情况下组织各种资源、提供产品和服务，以创造价值的过程。这个概念包括以下几层含义：

（1）创业是一个创造的过程，即创业者要付出努力和代价。

(2)创业的本质在于对机会的商业价值的发掘与利用,即要创造或认识事物的商业用途。

(3)创业的潜在价值需要通过市场来体现,即市场是实现财富的渠道。

(4)创业以追求回报为目的,包括个人价值的实现、知识与财富的积累等。

二、创业的要素

(一)创业的关键要素

创业的关键要素包括创业机会、创业团队和创业资源。

创业机会就是创业者可以利用的商业机会。从创业过程的角度来说,创业机会是创业的起点,创业过程就是围绕着创业机会进行识别、开发、利用的过程。

创业团队是指在创业初期(包括企业成立前和成立早期),由一群才能互补、责任共担、愿为共同的创业目标奋斗的人所组成的特殊群体。

创业资源是指创业企业在创造价值的过程中所需要的特定资产,包括有形与无形的资产。它是企业创立和运营的必要条件,主要表现为创业人才、创业资本、创业技术和创业管理等。

(二)创业各要素之间的关系

第一,创业机会是创业过程的重要驱动力,创业团队是创业过程的主导者,创业资源是创业成功的必要保证。创业过程始于创业机会,而不是资金、战略、网络、团队或创业计划。开始创业时,创业机会比资金、团队的才干和能力以及合适的资源更重要。在创业的过程中,创业机会与创业资源之间经历着一个适应→差距→适应的动态过程。

第二,创业过程是创业机会、创业团队和创业资源三个要素匹配和平衡的结果。创业团队要善于配置和平衡,借此推进创业过程,包括对创业机会的理性分析和把握,对创业风险的认识和应对,对创业资源的合理配置和利用,对工作团队适应性的认识和分析,等等。

第三,创业是一个连续不断地寻求平衡的行为组合。三个要素的绝对平衡是不存在的,但创业过程要保持发展,必须追求一个动态的平衡。这期间创业团队必须思考的问题包括:目前的团队能否领导组织未来的成长?组织面临怎样的资源状况?下一阶段的运作与成功面临哪些困难与陷阱?这些问题在组织发展的不同阶段会以不同的形式出现,影响到组织的可持续发展。

三、创业的过程

创业过程包括从产生创业想法到创建新企业并获取回报的整个过程,通常可分为以下6个主要环节：

（一）产生创业动机

创业动机是创业的原动力，它推动创业者去发现和识别市场机会。创业活动的主体是创业者，创业活动首先取决于个人是否希望成为创业者。创业动机不仅是打算创业的一时冲动，更是对创业目标与预期收益的深思熟虑。

（二）识别创业机会

识别创业机会是对可能成为创业机会的各种事件的分析和对创业预期结果的判断。创业机会一般分为两种：一种是意外发现的，一种是经过深思熟虑才发现的。国家产业政策的调整、新技术的出现、人口和家庭结构的发化、人们的物质和精神需求的变化、流行时尚等都可能形成创业机会。创业者应该具有敏感的嗅觉，及时、准确地识别创业机会，并对创业机会进行评价和提炼。这里需要创业者将知识、经验、技能和其他市场所需的资源进行整合。

（三）整合有效资源

资源是创业的基础性条件，整合资源是创业者开发机会的重要手段。强调整合资源，是因为创业者可以直接控制的可用资源往往很小，许多成功的创业者都有白手起家的经历。创业者需要整合的资源包括基本信息（有关市场、环境和法律问题）、人力资源（合作者、最初的雇员）、财务资源等。

（四）创建新企业

创建新企业需要进行大量的准备工作，其中创业计划、创业融资和注册登记尤为关键。创意能否变成行动，关键看其能否形成一个周密的创业计划。资金往往成为创业企业的“瓶颈”，创业融资在企业的创建过程中至关重要。创业者完成创业计划并获得融资之后，就可以按照法定程序进行注册登记，包括确定企业的组织形式、设计企业名称、向市场监督管理机关提出企业登记注册申请、领取营业执照等。

（五）实现机会价值

创业者整合资源、创建新企业的目的是实现机会价值，并通过实现机会价值来实现自己的创业目标，这是创业过程中的重要环节。确保新创建的企业生存是创业者必须面对的挑战，但创业者不能仅仅考虑生存，同时还要考虑成长，不成长就无法生存得更好，在激烈竞争的环境中尤其如此。创业者需要了解企业成长的一般规律，预见企业不同成长阶段可能面临的问题，采取有效的措施予以防范和解决，使机会价值得到充分的实现，同时不断地开发新的机会，把企业做活、做大、做强、做长。

（六）收获创业回报

对回报的正当追求是创业活动的目的，有助于强化创业者对事业的执着追求。对创业者来说,创业是获取回报的手段和途径,是一种载体。回报可能是多种多样的,对回报的满意程度在很大程度上取决于创业者的创业动机。多数创业者的创业动机首先是自己当老板,然后才是追求利润和财富,对这些人来说,当老板的感受就是回报。

四、创业的特征

(一)自主性

创业应是完全凭借创业者自己的力量完成的,整个创业过程是由创业者自己主导的,而不是由他人主导的。创业者运用自己的资本、知识和技能,自主进行产品开发、生产或提供服务,是一种完全独立自主的行为。这是创业和就业最主要的不同。

(二)创新性

创业总是和创新联系在一起。当然,创新性有强弱之分。比如,自己投资在家门口开了一个水果店和利用自己的一项科技发明专利创办了一家公司,两者的创新性是不可同日而语的,但毕竟都是从无到有,也都可称为创业。相反,如果是从长辈那里继承了一份家族企业,即使通过自己的努力企业又取得了巨大成就,那也不能称为创业。

(三)功利性

创业是一个创造财富、积累财富的过程,创业者尽管有不同的创业动机,但追求财富几乎是创业的最原始、最直接的动力。如果没有利益的驱动,人们就不会甘冒风险去创业,无论创业者采取什么手段或方式创业,其目的只有一个——获取利润,这是创业的共性。

(四)复杂性

从创业者的角度看,创业活动所涉及的内容要比打一份工复杂得多。创业者要研究分析各种环境因素,随时根据市场变动做出正确的决策;要充分开发和利用身边的各种资源,组织协调企业内部的各种因素;要处理企业创办和经营过程中出现的各种情况,包括各种突发事件和风险挑战等。所以,创业是一个非常复杂的过程。

(五)风险性

正因为创业是一个复杂的过程,会面临许多不利的、不确定因素的影响,因而创业也充满了风险性。一旦创业过程中出现一些挑战而创业者应付不当,企业随时都有可能面临风险,甚至失败。创业的风险性可以从新创企业的存活率上反映出来。

五、创业的类型

（一）按创业动机分类

1.生存型创业

生存型创业是指创业者是出于没有更好的选择而不得不参与创业，用以解决自身所面临的困难。生存型创业的核心在于，创业者参与创业活动是一种被动行为，而不是自愿行为。这种类型的创业者，最初或许根本就没有什么创业的概念以及伟大的理想与梦想，只是出于生存的渴望与责任，在现有市场中捕捉机会，从事低成本、低门槛、低风险、低利润的创业。譬如，我国 20 世纪 80 年代初期的创业者以及下岗职工的创业行为大都属于这种类型。清华大学的一份调查报告指出，这一类型的创业者占中国创业者总数的 90%。生存型创业大多属于复制型和模仿型创业，创业项目多集中在餐饮、美容美发、商业零售、房地产经纪等比较容易进入的生活服务业，一般规模较小，竞争比较激烈。对生存型创业者来说，要想做大做强，必须克服小富即安的惰性思想，善抓机遇，走机会型创业的道路。

2.机会型创业

机会型创业是指创业者的创业动机是出于个人抓住商机的强烈愿望。商机可能带来的潜在利润的诱惑以及抓住商机的强烈愿望，共同驱动了创业者承担风险、积极进取的创业行为。机会型创业往往是把握住某种机遇，并且站在了正确的位置上。机会型创业不仅能解决自己的就业问题，而且能解决更多人的就业问题，创造更大的经济效益，从而改善经济结构。对于机会型创业者而言，创业是一种个体偏好，也是实现目标（如实现自我价值）的手段。

生存型创业和机会型创业表现出来的行为方式是不一样的，发展前景也不一样。表 2-1 对这两种创业类型进行了比较。

表 2-1　生存型和机会型创业的行为比较

创业类型	创业动机	创业准备	发展可持续性	创新能力
生存型创业	金钱、社会压力等	不充分	较弱	较弱
机会型创业	实现价值和理想	较充分	较强	较强

由表 2-1 可见，机会型创业比较有利于社会和个人的发展。所以，我们要改变创业观念，变被动创业为主动创业，加强创业知识的学习，主动把握商业机会。

（二）按照新企业建立的渠道分类

1.自主型创业

自主型创业是指创业者个人或团队白手起家进行创业。自主创业不以赚钱为主要目的，而是想要干自己想干的事，体现自我人生价值。自主型创业充满挑战和刺激，个人的想象力、创造力可得到最大限度的发挥；有一个新的舞台可供表现和实现自我；可多方面接触社会以及各种类型的人和事，摆脱日复一日单调乏味的重复性劳动；可以在短时期内积累财富，奠定人生的物质基础，为攀登新的人生巅峰做准备。然而，自主型创业的风险和难度也很大，创业者往往缺乏足够的资源、经验和支持。

自主型创业有许多种方式，大体上可以归纳为如下几种：

（1）创新型创业。创新型创业是指创业者通过提供有创造性的产品或服务，填补市场空白。

（2）从属型创业。从属型创业大致有两种情况：一是创办小型企业，与大型企业进行协作，在企业整个价值链中，做其中的一个环节或者承揽大企业的外包业务。这种方式能降低交易成本，减少单打独斗的风险，提升市场竞争力，且有助于形成产业的整体竞争优势。二是加盟连锁、特许经营，利用品牌优势和成熟的经营管理模式，减少经营风险。

（3）模仿型创业。这是指根据自身条件，选择一个合适的地点，进入壁垒低的行业，学着别人开办企业。这类企业投入少，创新性弱，在市场上拾遗补阙，但逐步积累也会有机会跻身于强者行列，创立自己的品牌。

2.企业内创业

企业内创业是进入成熟期的企业为了获得持续的增长和长久的竞争优势，为了倡导创新并使其研发成果商品化，通过授权和资源保障等支持的企业内创业。每一种产品都有生命周期，一个企业在不断变化的环境中，只有不断创新，不断将创新的成果推向市场，不断推出新的产品和服务，才能跳出产品生命周期的怪圈，不断延伸企业的生命周期。

成熟企业的增长同样需要创业的理念、文化，需要企业内部创业者利用和整合企业内部资源创业。企业内创业是动态的，正是通过二次创业、三次创业乃至连续不断的创业，企业的生命周期才能不断地在循环中延伸。

（三）按创业的形式分类

1.独立创业

独立创业是指创业者独立创办自己的企业。个人独立创业已成为一种很平常的现象。独立创业的特点在于产权是创业者个人独有的，相对独立，而且产权清晰，企业利润归创业者独有；企业由创业者自由掌控，创业者按自己的思路来经营和发展自己的企业,无须迎合其他持股者的利益要求及对企业经营的干预。但是,独创企业需要创业者面临独自承担风险,创业资金筹备等比较困难,财务压力大,个人才能也受限制。

2.合伙创业

合伙创业是指与他人共同创办企业。与独创企业相比,合伙创业有以下几个优势:①共担风险;②融资压力得到缓解;③有利于优势互补,形成一定的团队优势。不利因素有:①易产生利益冲突;②易于出现中途退场者;③企业内部管理交易费用较高;④对企业发展目标可能存在分歧。

(四)按创业项目分类

1.传统技能型

选择传统技能项目创业可使企业具有永恒的生命力,因为使用传统技术、工艺的创业项目,如独特的技艺或配方,都会拥有市场优势。尤其是酿酒业、饮料业、中药业、工艺美术业、服装与食品加工业、修理业等与人们日常生活紧密相关的行业中,独特的传统技能项目表现出了经久不衰的竞争力,许多现代技术都无法与之竞争。

2.高新技术型

高新技术项目就是人们常说的知识经济项目、高科技项目。其知识密集度高,带有前沿性、研究开发性质。高新技术企业的认定具有严格的标准,比如注册时限、拥有知识产权、研发和科技人员占比、研发费用占销售收入总额比例以及高新技术产品收入占总收入比例等。

3.知识服务型

当今社会,信息量越来越大,知识更新越来越快。为了满足人们节省精力、提高效率的需求,各类知识性咨询服务的机构也在不断增加、服务在不断细化,如律师事务所、会计师事务所、管理咨询公司、广告公司等。知识服务型项目是一种投资少、见效快的创业选择。

拓展阅读

趣味测试:基本创业素质

下面各题均有四个选择,请结合你的实际情况在括号内填入A、B、C、D。A表示“是”,B表示“多数情况是”,C表示“很少发生”,D表示“从不如此”。

1.在急需做出决策的时候,你是否在想:“再让我考虑一下吧!”(　　)

2.你是否会为自己的优柔寡断找借口说:“得慎重考虑,怎能轻易下结论

呢？”（　　）

3.你是否会为避免冒犯某个或某几个有相当实力的客户而有意回避一些关键性的问题甚至表现得曲意逢迎呢？（　　）

4.你是否在已经有了很多写报告用的参考资料的情况下，仍会责令下属部门继续提供？（　　）

5.你处理往来函件时，是否读完就扔进文件框，不做出任何回应？（　　）

6.你是否无论遇到什么紧急任务，都会先处理琐碎的日常事务？（　　）

7.你非得在巨大的压力下才肯承担重任吗？（　　）

8.你是否无力抵御或预防会妨碍完成重要任务的干扰与危机？（　　）

9.你会在决定重要的行动计划时忽视其后果吗？（　　）

10.当你需要做出可能不得人心的决策时，是否会找借口逃避、不敢面对？（　　）

11.你是否总是在快下班时才发现有要紧事没办，只好晚上回家加班？（　　）

12.你是否会因不愿承担艰巨的任务而寻找各种借口？（　　）

13.你是否经常来不及躲避或预防困难情形的发生？（　　）

14.你总是拐弯抹角地宣布可能得罪他人的决定吗？（　　）

15.你喜欢别人替你做自己不愿意做的事吗？（　　）

计分方法：A 计 4 分，B 计 3 分，C 计 2 分，D 计 1 分。

测试结果：

50~60 分，说明你的个人素质与创业者相差甚远；

40~49 分，说明你不算勤勉，应彻底改变拖沓、效率低的缺点，否则创业只是一句空话；

30~39 分，说明你大多数情况下充满自信，但有时犹豫不决，不过没关系，有时候犹豫是成熟、稳重和深思熟虑的表现；

15~29 分，说明你是一个高效率的决策者和管理者，更是一个成功的创业者，具有良好的心理素质和坚忍不拔的毅力。

（改编自林佩静、刘荣主编：《大学生职业生涯规划与就业创业指导》，西安电子科技大学出版社 2017 年版，第 132~133 页。）

六、创业的意义

（一）创业对社会的意义

1.推动经济发展

创业活动不断地把各种新人员、新技术、新机制引入经济活动中，为社会带来巨大的财富和价值，对推动经济发展具有非常积极的意义。据统计，新企业创造的新产品数比老企业多250%。研究认为，新企业同等研究与开发费用所获得的创新产品大约是老企业的4倍。

2.促进就业

就业是一个重大的社会问题。人人有事干、有钱赚，社会才会稳定、和谐。如果有相当一部分人失业，极有可能会引起一系列不良后果，甚至引起社会的动荡不安。从世界范围来看，解决就业问题的主力并不是大型企业，而是中小型企业，其中就业人数在1~19人的小企业贡献尤大，而这些小企业大部分属于新创办的企业。

3.推动社会进步

对于现代社会来说，创业是推动社会进步的一个重要力量。通过创业活动，许多新技术、新思维被转化成新产品进入社会，从而改变了人们的生活方式，也推动了社会进步。计算机和网络的发明以及通过创业活动使它们快速、深入地进入和改变人们的生活，就是一个很好的例子。

4.提升民族精神

成功的创业活动能够在全社会范围内鼓励企业文化和创业精神，从而促进创新型的社会风气的形成。

创业活动本质上是发现商机、整合资源、创造财富的过程。在这一过程中，创业者的积极创新、勇于冒险、求真务实、自强不息的创业精神起到了重要作用。通过成功创业活动的示范，创业精神能够在全社会流传开来，形成一种全新的社会文化潮流，这对于整个国家的发展是非常有利的。创新是引领发展的第一动力，提倡和鼓励创业，促进创业精神的形成和发展，对于促进中华民族精神不断发展进步，改变中华民族的整体精神面貌有着非常重要的作用。

（二）创业对个人的意义

1.积累财富

人人都渴望拥有更多的财富。当然，创造财富的途径有许多种，但相对而言，在当前的社会经济条件下，最有利于创造财富的途径无疑是创业。如果创业成功，一般来说，得到的经济回报的速度和数量都要大大超过靠工薪积累。

2.实现人生价值

按照马斯洛的理论,每个人都有自我实现的需要,都想经过一生的努力,使自己的人生价值得到最大限度的实现。实现人生价值的道路有很多条,创业是其中非常有效的一条。创业活动给社会带来了新技术,创造了公共财富和就业机会,这些都是创业者人生价值的体现。此外,创业成功后,创业者也能更加自由地去实现自己的理想,并且有更丰富的资源和渠道去回馈社会,从而最大限度地实现创业者的人生价值。

第二节　创业精神

一、创业精神的含义

创业精神是指创业者具有的开创性的思想、观念、个性、意志、作风和品质等,即个体或组织以创新为基础的思维和行动方式。创业精神可分为个体的创业精神与组织的创业精神。个体的创业精神指的是以个人力量,在个人愿景引导下从事创新活动,进而创造一个新事业;组织的创业精神指在已经存在的一个组织内部,以群体的力量追求共同愿景,从事组织的创新活动,进而创造组织的新面貌。

二、创业精神的本质

(一)创新是创业精神的灵魂

创业活动中的创新就是将新的观念、设想通过新的产品、新的流程、新的市场需求以及新的服务方式有效地融入市场中,进而创造出新的价值或财富的过程。创新是创业精神的灵魂。创业者具有创新精神,才可能创建新颖独特的企业,并保持企业特色和可持续发展。

(二)冒险是创业精神的天性

没有敢冒风险和承担风险的魄力,就不能成为创业者。无数创业者的经历表明,创业者们虽然在生长环境、成长背景和创业机缘方面各不相同,但无一例外都是在诸多不确定因素条件下敢为人先、勇于创新的实践者。

(三)合作是创业精神的精髓

社会发展到今天,行业分工越来越细,没有谁能一个人完成所有创业需要完成的事情。真正的创业者善于合作,能将合作精神扩展到企业的每个员工。面临困境时,团队成员能团结一心、奋力拼搏。

(四)执着是创业精神的本色

创业的过程必然伴随着各种艰辛和曲折。选择创业就是选择了面对更多困难和挑战,而创业精神就体现在战胜困难与挑战的过程中,因此,创业者必须坚持不懈,咬定青山不放松。实践证明,往往只有坚持不懈、知难而进的“偏执者”,才能在创业中生存下来。

三、创业精神的影响因素

创业精神的形成和发展受相应文化环境、产业环境、生存环境等的影响。

(一)文化环境

创业本身是一种学习,创业者离不开现实文化环境。作为学习者,其所生活区域的文化就是学习的重要内容之一。因此,在一个商业文化氛围浓厚的地方,潜在的创业行动者容易培养创业精神。

(二)产业环境

不同的产业环境会对创业精神产生影响。对于垄断企业而言,企业缺少竞争,就容易抑制创业精神的产生。而在一个完全竞争的市场结构中,由于企业间优胜劣汰,竞争激烈,更有可能形成创业精神。

(三)生存环境

常言道:“穷则思变。”从生存环境来看,资源贫瘠、条件恶劣的区域往往能激发人的斗志。从创业视角分析,在资源贫瘠的地方,人们为了改善生存状况而寻求发展机会、整合外界资源,更有可能形成创业精神。

四、创业精神的作用

创业精神能够激发人们进行创业实践的欲望,是一种内在的动力机制。它在很大程度上决定着一个人是否敢于投身创业实践活动,支配了人们对创业实践活动的态度和行为,并影响着态度和行为的方向及强度。

具体来讲,创业精神可渗透到3个领域产生作用:一是个人成就的取得,也就是个人如何创建自己的企业;二是大企业的成长,也就是大企业如何使其整个组织都重新焕发创业精神,创造更高速的成长,从而具有更强的竞争力;三是国家的发展,也就是如何实施新发展理念、全面建设社会主义现代化国家,使国家更富强、人民更幸福、社会更和谐。

创新精神能够帮助个人、企业乃至整个国家,在面对错综复杂的竞争环境时走向成功和繁荣。当前,世界产业结构正在发生转变,创业精神有利于我国加快经济发展方式,促进经济持续健康发展。

经典案例

2018年8月，在北京打拼多年的高占龙已积累了大量人脉和资源。如何才能把事业做得更好？他思来想去，觉得如果能有一个汇聚企业的发展平台，就能够把自己的人脉和资源完美地整合到一起。

就在当年，为了响应政府清理低端产业、改善街道美化环境的号召，高占龙接手了北京朝阳区四惠一处破旧的临街商业楼项目，其装修陈旧、外观较差。高占龙觉得这是一个不错的机会，于是计划将其打造为当时正“火爆”的共享办公空间，这样既符合市场趋势，又能整合自己的资源。经过专业团队的多次现场勘查、反复商讨，项目有了重新规划和定位。“我们从平面布局、外立面设计，到内部装修、业态规划、动线设计等多方面、全方位对项目进行了升级改造，以此来提升项目的整体品质和外在形象。”高占龙在接受《中国商界》杂志记者采访时表示，经过投资改造的商业楼，总面积约4000平方米，于2019年5月正式投入运营，并于2020年8月正式取得营业执照。高占龙将其命名为“八号创新工场”。作为一个共享办公空间，他希望未来能够孵化出更多的企业，并形成完整的企业生态链。

据了解，目前，八号创新工场可以为创客、中小微企业提供共享办公空间和投资机会；为入驻企业提供办理营业执照、解除执照经营异常、代理记账等服务，并与各企业共同打造资源共享、协同发展、互惠共赢的健康服务平台。

“我们最初在定位的时候，就是想要给创业企业、创业者打造与众不同的办公空间。”高占龙表示，普通的写字楼里办公空间相对来说比较压抑，主要服务于实力较强的大企业，但是对于年轻人创业而言，其更加崇尚自由，喜欢较为随性、轻松、时尚且更舒适的办公环境。

除了入驻企业较为私密的办公空间外，八号创新工场还拿出大量空间作为公共的共享空间来为企业提供综合服务，让商户能增加更多的互动。另一方面，八号创新工场还积极为企业赋能，根据企业的需求，在平台上为其撮合资源，满足企业的多元化发展需求。高占龙表示，八号创新工场与多家行业协会合作，只要是符合入驻企业的标准，就会在第一时间聘请专家和顾问团队为其进行深入赋能。

“现在的创业型企业，普遍面临缺少客户资源以及在运营的过程中缺少资金等问题。我们会对这些入驻的企业进行有效整合，让初创企业在创业创新的路上能够获得在资源、资金等方面的更多支持。”高占龙说，“我们之所以称为‘工场’，是因为孵化的企业就像我们工厂中不同分工的‘车间’，既相对独立又相互关联，既分工明确又相互协作，我们的企业间没有竞争，只有共赢。”

（节选自宋兹鹏：《八号创新工场：让创业创新更加简单高效》，《中国商界》2020 年第 10 期，第 72~75 页，略有改动）

五、创业精神的培育

培育创业精神，通常从培育创业人格、培养创新能力和强化创业实践等方面进行。

（一）培育创业人格

个性特征对创业者个人来说非常重要，尤其是独立性、坚持性等，所以，人格塑造与创业精神培育相辅相成。大学生要树立心理健康意识，提高心理素质，增强适应能力，自觉培养坚忍不拔的意志和艰苦奋斗的精神。此外，还可以通过创业案例剖析创业者的人格特征等，掌握形成良好心理素质与人格特征的途径和方法。

（二）培养创新能力

创新是创业精神的核心。大学生要通过保持个性发展和好奇心、求知欲，勇于突破前人、突破书本、突破难题，自觉培养科学精神，训练创新思维，提高创新能力。

（三）强化创业实践

“纸上得来终觉浅，绝知此事要躬行。”大学生应该利用课余时间参加一定的创业模拟和社会实践活动，增强对企业的了解和对社会的认知。通过在校内外参加创业竞赛活动和实习见习等，在实践中磨炼自己，培育自己的创业精神。

第三节 创新与创业的关系

创新与创业的关系

一、创新与创业的契合

虽然创业与创新是两个不同的概念，但是两个范畴之间却存在着本质上的相互契合、内涵上的相互包容和实践过程中的互动发展。

第一次提出了创新概念的美籍奥地利著名经济学家熊彼特认为，创新是生产要素和生产条件的一种从未有过的新组合，这种新组合能够使原来的成本曲线不断更新，由此会产生超额利润或潜在的超额利润。创新活动的这些本质内涵，体现着它与创业活动性质上的一致性和关联性。

创新是创业的基础,而创业推动着创新。从总体上说,科学技术、思想观念的创新促进人们物质生产和生活方式的变革,引发新的生产、生活方式,进而为整个社会不断地提供新的消费需求,这便是创业活动源源不断的原因。创业在本质上是人们的一种创新性实践活动。无论是何种性质、类型的创业活动,它们都有一个共同的特征,那就是创业是主体的一种能动的、开创性的实践活动,是一种高度的自主行为。在创业实践的过程中,主体的主观能动性将会得到充分的发挥和张扬,正是这种主体能动性充分体现了创业的创新性特征。

二、创新与创业的相互作用

(一)创新是创业的本质与源泉

熊彼特认为,创业包括创新和未曾尝试过的技术。创业者只有在创业的过程中具有持续不断的创新思维和创新意识,才可能产生新的富有创意的想法和方案,才可能不断寻求新的模式、新的思路,最终获得创业的成功。

(二)创新的价值在于创业

从一定程度上讲,创新的价值就在于将潜在的知识、技术和市场机会转变为现实生产力,实现社会财富的增长,造福于人类社会。而实现这种转化的根本途径就是创业。创业者可能不是创新者或是发明家,但必须具有能发现潜在的商机和敢于冒险的精神;创新者也并不一定是创业者或是企业家,但是创新的成果则是经由创业者推向市场,使潜在的价值市场化,创新成果也才能转化为现实生产力。这也从侧面体现了创新与创业的相互联系。

(三)创业推动并深化创新

创业可以推动新发明、新产品或是新服务的不断涌现,创造出新的市场需求,从而进一步推动和深化各方面的创新,因而也就提高了企业或是整个国家的创新能力,推动了经济的增长。

第四节 大学生创业政策与相关法律问题

一、大学生创业相关政策

(一)大学生自主创业的国家扶持政策

1.税收优惠

(1)2019 年 1 月 1 日至 2021 年 12 月 31 日,持就业创业证(注明"自主创业税收政策"或"毕业年度内自主创业税收政策")或就业失业登记证(注明"自主创业税收政策”)的高校毕业生,自办理个体工商户登记当月起,在3年(36个月)内按每户每年12000元为限额依次扣减其当年实际应缴纳的增值税、城市维护建设税、教育费附加、地方教育附加和个人所得税。

(2)对高校毕业生创办的小型微利企业,按国家规定享受相关税收支持政策。

2.创业担保贷款和贴息

(1)对符合条件的大学生自主创业的,可在创业地按规定申请创业担保贷款,贷款额度为10万元。

(2)鼓励金融机构参照贷款基础利率,结合风险分担情况,合理确定贷款利率水平。对个人发放的创业担保贷款,在贷款基础利率基础上上浮3个百分点以内的,由财政给予贴息。

3.免收有关行政事业性收费

毕业2年以内的普通高校学生从事个体经营(除国家限制的行业外)的,自其在工商部门首次注册登记之日起3年内,免收管理类、登记类和证照类等有关行政事业性收费。

4.创业补贴

(1)对大学生创办的小微企业新招用毕业年度高校毕业生,签订1年以上劳动合同并交纳社会保险费的,给予1年社会保险补贴。

(2)对大学生在毕业学年(即从毕业前一年7月1日起的12个月)内参加创业培训的,根据其获得创业培训合格证书或就业、创业情况,按规定给予培训补贴。

5.免费创业服务

有创业意愿的大学生,可免费获得公共就业和人才服务机构提供的创业指导服务,包括政策咨询、信息服务、项目开发、风险评估、开业指导、融资服务、跟踪扶持等“一条龙”创业服务。

6.取消高校毕业生落户限制

高校毕业生可在创业地办理落户手续(直辖市按有关规定执行)。

7.创新人才培养

创业大学生可享受各地各高校实施的系列“卓越计划”、科教结合协同育人行动计划等,同时享受跨学科专业开设的交叉课程、创新创业教育实验班等,以及探索建立的跨院系、跨学科、跨专业交叉培养创新创业人才的新机制。

8.开设创新创业教育课程

自主创业大学生可享受各高校挖掘和充实的各类专业课程和创新创业教育资源,以及面向全体学生开设的研究方法、学科前沿、创业基础、就业创业指导等方面的必修课和选修课，享受各地区、各高校资源共享的慕课、视频公开课等在线开放课程以及在线开放课程学习认证和学分认证制度。

9.强化创新创业实践

自主创业大学生可共享学校面向全体学生开放的大学科技园、创业园、创业孵化基地、教育部工程研究中心、各类实验室、教学仪器设备等科技创新资源和实验教学平台。可参加全国大学生创新创业大赛、全国高职院校技能大赛，各类科技创新、创意设计、创业计划等专题竞赛，以及高校学生成立的创新创业协会、创业俱乐部等社团，提升创新创业实践能力。

10.改革教学制度

(1)自主创业大学生可享受各高校建立的自主创业大学生创新创业学分累计与转换制度。学生开展创新实验、发表论文、获得专利和自主创业等情况可折算为学分，学生参与课题研究、项目实验等活动可认定为课堂学习的新探索。

(2)享受为有意愿有潜质的学生制订的创新创业能力培养计划，建立创新创业档案和成绩单等系列客观记录并量化评价学生开展创新创业活动情况的教学实践活动。优先支持参与创业的学生转入相关专业学习。

11.完善学籍管理规定

有自主创业意愿的大学生，可享受高校实施的弹性学制，放宽学生修业年限，允许调整学业进程、保留学籍休学创新创业等管理规定。

12.大学生创业指导服务

自主创业大学生可享受各地各高校对自主创业学生实行的持续帮扶、全程指导、一站式服务，以及地方、高校两级信息服务平台为学生实时提供的国家政策市场动向等信息，和创业项目对接、知识产权交易等服务。可享受各地在充分发挥各类创业孵化基地作用的基础上，因地制宜建设的大学生创业孵化基地和相关培训、指导服务等扶持政策。

(二)湖南省大学生创业政策

1.创业担保贷款及贴息

毕业5年内高校毕业生(含大学生村官和留学回国学生)创业担保贷款最高申请额度为15万元；合伙创业的按合伙创业人数、组织起来共同创业的按组织起来创业人数，每人最高15万元额度，最高贷款额度为75万元。贫困地区按规定全额贴息3年，其他地区按规定全额贴息2年。对还款积极、带动就业能力强、创业项目好的借款个人，可继续提供创业担保贷款贴息，累计次数不超过3次。

2.一次性创业补贴

对正常运营1年以上并吸纳一定规模就业的初创企业或初次注册的个体工

商户和农民专业合作社,按投入规模和带动就业人数给予一次性创业补贴。

3.创业税收优惠

持就业创业证(注明“自主创业税收政策”或“毕业年度内自主创业税收政策”)或就业失业登记证(注明“自主创业税收政策”)的高校毕业生,从事个体经营的,自办理个体工商户登记当月起,在3年内按每户每年14400元为限额依次扣减其当年实际应缴纳的增值税、城市维护建设税、教育费附加、地方教育附加和个人所得税。

4.加强创新创业教育

高校毕业生在符合学位论文规范要求的前提下,允许本科生用创业成果申请学位论文答辩。

(三)湖南省内大学生创业基地举例

1.湘潭九华创新创业园

九华创新创业园在2011年成立之时就选择了一条不同寻常的道路:以科技成果转化和产业化为重点,建立科技招商、引才、引智平台,培育高新技术企业和科技型企业家,努力打造全市产、学、研一体化的示范基地和区域高新技术产业的源泉地。为帮助青年大学生创业,九华创新创业服务中心还搭建了九华创客汇这一专为大学生以及应届毕业生服务的国家级孵化平台。这一众创空间集青年大学生创业咖啡、免费创业办公区、开放式公用互联网会议室、公用会客室、创业讲堂于一体,堪称校园创新创业孵化的微型基地。

2.长沙高新区创业服务中心

长沙高新区创业服务中心是以促进科技成果转化和产业化、培养高新技术企业和企业家为宗旨,为初创型、科技型中小企业提供综合服务的科技企业孵化器、公益型事业服务机构,隶属于长沙国家高新区管委会,成立于1999年6月。该中心于2002年被科技部认定为国家级科技型中小企业孵化器,岳麓山国家大学科技园、长沙留学人员创业园、湖南博士后创业园、区科技成果转化中心、创业富民办等均依托其建立。创业服务中心以“自主创新、重点跨越、支撑发展、引领未来”战略思想为指针,秉承“服务创业、孵化企业、发展产业、成就事业”的服务理念,以建设一流园区为目标,力争综合实力达到一流水平,形成高科技人才、项目、企业汇聚的专业孵化器创新集群,争创国际知名园区。

3.湖南(湘潭)大学生科技创业园

湖南(湘潭)大学生科技创业园由湖南省人力资源和社会保障厅与湘潭市人民政府双方共建,“厅市共建”机制将政府、园区、高校的优势资源很好地整合在一起,资源共享、优势互补。园区以大学生为本,以项目为核心,以共建为机制,通过对大学生进行创业基础知识培训,在园区成熟企业创业见习,由创业导师辅导，然后再创办自己的企业，打造“创谷”空间。大学生创业企业不仅可以享受到国家、省、市各方面的政策集成，还可以享受到园区场地租金补贴、无偿资助、贷款贴息、税收返还、免费培训、见习补贴、岗位补贴、社保补贴、工商注册登记代办等方面的扶持。湘潭国家高新技术服务中心针对大学生创业企业进行全过程、全方位、全天候的保姆式专业服务，提供包括政务、技术、融资、中介、商务、生活等多方面的服务。

4.吉首地区大学生创业孵化基地

吉首地区大学生创业孵化基地始建于2010年，由湘西土家族苗族自治州人民政府、吉首市人力资源和社会保障部门共建共管，是集创业孵化、指导、培训多功能于一体的综合性创业孵化平台，为非营利性服务机构。基地分四期建设，包含两个基地和一个创业园。目前，基地已成为吉首地区软件研发、电子商务、特色农业产业的聚集地，成为大学生创业的首选场地，创业带动就业能力不断增强。

二、大学生创业相关法律问题

（一）创业与法律的关系

在国家政策的支持下，越来越多的大学生投入到创业的大潮中。大学生在创业过程中必然会碰到许多问题，需要法律去调整和解决。创业和法律的关系主要表现如下：

1.法律是成功创业的重要保障

创业总是在一定的环境中进行的，我国创业的宏观环境主要包含政治环境、经济环境、社会环境、科技环境、自然环境和法律环境等。目前，我国创业的法律环境正在不断改进和完善，先后颁布了一系列法律法规来规范创业活动，如《中华人民共和国个人独资企业法》（简称《个人独资企业法》）、《中华人民共和国合伙企业法》（简称《合伙企业法》）、《中华人民共和国公司法》（简称《公司法》）等，为人们提供了可供选择的各种创业形式，极大地激发了人们的创业热情和创造力。在创业过程中会涉及各种各样的法律问题，大学生应坚持依法创业，适应环境，把握机遇，正确地行使权利，履行法律义务，依法维护企业的合法权益。

2.依法创业能抵御和防范创业风险

大学生创业既有收益，也有风险。新创企业的规模较小，资金实力较弱，各项工作刚刚起步，企业抗风险能力较差，因此，大学生必须学会有效规避创业风险。创业风险是指在创业过程中，由于创业环境的不确定性，创业机会与创业企业的复杂性，创业者、创业团队的能力与实力的有限性，而导致创业活动偏离预期目标的可能性及后果。在给定的宏观条件下，直接的创业风险主要包括人力资源风险、市场风险、财务风险、技术风险和管理风险等。大学生创业者必须依法从事创业活动，将企业的各项活动纳入法治化轨道。

（二）与创业密切相关的法律问题

创业每个阶段的法律风险

大学生创业过程中自身具备法律意识和法律理性，了解和掌握与其创业相关的法律法规是依法创业的关键，因此大学生创业的法律意识教育就显得尤为重要。创业法律教育不仅可以指导学生在校期间规避风险，也可以对学生走入社会后独立创业起到很好的指导作用。大学生创业涉及的各种共性法律问题主要如下：

1.创业初始阶段的资金、设备场地以及办公场所等相关法律问题

由于大学生的特殊身份，普遍没有财产可供抵押，又无银行个人信用记录，导致贷款困难。此时，学校应该指导学生多寻求政策支持，各地针对高校自主创业的学生，在工商注册、小额担保贷款、税费减免等方面出台的各项优惠政策就尤为重要，需要在法律教育培训中让学生全面了解并加以利用。在创业基地中通过项目申报，创业所需的设备场地问题一般都能在校内解决，但有一些企业可能会涉及在校外租店面及办公场所，这就需要向大学生介绍《中华人民共和国民法典》（简称《民法典》）中关于房屋租赁的相关法律规定。

2.创业拓展阶段关于设立经营实体，进行行政审批的相关法律问题

对于创业经济组织的具体责任形式，我国《个人独资企业法》《合伙企业法》《公司法》等一系列法规都有不同的规定，制定了多种企业组织形式。这些法律规定对大学生创业有很好的辅助作用，可解决部分大学生创业存在的资金规模较小、筹措资金困难等问题。同时，学生创业需要依据《中华人民共和国公司登记管理条例》等规定的行政审批程序办理相关手续。

3.创业经营阶段涉及的市场交易及管理的相关法律问题

创业经营必然涉及市场主体间的各种交易行为，无论是合同的订立、合同的履行，还是违约责任的承担，都与《民法典》关系密切。同时大学生还应了解《中华人民共和国产品质量法》（简称《产品质量法》）、《中华人民共和国劳动法》（简称《劳动法》）、《中华人民共和国票据法》（简称《票据法》）、《中华人民共和国保险法》（简称《保险法》）、《中华人民共和国反不正当竞争法》（简称《反不正当竞争法》）、《中华人民共和国反垄断法》（简称《反垄断法》）、《中华人民共和国消费者权益保护法》（简称《消费者权益保护法》）等法律中与自身创业有关的规定。

4.创业经营阶段涉及的知识产权相关法律问题

创业经营阶段应该在法律允许的范围内使用他人的知识产权。目前，我国

已经建立了一个比较完备的知识产权法律保护体系，主要包括《中华人民共和国商标法》(简称《商标法》)、《中华人民共和国著作权法》(简称《著作权法》)、《中华人民共和国专利法》(简称《专利法》)等法律法规。大学生创业之初可以利用专利先行公开的特点，合理利用现有专利给自己的创业提供技术开发的思路和可行性支持，同时又要保证不侵犯他人的专利权。具体经营中如何合法使用商标专利等知识产权，都是大学生在创业法律教育中必须深入细致了解的内容。

5.创业过程中涉及纠纷解决的相关法律问题

创业过程中难免产生法律纠纷，大学生要了解《中华人民共和国民事诉讼法》(简称《民事诉讼法》)、《中华人民共和国行政诉讼法》(简称《行政诉讼法》)、《中华人民共和国仲裁法》(简称《仲裁法》)中规定的具体诉讼程序，借助法律解决纠纷。大学生要具有积极收集证据的法律意识，面对交易金额较大、商品较多的经济往来，要与对方采用书面合同文本形式。

(三)提高大学生依法创业能力的途径

1.加强社会主义法治理念教育

高校要深入开展社会主义法治理念教育，使大学生深刻认识到社会主义法治理念是真正符合广大人民群众利益和需要的先进科学的法治理念，其基本内涵为依法治国、执法为民、公平正义、服务大局、党的领导五个方面。高校要注重培养大学生社会主义法律意识和法治精神，提高大学生的法律素质；要正确引导大学生学法、懂法、守法和用法；要引导大学生正确行使公民权利，履行公民义务，为建设社会主义法治国家做出应有的贡献。总之，要使社会主义法治理念真正扎根于大学生内心，落实于大学生实践之中。

2.加强法律知识的学习

市场经济是法治经济，作为大学生创业者的一个基本素质就是要懂得如何依法开展创业活动。如果不懂法，在创业活动中就不能很好地保护自己的合法权益，甚至会导致违法犯罪。大学生应当认真学习法律知识，特别是加强民法、商法和经济法的学习，为创业做好法律知识上的准备。民法提倡自由、平等、博爱的精神；商法提倡自由、秩序、效益的精神；经济法提倡“社会本位”的原则，解决“市场失灵”的问题。民法、商法和经济法共同推动市场经济和谐、有序发展。

大学生应通过学习法律熟悉法律的基本理论、基本知识和基本方法，掌握与创业有密切联系的法律，不断提高运用法律知识去分析问题和解决问题的能力，实现在创业活动中依法经营和管理。大学生需要学习和掌握的与创业有密切联系的法律主要有如下几种：

一是市场主体法。要掌握企业的种类、设立条件及利弊，了解企业的设立、变更和解散的法律规定。

二是市场行为法。《民法典》合同编是调整平等主体之间市场交易的法律，大学生在创业活动中应掌握和运用合同的订立程序、合同的效力，以及合同的履行、变更、解除、保全和违约责任等规定，确保企业交易安全。

三是市场规制法。大学生创业了解《反不正当竞争法》《反垄断法》《产品质量法》《消费者权益保护法》等法律规定，要坚持依法经营，公平交易，有序竞争，维护社会主义市场经济秩序。

四是知识产权法。大学生创业要了解知识产权法的有关规定，不仅要懂得如何保护自己的知识产权，而且应该懂得如何避免侵犯他人的知识产权。

五是宏观调控法。主要涉及金融、税收、财政、产业政策、对外贸易等法律规定。大学生创业过程中可通过行政复议、行政诉讼等途径去解决一些纠纷。

六是劳动与社会保障法。企业的生产经营活动及社会的发展都离不开劳动者的劳动，大学生创立的企业应依法与劳动者签订书面劳动合同，依法处理好企业与劳动者的关系，保护劳动者的合法权益，充分发挥劳动者的积极性和创造性。社会保障体系的不断完善保障着社会安全和经济发展，发挥着“社会减震器”的重要作用。

3.积极参与创业实践活动

凡事预则立，我们每个人都是自己人生和事业的耕耘者、规划者和设计师。作为一个当代青年，大学生进入大学之后，应当及早做好自己的职业生涯规划，树立明确的目标，才能正确把握人生的方向。积极创造条件，打好基础，才能避免盲目创业失败的风险。创业是一种复杂的劳动，是能力展现的平台，大学生创业素质和创业能力的提高是创业成功的必要条件。高校应重视创业教育，开设大学生就业指导和创业管理等课程，培养大学生的创业精神，强化大学生的创业意识，提高大学生的社会实践能力和创业技能。大学生在校期间应积极参与“职业生涯规划大赛”“模拟招聘大赛”“创业计划大赛”“全国大学生创业设计与ERP 大赛”以及社会调查和科技服务等活动。大学生还可以通过参加学校的学生社团，提高自己的组织、协调和管理能力。高校应多组织一些创业交流互动活动，如请杰出校友回校做创业报告，请社会成功创业人士与大学生进行座谈和交流，激发在校大学生的创业热情；建立和完善校内外实习实训基地，组织大学生实训和顶岗实习，工学结合，教、学、做一体化，提高职业能力；鼓励大学生利用课余时间、假期时间到企业打工，或者去学校提供的勤工助学岗位工作，或者自己创办企业，为将来的创业活动积累知识和经验，提高和锻炼大学生自主创业的综合能力。

4.熟悉国家各级政府鼓励和支持大学生创业的优惠政策

为了鼓励和支持大学生自主创业，国家各级政府先后出台了许多优惠政策，主要涉及提供政策性贷款、行政事业收费减免、税收减免、免费创业培训、免费创业指导服务等方面。对于准备自主创业的大学生来讲，一定要结合自身的条件和综合能力，了解投资行业及市场需求，选择适合的投资项目和企业形式，并充分利用国家各级政府鼓励和支持大学生创业的优惠政策和措施，走好创业的第一步，实现创业成功。

5.依法解决创业中的法律纠纷

大学生在创业活动中要与社会各方面打交道，包括政府管理部门、企业、客户、消费者等，在处理这些错综复杂的关系中，矛盾与纠纷在所难免。一旦出现纠纷，应及时依法解决，以维护社会稳定。创业中经济纠纷的基本解决途径主要有以下几种：

(1)协商。协商是指发生法律纠纷的双方当事人在自愿平等互谅基础之上直接进行磋商或谈判，自愿达成和解协议，从而解决纠纷的一种方式。

(2)调解。调解是以双方当事人的自愿为基础，在第三人的主持和协助下，双方达成协议从而解决纠纷的方式。运用调解来解决法律纠纷，其重要作用表现为：第一，能及时化解冲突，当事人会更自愿地接受调解协议的内容并自觉履行调解协议所确定的义务，维护社会稳定；第二，有利于和谐人际关系的恢复和重建，促使社会整体道德的成长和社会和谐。

(3)行政复议。行政复议是指公民、法人或者其他组织认为具体行政行为侵犯其合法权益，向行政机关提出行政复议申请，行政机关受理行政复议申请，作出行政复议决定的行为。行政复议是为公民、法人和其他组织提供法律救济的行政监督制度。对行政复议不服的，可以依照法律规定提起行政诉讼。

(4)仲裁。仲裁是指发生纠纷的双方当事人，根据其在纠纷发生前或发生后所达成的协议，自愿将该纠纷提交给中立的第三者进行裁判的纠纷解决制度和方式。仲裁不同于调解，仲裁裁决对双方当事人有法律上的拘束力。

(5)诉讼。诉讼是指在法院主持下，在双方当事人和其他诉讼参与人的参加下，严格按照法定程序审理当事人之间的法律纠纷，作出具有可强制执行法律效力的判决。它是法官运用审判权解决法律纠纷的一种方式。大学生创业中涉及的诉讼主要有诉讼按其解决的具体民事诉讼和行政诉讼两种。

思维导图

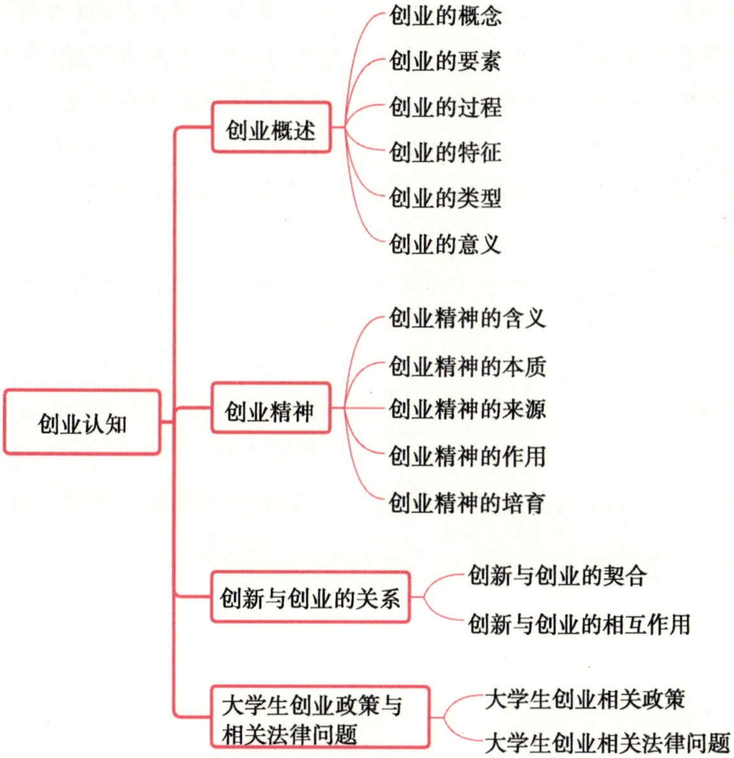

图 2-1　本章思维导图

项目实训

校园活动与创业

大学校园文化活动，是引导青年学生加强文化道德修养、提高综合素质、促进德智体美劳全面发展的重要途径和载体。它不仅是教书育人的精神土壤，也代表了一种引领社会的生活方式和生存姿态。

在大学校园内策划举办活动和创业本身有很多相似之处。活动组织者就像创业者或创业团队，而参加者就像接受服务的客户，活动本身就像商品或服务（活动名称就是商品或服务名称）。组织者（创业者）要用活动（商品或服务）成功地吸引参与者（客户）来参加（消费），就必须做到：首先分析客户需求，识别和发现机会（参与者喜欢什么样的活动），然后组建团队（哪些人有能力且愿意参与组织)或整合资源(筹措活动经费、借场地等)。而资源往往是有限的(活动经费需要向学院或学校申请,有时还需要整合校外的资源,比如企业赞助;校内好的场地在好的时间段往往很紧张,每个活动举办者都想申请),组织者应想好如何成功争取资源。在活动组织的过程中,组织者还要设计团队管理(如何鼓舞团队士气?如果有组织者中间懈怠了想退出怎么办?)、产品推广和促销(用什么方式进行校园宣传)、经费管理(经费收入支出)等。活动如果举办很成功(畅销),在同学中间形成了好的知名度和美誉度(形成好的品牌),下次再举办第二届时就很容易吸引到同学参加。因此,策划和组织一个校园活动的过程,实际上就是一个微缩的创业的过程。

请参与组织一次校园活动,分享在组织活动中的感悟,并归纳提出运用学到的创业知识。

第三章　识别与评估创业机会

学习目标

1. 了解创业机会的含义、类型。
2. 能够识别并寻找创业机会。
3. 学会对创业机会进行评估。

案例导入

个性化的创业资源库的建立是为高校大学生参加创新创业项目提供一个创业资源共享和创新知识学习的平台，是“互联网+”时代增强大学生创业竞争力和核心价值的有效手段。“创业联盟”各成员图书馆根据各自的优势，联合开发具有个性化的联盟创业资源数据库，并依据大数据和云计算技术，提供精准系统与资源服务，即将用户感兴趣的创业资源及创新项目通过“云服务管理平台”，主动展现在用户面前，吸引更多的用户访问和有效利用创业资源。

图书馆各有侧重点地收集与揭示各方创新创业资源，整合具有地方特色的创业资源。如公共图书馆汇集与地方的政治、经济和文化发展密切相关的创业资源；高校图书馆汇集大学生开展创新项目时收集的大量资料、积累的大量知识和经验、创业创新项目中具有很好发展潜力还未走向商业化的研究成果资源；地方企业及相关院所汇集其所拥有的特色馆藏、内部刊物、学术论文及技术创新需求等资源。“创业联盟”通过最新的数据关联技术开发具有地方特色的个性化联盟创业资源数据库，实现创业资源的开放与共享。

各馆收集与整合校企地相关创业创新要素资源信息，如高校图书馆整合高校在线创业教育课程，虚拟图书馆、知识库群、企业和相关院所研发的各类电子资源平台及国内外创新创业服务资源平台，利用“云服务管理平台”推进创业网络数据资源的开放、流动与共享；“创业联盟”建立开放式创业创新活动微视频案例库，收集高校大学生相关创新活动赛事流程、规则、历年获奖项目等资源，在优秀项目和企业院所之间架起一座桥梁，推动具有潜力的创新项目走向商业化。

（节选自杨翠萍：《“互联网+”思维下高校图书馆大学生创业资源整合服务研究》，《晋图学刊》2018 年第 5 期，第 21~27 页，略有改动）

第一节　创业机会概述

一、创业机会的含义

机会是指通过创造性地组织资源、传递更高价值，以满足市场需要的可能性。创业机会是指那些具有较强吸引力的、较为持久的、有利于创业的商业机会，创业者据此可以为客户提供有价值的产品或服务，同时使创业者自身获益。

从本质上来说，创业过程是由创业机会激活并受其驱动的，创业机会是创业过程的核心。虽然不是每一个创业机会最后都能让创业者成立一个新企业，但每一个创业活动都始于创业者对于机会的捕捉和及时把握。好的创业机会是创业成功的一半。

二、创业机会的特征

（一）隐蔽性

生活充满机会，机会每天都在撞击着我们的大门。可惜的是，大多数人都意识不到它的存在，这就是机会的隐蔽性。创业机会更是如此，正因为创业机会的隐蔽性特征，才使它在人们心目中更加神秘和可贵。

（二）偶然性

创业机会并不容易被捕捉到。因为它并不是必然会出现的，相反，大多数情况下是偶然造成的。人们越是刻意地寻找创业机会，就越是难见其踪影；而当你在毫无准备的时候，它却突然出现在你的面前。所以，创业机会并不是想要就有的，也不能人为地进行预测。

（三）易逝性

“机不可失，时不再来”，这是对创业机会的易逝性最好的说明。机会是一个非常态的、不确定的时间表现形式。机会出现之后，绝对不会长期保持，而是很快就会消失，消失之后也不可能重新再来。

（四）时代性

不同的时代创业机会具有不同的色彩。一个国家在经济增长期，创业机会比较多，而在经济衰退期，创业机会则比较少。在改革开放初期，我国东南沿海地区的创业机会比较多，所以创业具有“孔雀东南飞”的特点，而且创业性质以从事加工业和贸易业居多。而近些年，随着科技发展和经济环境的改变，高新技术企业和信息技术企业又成了时代的宠儿。

三、创业机会的类型

（一）根据创业机会的市场特征划分

1.现有市场机会和潜在市场机会

在创业机会中，有些是明显没有被满足的市场需求，这种未被满足的需求称为现有市场机会。而另外一种隐藏在现有某种需求后面的未被满足的市场需求，称为潜在市场机会。

现有市场机会容易被企业寻找和识别，发现的难度系数较低，这是其最大的优点。不过，这一最大优点也恰恰是它的最大缺点。由于市场机会明显，容易被寻找和识别，因此抓住这一市场机会的经营者也多，一旦市场达到饱和，这个市场机会也就不能为创业者带来效益了。

潜在市场机会对企业来说不容易发现，寻找和识别的难度系数大，这是它的最大缺点。但正是由于难度大，不易识别，企业如果找到并抓住这种市场机会，机会效益也比较高。

2.行业市场机会与边缘市场机会

出现在某个行业内的市场机会称为行业市场机会。在不同行业之间的交叉与结合所产生的市场机会称为边缘市场机会。

由于创业者拥有的技术和资源不同，因此很多创业者能利用自身拥有的技术和资源发现市场机会。寻找和识别行业市场机会的难度系数较低，很多创业者都把行业市场机会作为重点寻找目标。

相对于行业市场机会，边缘市场机会需要创业者具有多个行业背景，对创业者的要求比较高，选择该类型创业机会的创业难度较大。但交叉多个行业的边缘市场存在消费者需求，一般容易被创业者忽视，具有巨大的市场发展空间。

3.目前市场机会与未来市场机会

目前市场发展中出现的市场机会称为目前市场机会。从环境变化的角度来看,市场上未来的某一时期出现的大量需求和消费倾向,会成为未来的市场机会,这类机会就称为未来市场机会。

目前市场机会和未来市场机会的区别在于时间的先后顺序和可能转变的客观条件是否具备。随着时间的推移,未来市场机会是否能转变成为目前市场机会主要取决于环境的发展变化。对于创业者来说,应该重点抓住目前市场机会,关注市场环境的变化趋势,把握未来市场机会。

4.全面市场机会与局部市场机会

从范围来看,市场有全面的、大范围的市场和局部的、小范围的市场之分,因此,市场上出现的机会也就有全面市场机会和局部市场机会之分。全面市场机会是在大范围市场出现的机会,如国际市场、全国市场;局部市场机会则是在一个局部的市场出现的机会,如某个特定市场。

全面市场机会对所有创业者来说具有普遍意义,因为它意味着环境变化的一种普遍趋势。局部市场机会则对在该地区从事创业活动的创业者来说有特殊意义,它意味着该地区市场环境变化有别于其他市场的特殊发展趋势。

经典案例

2019 年 11 月,号称全球玻尿酸(又称透明质酸)领域龙头企业的华熙生物在科创板上市。其上市当天的收盘价为 85.1 元,市值达到 408 亿元。作为华熙生物董事长兼总经理,赵燕持有股份的市值达到 241 亿元,一度成为科创板首富。

在华熙生物成立的近 20 年里,赵燕认为对于企业来说,其实并不能以好年份、坏年份来划分,持续打造企业的核心竞争力才是关键。

2008 年金融危机之际,赵燕坚持将华熙生物送上港交所。2017 年,公司正处于内外交困之际,赵燕又力排众议让公司进行私有化退市,并对公司的组织架构、战略方向及业务线进行大调整。直到 2019 年,华熙生物登陆科创板,再次迎来高光时刻。

"我一直认为,危机中风险和机遇是并存的,关键是怎样应对。"赵燕说。她还强调,创新力、科技力和产品力,是企业尤其是高科技企业的立身之本,也让企业拥有面对危机的抵抗力。

(节选自李秀芝:《赵燕:最好的危机防御武器是硬核产品》,《中国企业家》2020 年第 5 期,第 57~59 页,略有改动)

（二）根据创业机会的来源划分

1.问题型机会

问题型机会指的是由现实中存在的未被解决的问题所产生的一类机会。对于消费者"苦恼的事"和"困扰的事"，如果能提供解决的办法，实际上就是找到了创业机会。例如，双职工家庭没有时间照顾孩子，于是有了家庭托儿所；没有时间买菜，就产生了送菜公司。这些都是从"问题"中寻找机会的，属于问题型机会。

2.趋势型机会

趋势型机会就是在变化中看到未来的发展方向，预测到将来的潜力和机会。创业的机会大都产生于不断变化的市场环境，环境变化了，市场需求、市场结构必然发生变化。著名管理大师彼得·德鲁克将创业者定义为"能寻找变化，并积极反应，把它当作机会充分利用起来的人"。这种变化主要来自国家政策的变化、产业结构的变动、消费结构升级、城市化加速、人们思想观念的变化、人口结构的变化、居民收入水平提高、全球化趋势等诸方面。例如，居民收入水平提高，私人轿车的拥有量将不断增加，这就会派生出汽车销售、汽车修理、汽车配件、汽车清洁、汽车装潢、二手车交易、代驾等诸多创业机会。

3.组合型机会

组合型机会就是将现有的两项以上的技术、产品、服务等因素组合起来，以实现新的用途和价值而获得的创业机会。

第二节　寻找创业机会

创业机会和创业项目

一、创业机会的来源

（一）技术变革方面

（1）新技术替代旧技术（数码相机、智能手机）。

（2）实现新功能和创造新产品的新技术出现（互联网络）。

（3）新技术带来的新问题。科技是一把双刃剑，新技术带来的问题也是创业机会的来源。比如，为防止互联网络不良信息传播而研发的网络信息过滤软件等，为减少手机、电脑辐射而出的防辐射衣服等相关产品。

（二）政府政策变化方面

（1）某些行业进入限制条件放宽，监管政策放松，如民用航空、资源开采、民办教育、保险和金融等。

(2)政策导向的变化,如价格双轨制、国有企业改制、节能减排、育儿培训、住房制度改革和资格证书制度(培训市场)。

(三)社会和人口因素方面

(1)家政、洗衣、美容和健身等。

(2)养老中心和老年人用品市场等。

(3)饮食文化。如素食产品产业、有机动植物培育产业和健康养生产品等。

(4)社会发展的新要求。如高端产品、留学和私人定制等。

(四)市场需求条件方面

(1)市场出现了与经济发展阶段相关的新需求。如农村经济发展带来了家电、农用机械的畅销,居民可支配收入增长使少儿特长教育、留学服务机构和旅游成为热门消费。

(2)当期市场供给缺陷产生的新的商业机会,如供不应求的小市场机会。

二、创业机会的识别

(一)创业机会识别的内涵

我们所指的识别是狭义的识别,是从若干的创意(商业想法或念头)中筛选(或鉴别)出潜在的、可能的创业机会,或者就单一的创意从"有无需求"和"满足特定需求的方式"两方面来进行识别。其结果往往形成一个商业概念,这一概念包括市场需求如何满足或资源如何配置等问题。

创业机会识别是对创意进行筛选从而形成商业概念的过程。在综合考虑创业者和创业环境等方面因素的前提下,建立创业机会识别的标准,针对被识别的创意,通过对市场环境进行系统分析以及一般的行业分析来判断该创意是否属于有利的创业机会,筛选出具有市场需求的、有价值的创意。创业机会识别的主要意义是剔除那些具有明显不合理性的创意,为商业概念的形成降低不确定性和减少工作量。

(二)创业机会识别过程

创业机会识别是创业领域的关键问题之一。从创业过程角度来说,它是创业的起点。创业机会识别过程是一个不断调整、反复均衡的过程。不同的创业者可能愿意关注的创业机会不同。即使是同一个创业机会,不同的人对其评价也往往不同。

创业过程开始于创业者对创业机会的把握。创业者从成千上万繁杂的创意中选择了他心目中的创业机会,随之不断持续开发这一机会,使之成为真正的企业,直至最终收获成功。这一过程中,机会的潜在预期价值以及创业者的自身能力得到反复的权衡，创业者对创业机会的战略定位也越来越明确，这一过程称为机会的识别过程。这一机会识别过程实际上是一种广义的识别过程，因为它事实上包括大部分研究中提到的机会的搜寻、机会的识别、机会的评价等活动。

1.机会的搜寻

机会搜寻，就是创业者对整个经济系统中可能的创意和“灵感”展开搜索。如果认为某创意可能是潜在的商业机会、具有潜在的发展价值，就将进入机会识别的下一阶段。

首先，根据创意，明确研究的目的或目标。例如，创业者可能会认为他们的产品或服务存在一个市场，但他们需要确认：产品或服务如果以某种形式出现，谁将是顾客？这样，一个目标便是向人们询问他们如何看待该产品或服务、是否愿意购买，并了解有关人口统计的背景资料和消费者个人的态度。当然，还有其他目标，如了解有多少潜在顾客愿意购买该产品或服务、潜在的顾客愿意在哪里购买以及在哪里听说或了解该产品或服务等等。

其次，从已有数据或二手资料中收集信息。这些信息主要来自商贸杂志、图书馆、政府机构、大学或专门的咨询机构以及互联网等，一般可以找到一些关于行业、竞争者、顾客偏好趋向、产品创新等方面的信息。这种信息的获得一般是免费的，或者成本较低，创业者应尽可能利用这些信息。

最后，从第一手资料中收集信息。收集第一手资料包括一个数据收集过程，如观察、上网、访谈、集中小组试验以及问卷等。该种信息的获得一般来说成本都比较高，但却能够获得更有意义的信息，可以更好地识别创业机会。

如果创业者希望主动搜索机会，他们还可以将一些经过特别筛选和培训的有创意的消费者、非行业内专家、客户以及创意专家集合在一起，以产生最新、最激动人心的创意。商业目的可能包括：便于实施、适用于大部分消费者、能紧跟或反映公司的技术水平、能盈利、与品牌价值相符。在产生创意和选择最好创意的时候，所有上述商业目的都会予以考虑。鼓励任何发散式创意，当然创意也必须具备可操作性，以便于实施。

2.机会的识别

识别创业机会是思考和探索互动反复，并将创意进行转变的过程。

这里的机会识别是狭义上的识别，即从创意中筛选合适的机会。这一过程包括两个步骤：首先是通过对整体的市场环境以及一般的行业分析来判断该机会是否在广泛意义上属于有利的商业机会；其次是考察对于特定的创业者和投资者来说这一机会是否有价值，也就是个性化的机会识别阶段。

一般来说，有关市场特征、竞争者等的可获数据，常常反过来与一个创业机会中真正的潜力相联系。也就是说，如果市场数据已经可以获得，数据清晰显示出重要的潜力，那么大量的竞争者就会进入该市场，该市场中的创业机会就会随之减少。因此，对收集的信息进行结果评价和分析，识别真正的创业机会是重要的一步。一般而言，先单纯地对问题答案的总结，可以给出一些初步印象；接着对这些数据信息交叉制表进行分析，则可以获得更加有意义的结果。也就是说，对创业者来说，搜集必要的信息，发现可能性，将别人看来仅仅是一片混乱的事物联系起来以发现真正的创业机会，这是非常重要的。

3.机会的评价

评价是仔细审查创意并分析其是否可行的阶段，主要包括技术方案评价、市场潜力评价和成本收益评价。评价是机会识别中的关键环节，要求创业者对创意的可行性客观、公正地评判。

（三）创业机会识别常用方法

以下为创业机会识别较为常用的 4 种方法：

1.“新眼光”调查

当我们阅读一个人的新发现和出版的作品时，实际上就是在进行调查。利用互联网搜索数据，寻找包含你所需要信息的报纸文章等都是调查的形式。大量获取信息对发现问题以及更加快速地切入问题有帮助。在调查中要学会问问题，并通过不断地获取信息，开始建立自己的直觉，从而不断发展“新眼光”。

“新眼光”调查可以提供很多看问题的新方法。观察一切，把想法记录下来。想法越多，就越有可能找到最适合自己的业务和自己的目标市场。瑞士最大的音像书籍公司的创始人说他就有一本这样的笔记本，当记录到第 200 个想法时，他坐下来回顾所有的想法，然后开办了自己的公司。

2.系统分析

实际上，多数的机会都可以通过系统分析发现。人们可以从企业的宏观环境（政治、法律、技术、人口等）和微观环境（顾客、竞争对手、供应商等）的变化中发现机会。借助市场调研，从环境变化中发现机会，是机会发现的一般规律。20 世纪 60 年代初，日本汽车公司利用政府、综合贸易商社、企业职能部门，甚至美国市场研究公司广泛搜集信息。通过市场调研，他们发现：美国人把汽车作为身份或地位象征的传统观念正在逐渐削弱，汽车作为一种交通工具更重视其实用性、舒适性、经济性和便利性；美国的家庭规模正在变小，核心家庭大量出现；美国汽车制造商无视环境变化，因循守旧，继续大批量生产大型豪华车，因而存在一个小型车空白市场。于是，日本汽车商设计出满足美国顾客需求的美式日制小汽车，以其外形小巧、购买经济、舒适平稳、耗油量低、驾驶灵活、维修方便等优势敲开了美国市场的大门。

3.问题分析和顾客建议

问题分析从一开始就要找出个人或组织的需求和他们面临的问题，这些需求和问题可能很明确，也可能很含蓄。问题分析需要全面了解顾客的需求以及可能用来满足这些需求的手段。

一个新的机会可能会由顾客识别出来。顾客建议多种多样，他们会提出一些诸如“如果那样的话不是会很棒吗”这样的非正式建议。一些组织在将他们的需求“反向推销”给潜在供应商的过程中非常积极。无论使用什么样的手段，一个讲究实效的创业者总是渴望从顾客那里征求想法。

4.创造

这种方法在新技术行业最为常见。它可能始于明确拟满足的市场需求，从而积极探索相应的新技术和新知识；也可能始于一项新技术发明，进而积极探索新技术的商业价值。通过创造获得机会比其他任何方式难度都大，风险也更高。当然，如果能够成功，其回报也更大。这种情况下所产生的创新在人类具有重大影响的创新中，居于压倒性的主导地位。

（四）创业机会的识别技巧

1.从国家经济发展趋势中判断商机

创业者一定要眼界开阔，关注并研究国家宏观经济政策和行业发展态势，这是大势。国家鼓励发展什么、限制发展什么，行业未来发展趋势如何，都与创业机会密切相关。

2.市场环境变化孕育商机

变化中常常蕴藏着商机，许多创业机会产生于不断变化的市场环境。环境变化将带来产业结构的调整、消费结构的升级、思想观念的转变、政府政策的变革、市场利率的波动等。循环经济、绿色制造的理念将变革传统的生产和消费模式，带来节能减排、废物回收、材料更新、循环利用等领域的创业机会；移动互联网、3D 打印技术、“云计算”等高新技术的出现，必将引发新一轮产业革命。任何变化都能引发甚至创造出新的创业机会，需要创业者凭着自己敏锐的嗅觉去发现和识别。

3.资源整合创造无限商机

创造性地整合资源，不仅可以创造出新的价值，还可以带来无尽的商业机会。机会是一种通过对资源的创造性整合，满足市场及客户的需求的渠道。

4.科技发展催生商机

世界产业发展历程告诉我们，几乎每一个新兴产业的形成和发展，都是技术创新的结果。产业转型、技术创新、产品换代，都会带来前所未有的创业机会。创业者如果能够及时了解最新的科技发展动态，持续跟上产业发展、技术创新的步伐，即使不发明新的东西，也会从其推广、应用、销售、维护、开发和咨询等服务中寻找到新的市场机会。

5.市场"空缺"蕴含商机

市场的"缺口"或"边角"往往蕴含了大量被人们忽略而未被满足的市场需求，充分开发利用这些机会空间，另辟蹊径，"人无我有、人有我新"，就一定能够出奇制胜。

6.解决问题过程中发掘商机

问题往往隐含了被精巧掩饰的商业机会。许多创业者都是从发现问题、解决问题的过程中，找到能满足消费者需求、为消费者创造价值的方案，从而捕捉到商机的。

7.竞争对手的缺陷隐藏商机

研究竞争对手，从中寻找其产品或服务的弱点。若能有效弥补其缺陷和不足，在激烈的竞争中胜出，就很可能从中找到重要的创业机会。

三、创业机会的可行性分析

（一）什么是 SWOT 分析法

SWOT 分析法是对企业自身的优势 S(strengths)、劣势 W(weaknesses)以及外在的机会 O(opportunities)和威胁 T(threats)进行分析判断的方法。因其兼顾内外因素(S、W 为内部因素，O、T 为外部因素)，所以能够很好地将企业内部环境和外部环境有机结合起来。其分析方式如图 3-1 所示。

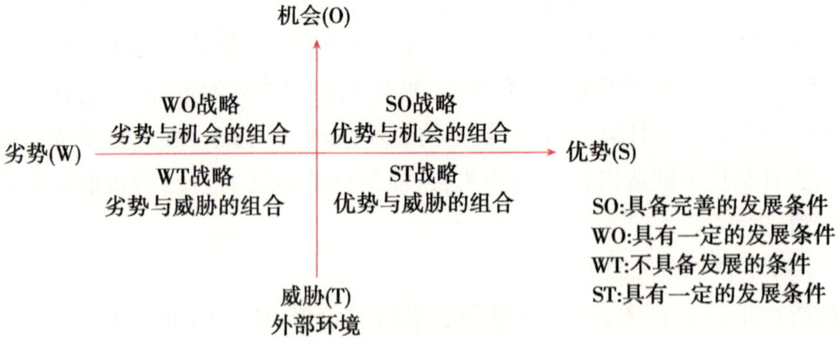

图 3-1　SWOT 分析示意图

优势和劣势是存在于企业内部的可以调整的因素。优势，指创办企业有利的因素。如创办企业的资金充足、资源更丰富，以及价格比同行更低、员工素质和技术更好等。劣势，指创办企业不利的因素。如知名度不如竞争对手、自己的阅历没有其他创业者丰富、促销方式不佳、产品类型少等。

机会和威胁是存在于企业外部的自己不能加以影响的因素。机会，指外部环境存在对创办企业有利的因素。如行业政策扶持力度大、周边入驻了新小区、人流量增大等。威胁，指外部环境存在对创办企业构成潜在威胁的因素。如周边有新的企业加入、原材料价格上涨等。

（二）SWOT 分析法的运用

SWOT 分析法可以分为两部分：第一部分为 S 和 W，主要用来分析企业自身条件；第二部分为 O 和 T，主要用来分析外部条件。利用这种分析方法，可以从内外条件的优劣势中直观地找出对创办企业有利的因素，以及对创办企业不利、应避免的因素。这样可以快速地发现机会与优势的契合点，对契合点进行相应的分析，明确企业以后的发展方向。总的来说，这种分析方法在实际运用中具有明显的科学合理性，因此，可以将分析结果作为企业决策的主要依据。

根据 SWOT 分析法的分析结论，我们还可以将问题按轻重缓急分类，明确哪些是急需解决的问题、哪些是可以稍后解决的问题、哪些属于战略目标上的问题、哪些属于战术上的问题。将这些需要研究的对象一一列举出来，依照矩阵形式排列，然后用系统分析的方法把各种因素组合起来进行分析，如表 3-1 所示。通过综合分析，可以帮助大学生创业者从中得出具有决策性的结论，从而实现从企业构思到企业创办的转变。

表 3-1　SWOT 矩阵分析表

存在的优势（S）	存在的劣势（W）
①	①
②	②
③	③
④	④
⑤	⑤
⑥	⑥
实际的机会（O）	潜在的威胁（T）
①	①
②	②
③	③
④	④

续表

存在的优势(S)	存在的劣势(W)
⑤	⑤
⑥	⑥

创业者在创办企业的决策中,应该对企业进行细致的 SWOT 决策分析,清楚企业的优势与劣势,并分析和评估企业面临的机会与威胁。

在进行项目的可行性分析时,可参照的步骤为:①正确评估企业的优势和劣势。②找出企业面临的机会和威胁。③列出企业下一步的工作目标。④列出企业下一步的工作计划。

第三节　评估创业机会

一、有价值创业机会的基本特征

(一)价值性

创业机会是指能够带来商业价值的机会,它能使创业产生盈利,这是创业机会区别于其他机会的本质特征,也是创业机会受到创业者与投资者青睐的根本原因。当然,这里说的价值性并不是说创业机会本身一定就具有直接价值、可以在市场进行交换,而是说它是可以带来价值增值的创业活动的极好的切入点,在这样的条件下创业,获得价值增值的可能性更大、有利因素更多。

(二)时效性

创业机会产生于市场变化,存在于一定的市场环境之中。虽然从总体上看市场变化是持久的,但市场的每一次变化以及变化所带来的创业机会却是有时效性的。换言之,创业机会产生于一定条件下,随着环境的变化、消费者需求的转变,创业机会也会改变。因此,创业者必须及时地捕捉机会和适时地利用机会。

(三)客观性

创业机会的发现虽然是主观的,但创业机会的存在是客观的,是不以人的主观意志为转移的。无论人们是否意识到,创业机会总是客观地存在于一定的市场环境之中。从某种意义上说,创业机会就像一个等待人们去发现的宝藏,谁找到就是谁的,所不同的只是它过期不候。创业机会没有专属性,一个企业未能发现的机会,很可能被另一个企业捕捉和利用。因此,无论是创业者还是创业的准备者，都应积极地从市场环境变化的规律中寻找机会。

二、创业机会的评价方法

（一）定性评价方法

评估内容：通过前期调研分析，确定该创业机会所必须具备的成功条件；分析企业在该市场机会上所拥有的优势；分析企业创立之后所拥有的竞争优势；分析与企业的发展方向和目标是否一致。

斯蒂文森等人认为，对创业机会的充分评价需要考虑以下几个重要问题：①机会的大小、存在的时间跨度和随时间成长的速度等问题；②潜在的利润是否足够弥补资本、时间和机会成本的投资，带来令人满意的收益；③机会是否开辟了额外的扩张、多样化或综合的商业机会选择；④在可能的障碍面前，收益是否会持久；⑤产品或服务是否真正满足了目标市场的真实需求。

朗格内克等人提出了评价创业机会的 5 项基本标准：①对产品有明确界定的市场需求，推出的时机也是恰当的；②投资的项目必须能够维持持久的竞争优势；③投资必须具有一定程度的高回报，并允许一些投资中出现的失误；④创业者和机会之间必须相互适合；⑤机会中不存在明显的缺陷。

（二）定量评价方法

1.标准打分矩阵法

标准打分矩阵法是先选择对创业机会的成功有重要影响的因素，并由专家小组对每一个因素进行最好（3 分）、好（2 分）、一般（1 分）3 个等级的打分，最后求出每个因素在各个创业机会下的加权平均分，从而可以对不同的创业机会进行比较。表 3-2 中列出了其中 10 项主要的评价因素，在实际使用时可以根据具体情况选择其中的全部或部分因素来进行评价。

表 3-2　标准打分矩阵法评价表

标准	专家打分			
	最好（3 分）	好（2 分）	一般（1 分）	加权平均分
易操作性				
质量和易维护性				
市场接受性				
增加资本的能力				
投资回报				
专利权状况				

续表

标准	专家打分			
	最好(3分)	好(2分)	一般(1分)	加权平均分
市场大小				
制造的简单性				
口碑传播潜力				
成长潜力				

2.温斯丁豪斯法

温斯丁豪斯法实际上是计算和比较各个机会的优先级,其计算公式如下:

$$\text{机会优先级}=\frac{\text{技术成功率}\times\text{商业成功率}\times(\text{价格}-\text{成本})\times\text{投资生命周期收入}}{\text{总成本}}$$

在上述公式中,技术成功率和商业成功率以百分比表示,成本以单位产品成本计算,投资生命周期收入是指可以预期的所有收入,总成本包括研究、设计、制造和营销等环节的成本之和。对于不同的创业机会,应将具体数值代入计算,特定机会的优先级越高,该机会越有可能成功。

3.珀泰申米特法

珀泰申米特法就是计算创业机会的成功潜力指标。对于每个因素来说,不同选项的得分可以从-2分到+2分。通过对所有因素得分的加总得到最后的总分,总分越高,说明特定创业机会成功的潜力越高。只有那些最后得分高于15分的创业机会,才值得创业者进行下一步的策划,低于15分的都应被淘汰。(表3-3)

表3-3　珀泰申米特法评价表

评价因素	得分
对于税前投资回报率的贡献	
预期的年销售额	
生命周期中预期的成长阶段	
从创业到消费额高速增长的预期时间	
投资回收期	
获得领先地位的潜力	
商业周期的影响	
为产品制定高价的潜力	
进入市场的容易程度	

续表

评价因素	得分
市场试验的时间范围	
销售人员的要求	
总分	

4.贝蒂的选择因素法

贝蒂的选择因素法通过对11个选择因素的设定来对创业机会进行判断,见表3-4。如果某个创业机会只符合其中的6个或更少,则该创业机会的成功机会较小;相反,如果这个创业机会符合其中的7个或更多,那么该创业机会将大有希望。

表3-4 贝蒂的选择因素法判断表

选择因素	是/否
这个创业机会现阶段是否只有你一人发现了	
初始的产品生产成本是否可以承受	
初始的市场开发成本是否可以承受	
产品是否具有高利润回报的潜力	
是否可以预期产品投放市场和达到盈亏平衡点的时间	
潜在的市场是否巨大	
你的产品是否是高速成长产品家族中的第一个成员	
你是否拥有一些现成的初始用户	
是否可以预期产品的开发成本和开发周期	
是否处于一个成长中的行业	
金融界是否能够理解你的产品和顾客对它的需求	
总分	

5.蒂蒙斯创业机会评价模型

蒂蒙斯创业机会评价模型的包含8类分项指标,见表3-5。该评价模型提供了一些量化方式,使创业者可以对行业与市场、经济因素、收获条件、竞争优势、管理团队、创业家的个人标准、理想与现实的战略性差异、致命缺陷等问题作出判断,以及这些要素加起来是否可以组成一个有足够吸引力的商机。一些风险投资商、政府基金和创业大赛就是借用了该模型对创业项目进行评价。

表 3-5　蒂蒙斯创业机会评价模型

分类指标	具体指标
行业与市场	市场容易识别,可以带来持续收入
	顾客可以接受产品或服务,愿意为此付费
	产品的附加价值高
	产品对市场的影响力大
	将要开发的产品生命长久
	项目所在的行业是新兴行业,竞争不激烈
	市场规模大,销售潜力达到 1000 万~10 亿美元
	市场成长率在 30%~50%甚至更高
	现有厂商的生产能力几乎完全饱和
	在 5 年内能占据市场的领导地位
	拥有低成本的供货商,具有成本优势
经济因素	达到盈亏平衡点所需要的时间在 1.5~2 年以下
	盈亏平衡点不会逐渐提高
	投资回报率在 25%以上
	项目对资金的要求不是很高,能够获得融资
	销售额的年增长率高于 15%
	有良好的现金流量,能占到销售额的 20%~30%
	能获得持久的毛利,毛利率要达到 40%以上
	能获得持久的税后利润,税后利润率要超过 10%
	资产集中程度低
	运营资金不多,需求量是逐渐增加的
	研究开发工作对资金的要求不高
收获条件	项目带来的附加价值具有较高的战略意义
	存在现有的或可预料的退出方式
	资本市场环境有利,可以实现资本的流动

续表

分类指标	具体指标
竞争优势	固定成本和可变成本低
	已经获得或可以获得对专利所有权的保护
	竞争对手尚未觉醒,竞争较弱
	拥有专利或具有某种独占性
	拥有发展良好的网络关系,容易获得合同
	拥有杰出的关键人员和管理团队
管理团队	创业团队是一个优秀管理者的组合
	行业和技术经验达到了本行业内的最高水平
	管理团队的正直廉洁程度能达到最高水平
	管理团队知道自己缺乏哪方面的知识
创业家的个人标准	个人目标与创业活动相符合
	创业家可以做到在有限的风险下实现成功
	创业家能够承受薪水减少等损失
	创业家渴望进行创业这种生活方式,不只是为了赚钱
	创业家可以承受适当的风险
	创业家在压力下状态依然良好
理想与现实的战略性差异	理想与现实情况相吻合
	管理团队已经是最好的
	在客户服务管理方面有良好的理念
	所创办的事业顺应时代潮流
	所采取的技术具有突破性,不存在许多替代品或竞争对手
	具备灵活的适应能力,能快速进行取舍
	始终在寻找新的机会
	定价与市场领导者几乎持平
	能够获得销售渠道,或已经拥有现成的网络
	能够允许失败
致命缺陷	不存在任何致命缺陷

在实际中，可以将上述评价方法适当综合起来应用，也可以延伸，更加广泛地应用于对创业机会的分析和研究。

（三）阶段性决策方法

阶段性决策方法要求创业者在创业机会开发的每个阶段都要进行机会评价。一个创业机会是否能够通过每个阶段预先设置的障碍，在很大程度上取决于创业者经常面对的约束或限制，例如，创业者的目标回报率、风险偏好、金融资源、个人责任心和个人目标等。

思维导图

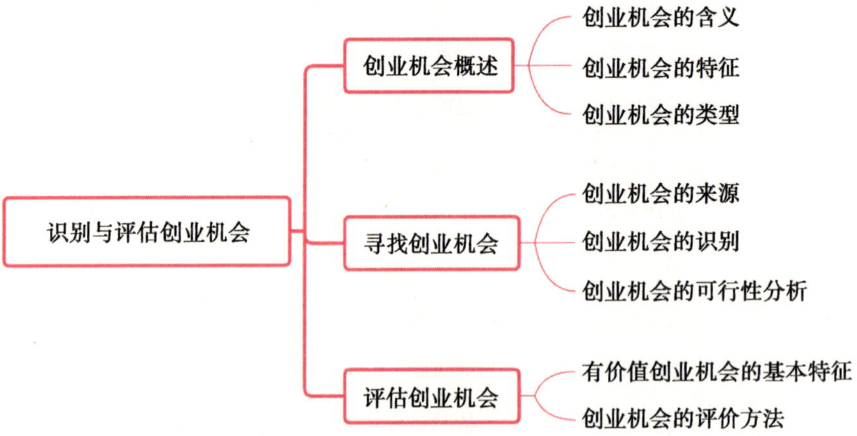

图 3-2　本章思维导图

项目实训

一、实训准备

1.阅读本年度的政府工作报告，将与自己本专业和自己所感兴趣领域的相关内容抄录下来，从中发现本专业及行业发展趋势。

2.在你的专业领域或你感兴趣的行业中，过去一年都出现了哪些创业项目或创新现象？请列举不少于3个。

3.在你的专业领域和你感兴趣的行业中找一家上市公司，通过对其年报的研读，找出该公司的主营业务与发展方向。

4.在对上述3个问题整理分析的基础上，针对你的专业领域或你感兴趣的行业，请提出3个具有商业价值且亟待解决的市场问题。

二、小组讨论

1.在个人回答前面问题的基础上,通过小组讨论的方式,优选出大家都认同的3个具有商业价值且亟待解决的市场问题。理由要充分。

2.小组讨论所提出问题的解决方案,并由此挖掘出可能存在的创业机会。小组讨论时,应提出在该机会中所涉及的关键事物,对其进行描述,并展开关联性的联想与思考,并记录思考结果。要求:

(1)请同学通过小组讨论确定存在的创业机会。

(2)对该创业机会中的关键事物进行描述。一个创业机会中可能涉及多个关键事物,应把握住最关键的1~3个。

(3)围绕关键事物进行关联性的联想与思考,找出可能影响该事物的潜在要素或本质问题。

第四章 分析与设计商业模式

学习目标

1.了解商业模式的含义及构成要素。

2.理解商业模式设计的原则、思路,并能进行设计。

3.能够对商业模式进行甄选。

4.了解“互联网+”的商业模式。

案例导入

李宁女士作为中国数字出版领域的杰出专家和领路人,一直致力于研究新闻和出版行业的数字内容版权保护,探索行业新型商业模式和科技的研发及应用。2006年,李宁女士受邀加入北京方正阿帕比(Apabi)技术有限公司(以下简称“阿帕比”),担任北京方正阿帕比技术有限公司出版及海外业务总经理。在李宁的带领下,阿帕比成为国内第一家研发出数字内容“版权保护”技术的公司,系中国数字出版领域和知识服务领域的领头羊;同时,还得到国家的资金和政策支持,为中国版权行业许多规章、标准、保护条款的出台做了很好的铺垫。此外,李宁和她的团队积极利用先进技术,使阿帕比数据库业务在国际知识产权的保护下得到了更广泛的拓展。

(节选自金立刚:《让版权保护成为数字出版创新型商业模式的基石——访北京方正阿帕比技术有限公司出版及海外业务总经理李宁》,《中国商界》2020年第Z1期,第106~109页)

第一节　分析商业模式

一、商业模式的概念

最古老也是最基本的商业模式是“店铺模式”，具体地说就是在具有潜在消费者的地方开设店铺并展示其产品或服务。

随着时代的进步，商业模式也向复杂和精巧的方向迈进。到了20世纪初，形成了“饵与钩”的模式，也称为“剃刀与刀片模式”或“搭售模式”。之后，随着传媒业务的发展，形成了“二次售卖模式”。二次售卖模式指的是媒介单位先将媒介产品卖给终端消费者(读者、听众、观众)，然后再将消费者的时间或注意力卖给广告商或广告主的过程。20世纪90年代，互联网的出现使得商业模式引起主流社会的关注。

界定商业模式的概念本身就是困难的。这是因为商业模式是一个正在形成和发展的新理论，学术界对它还没有统一、严格的内涵限定，而商业模式的外延又涵盖了企业从获取资源、组织生产、产品营销和售后服务到研究开发、客户关系等一系列的活动。被称为“创业之父”的蒂蒙斯认为，商业模式是产品、服务和信息流的一个体系架构，包括说明各种不同的参与者及他们的角色、各种参与者的潜在利益，还有企业收入的来源和方式。他在分析商业模式过程中主要关注一类企业在市场中与用户、供应商、其他合作方的关系，尤其是彼此间的物流、信息流和资金流。2005年，奥斯特沃德等人在经过大量调查研究后，给出了一个全新的定义：商业模式是一种包含一系列要素及其关系的概念性工具，用以阐明某个特定实体的商业逻辑。它描述了公司所能为客户提供的价值，以及公司的内部结构、合作伙伴网络和关系资本等用以实现(创造、推销)这一价值并产生可持续盈利收入的要素。

国内也有不少学者对商业模式的定义做出了有意义的贡献。金占明、杨鑫指出，商业模式就是指做生意赚钱的方法，是一个企业赖以生存的基本商业架构，是一种能够为企业带来收益的交易结构。商业模式明确了一个企业开展什么样的活动来创造价值、如何选取在价值链中的位置及与客户达成产生收益的安排类型。他们对商业模式的定义比较简洁地说明了企业需要商业模式来做什么，目标明确，指引性强。清华大学雷家骕教授认为，商业模式是指一个企业如何利用自身资源，在一个特定的包含物流、信息流和资金流的商业流程中，将最终的商品和服务提供给客户并收回投资获取利润的解决方案。

从理论层面来说，商业模式就是以价值创造为核心，描述了企业如何创造价值、传递价值和获取价值的原理。较为通俗的定义是：商业模式就是公司用来赚钱的方式或途径。

二、商业模式的构成要素

迈克尔·莫里斯(Michael Morris)等人通过对30多个商业模式定义的关键词进行分析,把商业模式的定义分成了经济、运营、战略三种类型,然后分别对三种类型的商业模式定义中所包含的构成要素进行了归纳和总结。

经济类定义将商业模式视为企业的经济模式,指"如何赚钱"的利润产生逻辑,其构成要素包括收益来源、定价方法、成本结构和利润。

运营类定义关注企业内部流程及构造问题,其构成要素包括产品和服务交付方式、管理流程、资源流、知识管理等。

战略类定义涉及企业的市场定位、组织边界、竞争优势及其可持续性,其构成要素包括市场定位、战略目标和价值主张等。如图4-1所示。

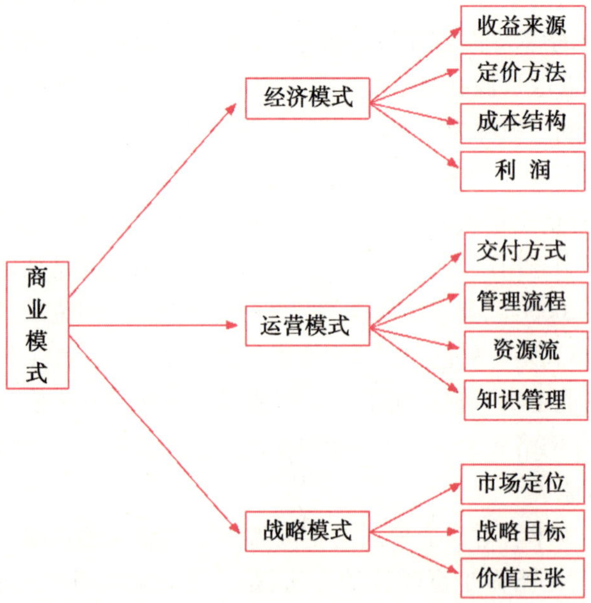

图4-1　商业模式内涵的多层次分解

三、商业模式的特征

(一)有效性

商业模式的有效性,一方面是指能够较好地识别并满足客户需求,做到客户满意,不断挖掘并提升客户的价值;另一方面,商业模式的有效性还指通过模式的运行能够提高自身和合作伙伴的价值,创造良好的经济效益。

（二）整体性

好的商业模式至少要满足两个必要条件：第一，商业模式必须是一个整体，有一定结构，而不仅是一个单一的组成因素；第二，商业模式的组成部分之间必须有内在联系，应该是一个有机整体，包括目标客户、伙伴关系、收入模式等一系列要素，并且要素之间要相互关联、相互影响和相互作用，最终形成一个良性的循环。

（三）差异性

商业模式的差异性是指既具有不同于原有的任何模式的特点，又不容易被竞争对手复制，保持差异，取得竞争优势。这就要求商业模式本身必须具有相对竞争者而言较为独特的价值取向，以及不易被其他竞争对手在短时间内复制和超越的创新特性。有时候这个独特的价值可能是新的思想，不过，它往往更多的时候是产品和服务独特性的组合。

（四）适应性

商业模式的适应性，是指其应付客户的多样化需求、宏观环境变化及市场竞争环境的能力。由于市场环境变幻莫测，也许企业今天的商业模式明天就不适用，因此商业模式必须保持必要的灵活性和环境的适应性，这是商业模式保持长久发展的首要前提。

（五）创新性

创新性是商业模式最重要的特性。一个商业模式的成功不一定是在技术上有突破，而也可以是对某一个环节的改进，或是对原有模式的重组、创新，甚至是对整个游戏规则的颠覆。商业模式的创新形式贯穿于企业经营的整个过程，贯穿于企业资源开发、研发模式、制造方式、营销体系、市场流通等各个环节，也就是说在企业经营的每一个环节上的创业都可能变成一种成功的商业模式。

四、商业模式的类型

（一）互联网商业模式

随着电子商务的快速发展，互联网创新商业模式，如 B2B 模式、B2C 模式、C2C 模式、O2O 模式、社区模式、广告收益模式、电子市场模式等被陆续提出并付诸实践。互联网改变了传统经济的许多天然壁垒和约束，消除了时间和空间的限制，打破了原有的价值链、价值网络，构建出新的价值网络体系，对传统企业和产业产生了巨大冲击，并产生了一批如腾讯、阿里巴巴、亚马逊这样的新兴互联网企业，这是商业模式创新的重要结果。互联网商业模式意味着企业需要不断发现市场新需求，应用创新互联网技术，整合内外部资源，满足利益相关主体价值,为客户提供更多的价值,吸引更多客户参与。

1.互联网商业模式的特征

(1)客观性和主观性。互联网商业模式是基于互联网的商业活动及其运行规律的主要特征、属性、结构、规则等方面的凸显,具有客观性。同时,它又是一种理论解释或诠释结构,是人们的一种主观构建,并不反映互联网的商业活动或特定问题的全部,因而具有主观性。

(2)能动性和被动性。能动性是指商业模式的提出、发展和运用必须依赖人的能动性的发挥。被动性则是指任何商业模式都必须受到一定客观条件的约束。

(3)多样性和系统性。互联网技术发展应用的深入普及导致许多基于互联网的商业模式的出现,从早期的 B2B 模式、B2C 模式、C2C 模式到网络门户、垂直网站等,模式样式非常丰富且变化迅速,具有多样性。每种商业模式内部要素之间、商业模式之间、商业模式与环境之间又存在内在的联系,形成有机的相互关联的系统。

2.互联网商业模式的分析价值

(1)经济价值。20 世纪后半期,信息技术的飞速发展使得互联网为商业活动提供了新的空间,也改变了固有的劳动形式。管理和知识成为新的劳动形式,并提供了新的价值创造机会。生产力要素内涵得到扩展,在互联网商业环境下,生产力的构成要素表现为知识工作者、资本、知识、信息等。互联网商业模式通过一定的规则将这些要素联结在一起。知识工作者的劳动成果,包括专利权、著作权、数据库等可以通过风险投资及融资活动以契约形式转换为资本形式,如此资本市场便可以评价互联网商业模式的经济价值。

(2)组织价值。互联网和电子商务改变了企业组织的内、外部环境,降低了企业内部的管理成本以及企业组织间的交易成本,并改变了企业与消费者之间的联系模式。在互联网商务环境下,多个独立的个人、部门和企业为了共同的任务组成联合体。它的运行不靠传统的层级控制,而是在定义成员角色和各自任务的基础上,通过密集的多边联系以及互利和交互式的合作完成共同追求的目标。网络的基本构成要素是众多的节点和节点之间的相互关系。在网络型组织中,节点可以由个人、企业内的部门、企业或是它们的混合组成,每个节点之间都以平等身份保持着互动式联系,因而企业也就转化成为高效的扁平化和网络化组织。互联网商业模式为提高组织在网络环境下的适应性提供了多种可行的途径。

(3)客户渗透价值。互联网商业模式的客户渗透价值体现在对企业的创新激励和由互联网对用户所创造的心理或路径依赖两个方面。在市场竞争的过程中，有许多互联网商业模式被提出，一些不被市场接受，很快就被否定；而成功的商业模式则得到了丰厚的回报。这样就形成了一种对创新进行奖励的市场机制，建立了良好的预期效果，也进一步强化了激励模式。用户在长期使用的过程中会固化浏览行为，形成对特定网站的偏好。这些都会对人的行为和价值判断产生或多或少的影响。

成功的企业必须时刻关注市场的变化，根据市场环境不断创新商务模式。互联网消除了时间限制和空间距离，为商业模式创新开辟了广阔空间和自由度，促进了商业交易的新方式，为商业模式提供了更多的表现形态。此外，企业所处的商业生态网络越来越复杂，利益相关者和价值网络形态逐渐多样化，而互联网商业模式则需要不断创新。

（二）云计算商业模式

云计算商业模式能相对集中和统一地存储并管理用户的数据，并且为之提供相对统一的服务。这类似于水电的集中生产，由电厂发电、水厂送水，按需消费。云计算商业模式是对信息资源的集中式管理，并且提供给大家一种统一的使用方法（云计算服务），通过这些服务，用户可以按需使用，且使用多少就支付多少钱，不使用不付钱。集中的数据存储和统一的云计算服务部署以及运营使得用户能接触到的云服务具有更新快、种类多、使用方便、价格便宜等特点。

除此之外，云计算商业模式中心主管用户的基础数据及所能使用的服务，因而对用户数据的安全性及所提供服务的质量起决定性的作用。这种网络服务方式将提供给大家开拓更大市场的机会。

从商业模式的角度来看，云计算商业模式可被具体区分为社区、业务、基础网络服务和电子交易市场 4 种类别，如图4-2所示。

1.社区

以社区为特点的云计算，主要提供社区云服务，如博客群等。未来的云计算，将提供给用户更多、更广泛的社区类云服务。

2.业务

以业务为区分的云计算，不同的应用领域，将诞生不同类型的云服务，如在线 ERP 服务等。未来将有更多的类似于 SaaS（software as a service，软件即服务）的行业软件服务出现。

3.基础网络服务

基础性网络服务，如文档的存储管理等，还有搜索引擎提供的服务。这些服务加入了云计算的特点之后，将充分挖掘用户的信息，并据此提供更为优质的云计算商业模式。

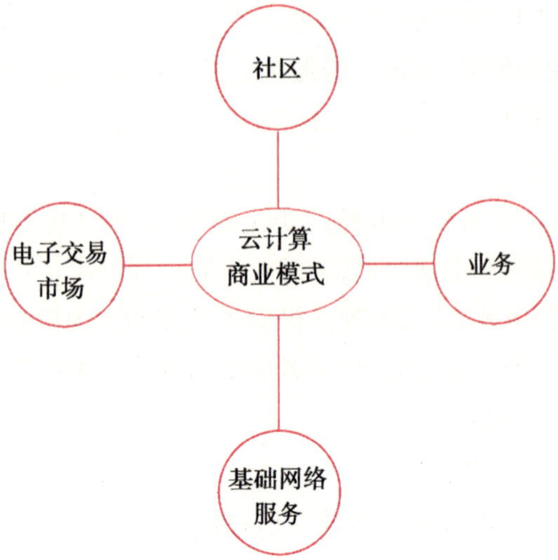

图 4-2　云计算商业模式的分类

4.电子交易市场

电子交易市场,如苹果的软件商店,这类平台提供了基础的交易模式,并为用户的资金、商品提供一定的管理手段、营销手段。这是未来最为重要的云计算商业模式之一。

(三)物联网商业模式

物联网指的是将各种信息传感设备与互联网结合起来而形成的一个巨大网络,从而达到物品自动识别和信息的互联、共享、处理、聚合的目的。物联网是战略性新兴技术,是引导经济社会发展的重要力量,包括感知层、网络层和应用层三部分。物联网作为新一代信息技术,其技术特征、用户行为和产业结构等方面大大不同于以往信息技术,必将要求构建新的商业模式与之适应。

物联网召唤着新的商业模式,电信运营商或将在其中起推动龙头的作用。纵观国外电信运营商与中国三大电信运营商在物联网领域的商业模式,由中国电信运营商主导的物联网产业可能存在以下 4 种商业模式:

1.间接提供网络连接

由系统集成商租用电信运营商网络,通过整体方案连带通道一起向用户提供业务。这是目前使用较多的商业模式。这种情况基于物联网应用,都是在个体内部实现,且实现物联网应用企业相对比较专业,需要由行业内专业的系统集成商提供服务。特别是行业壁垒高、对应用要求复杂的行业,更需要系统集成商的存在。

2.直接提供网络连接

由电信运营商向使用业务的企业客户直接提供通道服务。目前中国移动、中国电信在电力、金融等行业的业务开展基本以提供数据通道包月或按流量计费方式进行。

3.合作开发，独立推广

运营商与系统集成商合作，系统集成商开发业务，电信运营商负责业务平台建设、网络运行、业务推广及收费。

4.独立开发，独立推广

电信运营商自行搭建平台开发业务，直接提供给客户。这种模式对运营企业初期投入要求较高，所以采用这种方式的企业比较少。

（四）制造商商业模式

1.直供商业模式

该模式主要应用在一些市场半径比较小、产品价格比较低或者是流程比较清晰、资本实力雄厚的国际性大公司。直供商业模式需要制造商具有执行力强大、现金流状况良好、市场基础平台稳固、市场产品流动速度很快的特点。但是，随着市场竞争的加剧以及新技术新理念的迭代，就连一些强大的跨国企业也开始放弃直供这样的商业模式，只有利润比较丰厚的行业与产业（如白酒行业），才会选择直供商业模式。很多酒业公司在当地市场上均具备一定的实力与良好的基础。

2.总代理制商业模式

这种商业模式为中国广大的中小企业所广泛使用。中国广大的中小企业在发展过程中面临着两大最为核心的难点：一是团队执行力比较差，二是资金实力不强。因此，它们可以通过这种方式完成最初原始资金的积累，实现企业快速发展。

3.联销体商业模式

很多比较有实力的经销商为了降低商业风险选择了与企业进行捆绑式合作，即制造商与经销商分别出资，成立联销体机构。这种联销体既可以控制经销商的市场风险，也可以保证制造商始终有一个很好的销售平台。例如，饮料行业的龙头企业娃哈哈就采取了这种联销体的商业模式。空调行业巨头格力空调也选择了与区域性代理商合资成立公司共同运营市场的模式，取得了不错的市场业绩。

4.仓储式商业模式

很多强势品牌基于渠道分级成本低、制造商竞争能力大幅下降的现实，选择了仓储式商业模式，通过价格策略打造企业核心竞争力。仓储式商业模式下，企业拥有自己的销售平台，通过自己的销售平台完成市场配货功能。

5.专卖式商业模式

随着中国市场渠道终端资源越来越稀缺,越来越多的中国消费品企业选择专卖形式的商业模式。专卖店商业模式受到一些现实条件的制约:一是品牌。选择专卖商业模式的企业基本上具备很好的品牌基础,市场认知比较成熟。二是产品线比较全。专卖店产品结构需合理,而企业必须具备比较丰富的产品线。三是消费者行为习惯。专卖商业模式需要成熟的市场环境。

6.复合式商业模式

复合式商业模式是一直基于企业发展阶段而做出的策略性选择。一般情况下,无论多么复杂的企业或市场,都应该有主流的商业模式,而且企业的组织建构、人力资源配备、物流系统、营销策略等都应与之相匹配。只有这样,才能建立成熟的商业模式。

(五)农林产品商业模式

农林产品的商业竞争越来越激烈,且产品和服务在市场中的同质化现象较为严重,许多农林产品及相关企业都处于不利地位。

1.和供应商的议价能力低

农业企业的上游供应商多为高度分散的农民,他们诚信意识、履约能力不佳,对价格敏感度高,因此企业无法建立稳定的供应商体系。

2.和购买者的议价能力低

农业企业的下游客户多为消费者,他们的品牌忠诚度低,对价格的敏感度高。企业的品牌建设投入大,进入销售渠道特别是商超的成本高,资金占压严重。

3.新进入者的威胁

从市场进入壁垒看,中国农业资源高度分散,农地资源流转有待优化,导致同行业的竞争对手众多。

4.替代品的威胁

农产品的种类众多,消费者的热点不断转换,农产品的价格波动大。

5.行业内现在竞争者的竞争

农业企业面对不利的竞争环境,既要准备大量的农产品收购资金,又要将巨资投入养殖、屠宰、加工、仓储、物流等设施,建立稳定的原料基地和生产加工基地。从经营风险角度来看地,农业企业要面对气候、疫情及上游农产品原料价格的波动,无论是企业自身还是投资者,都是压力大、回报低。

随着农林产业企业经营环境的日趋复杂,农林企业的核心竞争力成为企业经营成功的关键因素,而农林企业的核心竞争力就是其独特且难以被复制的商业模式。但是,农林企业在商业模式上不能简单模仿成熟的商业模式。

第二节　设计和甄选商业模式

一、商业模式画布

（一）商业模式画布概述

商业模式画布是一种用来描述商业模式、可视化商业模式、评估商业模式及改变商业模式的通用语言。商业模式画布所提供的框架可以作为一种共同语言，让使用者更方便地描述、使用商业模式，也可以用来构建新的战略性替代方案。如今，商业模式创新不断涌现，新的商业模式正在成为传统商业模式的挑战者。同时，传统商业模式也在努力重塑自己。商业模式画布就是通过设计一种简洁、易懂的可视化版式，展示商业模式创新的核心内容。

商业模式的9个要素构造块组成了构建商业模式便捷工具的基础，即商业模式画布。这9个构造块具体包括问题、解决方案、独特卖点、成本分析、收入分析等，如图4-3所示。

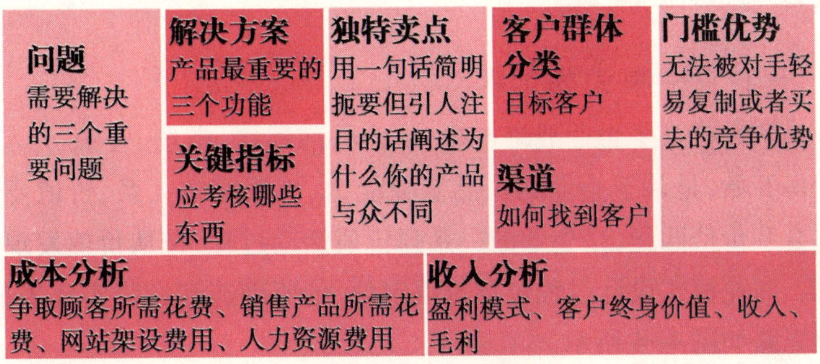

图4-3　商业模式画布

（二）商业模式画布的4个视角

商业模式画布主要覆盖了4个方面的内容，即产品服务、客户、基础设施基本设备及财务生存能力。这些对于整个商业模式的设计都有着关键性的价值和意义。

另外，在设计的过程当中可以将其分为9个具体的模块进行构造，加强和客户之间的联系，保证设计的基本原则。商业模式画布将商业模式分割成9个相互独立而又互相影响的模块。创业者可以根据实际需要按照风险从高到低依次对它们进行系统测试。

（三）商业模式画布的实际应用价值

1.制作迅速

与写商业计划书需要几周甚至几个月的时间相比，只需要一个下午就能利用商业模式画布工具大致描述出多种不同的商业模式。而且，制作这些单页商业模式图表只需要很少的时间，这使新的商业模式创意的形成更为迅速。

2.内容紧凑

商业模式画布工具的使用将提醒使用者谨慎措辞，尽量做到简明扼要，借此还可以思考如何提炼自家产品的核心竞争力。简单来说，就是促使商业模式设计者在最短的时间内抓住商业模式的核心和重点。

3.方便携带

商业模式画布使商业模式只需要放在一页纸上，便于和他人进行分享与讨论。这意味着它的曝光率将会更高，能够得到不断的修改，从而日趋完善。

当商业模式被视为一个产品的时候，更能够提高效率。一方面，可以让商业模式变得完整，另一方面创业者也可以使用那些久经考验的产品开发方法进一步打造公司。

二、设计商业模式

（一）设计商业模式的思路

商业模式设计基于企业战略产生，从内外部环境、市场、资源、产品（服务）、价值主张等开始，是基于企业的产品服务能力、价值网络关系、价值要素等的一种资源整合和价值匹配，是企业的一系列价值活动过程，是从价值发现到价值实现的过程。商业模式设计过程包括价值定位、价值创造和价值实现 3 个阶段，具体的设计思路如图 4-4 所示。

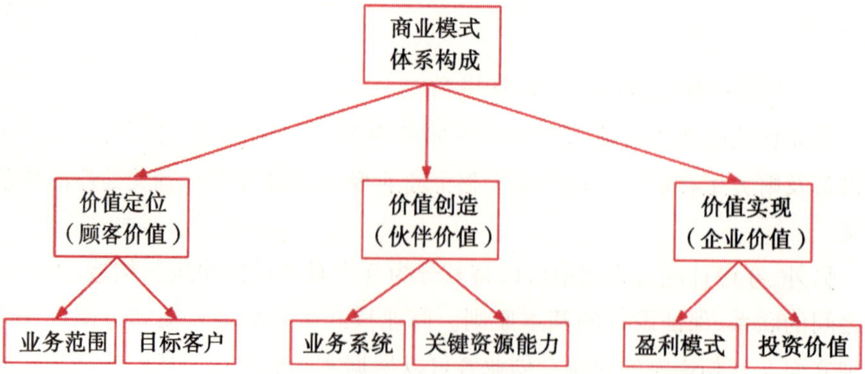

图 4-4　商业模式的设计思路

1.价值定位

一个企业要想在市场中赢得胜利,首先必须明确自身的定位。定位就是企业应该做什么,它决定了企业应该提供什么特征的产品和服务来满足客户的需求,实现客户的价值。

2.价值创造

价值创造即价值的源泉是什么。商业模式的价值创造主要在于便捷性、成本低、新颖性、用户黏性、创新性等。众多电子商务企业如亚马逊,能脱颖而出正是凭借网络销售的方便快捷和价格低廉。

3.价值实现

价值实现是指企业创造的价值被市场认可并接受,完成从要素投入到要素产出的转化。在价值实现这一活动中,涉及最多的就是盈利模式,即企业自身如何获得利润。

(二)商业模式设计的过程

商业模式的设计总体上围绕“提供什么样的产品(或服务)”“为谁提供产品(或服务)”“项目如何获得收益”“如何提供产品(或服务)”“提供这些产品(或服务)要付出的成本代价是多少”这 5 个问题来实现。

1.决定“提供什么”

设计商业模式的第一步是思考本创业项目的产品(或服务)能向消费者提供的价值。创业者应根据自身的技术、资源情况,在商业模式设计之初即明确自己可提供的产品(或服务)。

在设计准备提供的产品(或服务)时,最关键的是考虑清楚以下 3 个问题:

(1)创业项目的产品(或服务)满足了顾客哪些方面的需要?

(2)产品(或服务)本身为客户创造了怎样的价值?

(3)顾客为什么愿意认可该价值而付费?

2.设计“为谁提供”

根据可提供给消费者的价值,创业者应从整体市场中细分出愿意接纳本项目产品(或服务)所提供价值的消费者,并详细设计方案使他们意识到本项目可为他们带来价值。这一步需要依次完成“客户细分”“分销渠道设计”“客户关系管理”3 项内容的设计。

(1)客户细分。创业者要在对消费者分类的基础上选定本创业项目瞄准的目标消费者群体。在此基础上进一步分析这些群体的共性,确定他们共同的价值主张,从而使公司能够(针对这些共性)创造价值,让顾客愿意为此付费。

(2)分销渠道设计。根据顾客特性和产品特性,创业者要设计出将创业项目产品(或服务)送达到消费者手中的途径。这一步的设计阐述了创业项目如何制订详细的市场和分销策略，以开拓市场。

（3）客户关系。创业者应明确本创业项目如何主动与目标客户建立起某种联系。这种联系可能是单纯的交易关系，可能是通信联系，也可能是为客户提供一种特殊的接触机会，还可能是为双方利益而形成的某种买卖合同或联盟关系。良好的客户关系具有多样性、差异性、持续性、竞争性、双赢性的特征。它不仅可以为交易提供方便，节约交易成本，也可以为企业深入理解客户的需求和交流信息提供机会。

3.解答“项目如何获得收益”

基于之前对“分销渠道”的分析，设计公司的各种收入流和获得回报的途径。此外，创业者还应综合客户细分市场容量大小、消费者接受本创业项目价值主张所需的时间长短、消费者可能的接纳度及分销渠道销售效率的情况，预测本创业项目在未来一段时间内的收益情况。

4.设计“如何提供产品（或服务）”

这一步需要依次完成“关键资源”“关键活动”“伙伴网络”3项内容的设计。

（1）关键资源。分析实施本创业项目所需的关键资源，如人力资源、材料资源、营销队伍等。对这些关键资源的付出在整个项目运行费用中占的比例应不少于80%。

（2）关键活动。分析实施本创业项目需要开展的活动。

（3）伙伴网络。分析创业项目同其他企业之间为有效地提供价值并实现其商业化而形成的合作关系网络。创业者在设计商业模式时即应考虑清楚自己选择供应商、分销商、制造商等合作伙伴的标准，以及是否能建立稳定的合作关系。

5.计算“成本多少”

开展创业活动所需的关键资源、开展关键活动以及与建设和维持伙伴网络的供销关系，三者共同构成了创业项目的主要成本。在分析前述内容的基础上，创业者应计算这三大内容所需付出的各项费用（如人力、原料、土地、机器设备、信息、技术、能源、资金、政商关系、管理素质等）及各自所占的比例。

（三）商业模式设计的原则

1.客户价值最大化原则

一个商业模式能否持续盈利与该模式能否使客户价值最大化有必然关系。一个不能满足客户价值最大化的商业模式，即使盈利也一定是暂时的、偶然的，是不具有持续性的；相反，一个能使客户价值最大化的商业模式，即使暂时不盈利，终究也会走向盈利。因此，我们把对客户价值的实现再实现、满足再满足当作创业团队应该始终追求的最终目标。

2.持续盈利原则

创业团队能否持续盈利是我们判断其商业模式是否成功的唯一的外在标准,因此,在设计商业模式时,盈利和如何盈利也就自然成为重要的原则。持续盈利是指既要盈利,又要有发展后劲,具有可持续性,而不是一时的盈利。

3.资源整合原则

资源整合就是要优化资源配置,就是要有进有退,获得整体层面的最优选择。在战略思维的层面上,资源整合是系统化的思维方式,是通过组织协调,把创业团队内部相关性不足的职能和有共同目标但拥有自身利益的合作伙伴,整合成一个为客户服务的系统。在战术选择上,资源整合是优化配置的决策,是根据创业团队的发展战略和市场需求,对有关资源进行重新配置,来凸显创业团队核心竞争力,寻求资源配置与客户需求的最佳结合点。其目的是通过组织安排和管理运作协调来增强创业团队的竞争优势。

4.创新原则

成功的商业模式不一定是技术上的突破,商业模式的创新形式贯穿于创业团队经营的整个过程之中,贯穿于创业团队的资源开发研发模式、制造方式、营销体系、市场流通等各个环节当中。也就是说,在创业团队经营的每一个环节上的创新都可能变成一种成功的商业模式。

5.组织管理高效率原则

高效率是每个创业团队管理者追求的目标。用经济学衡量,决定创业团队是否有盈利能力的是效率。按现代管理学理论,一个创业团队要想高效率地运行,首先要解决的是创业团队的愿景、使命和核心价值观问题,这是创业团队生存、成长的动力,也是团队成员保持高绩效的理由。其次是要有一套科学实用的运营和管理系统,解决系统协同、计划、组织和约束问题。最后还要有科学的奖励激励机制,解决如何让团队成员分享创业团队的成长果实的问题,也就是向心力的问题。只有将这3个主要问题解决好了,创业团队的管理才能实现高效率。

6.风险管控原则

当创业团队面临市场开放、法规解禁、产品创新时,风险变化波动程度提高,连带增加经营的风险性。良好的风险管理有助于降低决策错误的概率,避免损失的可能,相对提高创业团队本身的附加价值。风险既指创业团队组织外的风险,如政策、法律和行业风险,也指创业团队组织内的风险,如产品的变化、人员的变更、资金的断流等。

(1)市场风险:市价波动导致创业团队营运或投资可能产生亏损的风险,如利率、汇率、股价等变动对相关部位损益的影响。

(2)信用风险:交易方无力偿付货款或恶意倒闭致使求偿无门的风险。

(3)流动性风险:影响创业团队资金调度能力的风险,如负债管理、资产变现能力、紧急流动应变能力。

(4)作业风险:流程设计不良或矛盾,作业执行发生疏漏,内部控制未落实。

(5)法律风险:承做业务之适法性,对外文契约及外国法令的认知程度。

(6)财务风险:账务处理的妥适性、合法性,税务咨询及处理是否完备。

(7)信息风险:系统障碍、宕机、资料损毁,安全防护或电脑病毒预防与处理等。

(8)策略风险:在竞争环境中创业团队选择市场或核心产品失当的风险。

7.融资有效性原则

融资模式的打造对创业团队有着特殊的意义,尤其是对中小创业团队来说更是如此。创业团队生存、发展、快速成长都需要资金。资金已经成为所有创业团队发展中绕不开的障碍和很难突破的瓶颈。谁解决了资金问题,谁就赢得了创业团队发展的先机,也就掌握了市场的主动权。

三、甄选商业模式

(一)定位准确

找准定位是成功创业的开始。市场定位的关键是细分市场,并寻找到能够利用自身优势来满足该细分市场所需要的产品和服务。创业者进行市场定位就是要寻找到一个差异化的市场,为这个市场提供独有优势的产品。将目标客户群目标范围定得越小,才能锁得越牢。

在进行目标定位时,创业者必须考虑以下 5 个最基本的问题:

(1)是否进行了差异化的市场分析?

(2)市场定位是否为目标市场和顾客创造了价值?

(3)是否确定了独特的市场定位?

(4)和竞争对手的产品有无明显差别?

(5)是否设计出了客户所需要的产品或服务?

总之,定位最重要的目的就是找到细分市场,为这个市场提供满足顾客需要的、有价值的、独有的产品,让顾客愿意为此付费。

(二)有市场吸引力

不是随意找一个细分市场提供所需的产品和服务就算一个优秀的市场定位。快速、大规模、持续增长,是优秀市场定位的一个关键标准。在判断市场规模时,创业者必须考虑以下 4 个最基本的问题:

(1)目标市场规模是否足够大?

(2)是否能满足目标客户重要的基本需求?

(3)是否能保证高速增长?

(4)如何保证持续性的增长?

总之,要确保所瞄准的目标市场是一个拥有高成长预期的大规模市场,而且更重要的是,要考虑清楚是否能确保该市场在未来保持持续高速增长。

(三)收入增长

收入能否快速扩展是衡量商业模式能否迅速做大规模最关键的因素。任何一个公司的收入规模从根本上说都取决于客户数量及平均客户贡献额两个因素。因此,要想快速增长,就要设计能快速增加付费客户数量或提高平均客户贡献额的各种策略。

创业者在设计收入扩展策略时,最需要考虑的是以下 3 个问题:

(1)获取新客户有什么方法,其难易程度如何?

(2)定价策略是否有利于快速扩展客户和利润最大化?

(3)客户是否会持续消费?

商业模式从本质上讲就是如何从客户身上挣钱。如果想挣钱快,要么客户的扩展速度快,要么客户平均贡献额高,两者兼备当然最佳。但从商业实践的角度来看,真正起到关键作用的实际上是客户数量的扩展速度。因为如果不可大规模复制,那么即使从单一客户身上获得再高的收入也是枉然。

显而易见,能够大规模迅速扩展客户群的商业模式,其收入会持续高增长,要远超客户数量增长缓慢但客户平均贡献额很高的商业模式。

(四)相对的壁垒

好的商业模式一定要和自身的优势紧密结合。最好有自己独有的优势,这就等于构筑了最好的竞争壁垒。关于进入壁垒,创业者要考虑以下 5 个方面的问题:

(1)进入该行业本身是否有壁垒?如法律、技术、专利、资质或者垄断资源,不能有太高的进入壁垒,否则执行起来就会有很大的困难。

(2)是否存在产业链的制约因素?如何解决?

(3)如何利用自身优势来构筑竞争壁垒?

(4)如何建立产业竞合关系?

(5)如何构筑价值链?

总之,自己进入时壁垒要低,进入后要能建立起高的壁垒,让竞争者难以进入,这是考虑壁垒因素的重点所在。一些企业之所以发展到一定阶段就出现问题,就是没有考虑后进者的壁垒,很容易被人赶超。

（五）风险可控

商业模式评估的最后一个环节，就是要综合评估可能面临的各种风险。与创业机会如影随形的必然是各种风险，几乎所有重大的商业成功都是冒着很多不确定的高风险取得的。评估风险的目的并不是规避所有风险，而是要识别出所有可能的风险，制定相应的应对策略，使得风险都能够可控和被管理，以便更好利用风险、规划风险和管理风险来创造商业奇迹。

在评估风险时，需要考虑以下5个方面的问题：

（1）是否存在政策及法律风险？

（2）是否存在行业监管风险？

（3）是否存在行业竞争风险？

（4）是否有潜在的替代品威胁？

（5）是否已经存在价值链龙头？

一个好的商业模式需要同时满足以上五大条件。在实践中需要特别警惕的是，好的商业模式是逐渐形成的，一个优秀的商业模式需要在实践中不断尝试、不断修正甚至不断试错，才会变得日益完美。另一个需要警惕的是，没有任何一个商业模式能永远保持成为好的商业模式。一个当前已经十分完美成熟的商业模式，会随着产业环境和竞争态势发生变化而显得不再适应，因此需要不断地进行重新设计和再调整。

第三节　大学生创新创业与“互联网+”的商业模式

一、“互联网+”的商业模式

“互联网+”企业四大落地系统（商业模式、管理模式、生产模式、营销模式），其核心就是商业模式的互联网化，即利用互联网精神（平等、开放、协作、分享）来颠覆和重构整个商业价值链。从目前来看，主要分为6种商业模式。

（一）工具+社群+商业模式

互联网的发展，使信息交流越来越便捷，志同道合的人更容易聚在一起形成社群。同时，互联网将散落在各地的星星点点的分散需求聚拢在一个平台上，形成新的共同的需求，并形成了规模，解决了重聚的价值。

如今互联网正在催熟新的商业模式即“工具+社群+商业”的混合模式。如微信最开始就是一个社交工具，先是通过各自工具属性、社交属性、价值内容的核心功能过滤到海量的目标用户，加入了朋友圈点赞与评论等社区功能，继而添加了微信支付、精选商品、电影票、手机话费充值等商业功能。

为什么会出现这种情况？简单来说，工具如同一道锐利的刀锋，它能够满足用户的痛点需求，用来做流量的入口，但它无法有效沉淀粉丝用户；社群是关系属性，用来沉淀流量；商业是交易属性，用来变现流量价值。三者看上去是三张皮，但内在融合的逻辑是一体化的。

（二）长尾型商业模式

长尾概念由克里斯·安德森提出，这个概念描述了媒体行业从面向大量用户销售少数拳头产品，到销售庞大数量的利基产品的转变。虽然每种利基产品相对而言只产生小额销售量，但利基产品销售总额可以与传统的面向大量用户销售少数拳头产品的销售模式媲美。通过C2B（consumer to business，消费者到企业）实现大规模个性化定制，核心是“多款少量”。所以，长尾型模式需要低库存成本和强大的平台，并使得利基产品对于兴趣买家来说容易获得。

（三）跨界商业模式

小米做了手机，做了电视，做了农业，还要做汽车、智能家居。互联网为什么能够如此迅速地颠覆传统行业呢？互联网对传统行业的颠覆实质上就是利用高效率来整合低效率，对传统产业核心要素进行再分配即生产关系重构，以此来提升整体系统的效率。互联网企业通过减少中间环节、减少所有渠道不必要的损耗、减少产品从生产到进入用户手中所经历的环节来提高效率，降低成本。因此，对于互联网企业来说，只要抓住传统行业价值链条当中的低效或高利润环节，利用互联网工具和互联网思维，重新构建商业价值链就有机会获得成功。

（四）免费商业模式

“互联网+”时代是一个信息过剩的时代，也是一个注意力稀缺的时代。怎样在无限的信息中获取有限的注意力，便成为“互联网+”时代的核心命题。注意力稀缺导致众多互联网创业者们开始想尽办法去争夺注意力资源，而互联网产品最重要的就是流量，有了流量才能够以此为基础构建自己的商业模式。所以说，互联网经济就是以吸引大众注意力为基础去创造价值，然后转化成盈利。

很多互联网企业，例如360、腾讯等，都是以免费的产品吸引了很多的用户，然后将新的产品或服务推荐给不同的用户，在此基础上再构建商业模式。互联网颠覆传统企业的常用手法就是在传统企业用来赚钱的领域免费，从而彻底把传统企业的客户群带走，继而转化成流量，然后利用延伸价值链或增值服务来实现盈利。

如果说有一种商业模式既可以统摄未来的市场，又可以挤垮当前的市场，那就是免费的模式。克里斯·安德森在《免费：商业的未来》一书中归纳了基于核心服务完全免费的商业模式：一是直接交叉补贴，二是第三方市场，三是免费加收费，四是纯免费。

经典案例

搭飞机时，有时下了飞机以后还要再搭乘另一种接驳交通工具才能到达目的地。在中国四川的成都机场却有个很特别的景象：当你下了飞机以后，你会看到机场外停了百部的休旅车。

如果你想前往市区，平均要花150元人民币的车费去搭出租车，但是如果你选择搭上面那种黄色的休旅车……看到车后写了"免费接送"吗？只要一台车坐满了，司机就会发车带乘客去市区的任何一个点，完全免费。你是乘客你要不要搭？

居然有这样的好事吗？

原来是这样的：四川航空公司一次性从风行汽车订购150台风行菱智MPV。四川航空公司此次采购风行菱智MPV主要是为了延伸服务空间，挑选高品质的商务车作为旅客航空服务班车来提高在陆地上航空服务的水平。这么大一笔订单为了要提供上述免费的接送服务用途，其中还包含了一个有趣的商业模式。

原价一台14.8万元人民币的休旅车，四川航空要求以9万元的价格购买150台，提供风行汽车的条件是，四川航空公司于载客的途中提供乘客关于这台车子的详细介绍，简单地说，就是司机在车上帮车商销售车子。在乘客的乘坐体验中顺道带出车子的优点和车商的服务。

司机哪里找？

想象一下在四川有很多找不到工作的人，其中有部分很想要当出租车司机，据说从事这行要先缴一笔可观的保证金，而且他们没车子。因此四川航空征召了这些人，以一台休旅车17.8万元的价钱出售给这些准司机，告诉他们只要每载一个乘客，四川航空就会付给司机25元！

到目前为止，四川航空就进账了1320万元。钱是这么赚来的：(17.8万−9万)×150台汽车=1320万元。可司机为什么要用更贵的价钱买车？因为对司机而言，比起一般出租车要在路上到处晃呀晃地找客人，四川航空提供了一条客源稳定的路线。这样的诱因当然能吸引到司机来应征。

接下来，四川航空推出了只要购买五折票价以上的机票，就送免费市区接送的活动！基本上整个资源整合的商业模式已经形成了。

对乘客而言，不仅省下了150元的车费，也省下了解决机场到市区之间的交通问题。对风行汽车而言，虽然以低价出售车子，不过该公司却多出了150名业务员帮他卖车子，以及省下了一笔广告预算，换得一个稳定的广告通路。对司机而言，与其把钱投资在自行开出租车营业上，不如成为四川航空的专线司机，获得稳定的收入来源。

[节选自亿梦:《机场“免费接送”的奥秘》,《家庭之友(爱侣)》2013 年第 6 期，第 66 页]

(五)O2O 商业模式

2012 年 9 月，腾讯 CEO(首席执行官)马化腾在互联网大会上的演讲中提到，移动互联网的地理位置信息带来了一个崭新的机遇，这个机遇就是 O2O。二维码是线上和线下的关键入口，将后端蕴藏的丰富资源带到前端，O2O 和二维码是移动开发者应该具备的基础能力。

O2O 从狭义上来理解就是线上交易、线下体验消费的商务模式，主要包括两种场景：一是线上到线下，用户在线上购买或预订服务，再到线下商户实地享受服务，目前这种类型比较多；二是线下到线上，用户通过线下实体店体验并选好商品，然后通过线上下单来购买商品。

广义的 O2O 就是将互联网思维与传统产业相融合，未来 O2O 的发展将突破线上和线下的界限，实现线上线下、虚实之间的深度融合，其模式的核心是基于平等、开放、互动、迭代、共享等互联网思维，利用高效率、低成本的互联网信息技术，改造传统产业链中的低效率环节。

(六)平台商业模式

平台商业模式的核心是打造足够大的平台，产品更为多元化和多样化，更加重视用户体验和产品的闭环设计。

张瑞敏对平台型企业的理解就是利用互联网平台，企业可以放大。其原因有：第一，这个平台是开放的，可以整合全球的各种资源；第二，这个平台可以让所有的用户参与进来，实现企业和用户之间的零距离对接。在互联网时代，用户的需求变化越来越快，越来越难以捉摸，单靠企业自身所拥有的资源、人才和能力很难快速满足用户的个性化需求。这就要求打开企业的边界，建立一个更大的商业生态网络来满足用户的个性化需求。通过平台可以最快的速度汇聚资源，满足用户多元化的个性化需求。所以，平台模式的精髓在于打造一个多方互利共赢的生态圈。

对于传统企业而言，不要轻易尝试做平台。尤其是中小企业，不应该一味地追求大而全、做大平台，而应该集中自己的优势资源，发现自身产品或服务的独特性，精准锁定目标用户，发掘出用户的痛点，设计好针对用户痛点的极致产品，围绕产品打造核心用户群，并以此为据点快速地打造一个品牌。

二、商业模式的选择与创新

(一)商业模式的选择

创业初期,对于商业模式的选择属于战略性问题。了解商业模式选择的核心原则,有助于创业初期对商业模式的有效思考与合理选择。商业模式的核心原则是指商业模式的内涵、特性,是对商业模式定义的延展和丰富,是成功商业模式必须具备的属性。企业能否持续盈利是我们判断其商业模式是否成功的唯一的外在标准。

一个成功的商业模式不一定是指在技术上有突破,也可以是对某一个环节的改造,或是对原有模式的重组创新,甚至是对整个游戏规则的颠覆。它包括客户价值最大化原则、持续盈利原则、资源整合原则、融资有效性原则、组织管理高效率原则、创新原则、风险控制原则和合理避税原则等八大原则。

长期从事商业模式研究和咨询的公司认为,选择商业模式时需要注意以下3个方面:

第一,商业模式要能提供独特价值。有时候这个独特的价值可能是新的思想,而更多的时候它是产品和服务独特性的组合。这种组合要么可以向客户提供额外的价值,要么使得客户能用更低的价格获得同样的利益,或者用同样的价格获得更多的利益。

第二,商业模式要难以模仿。企业通过确立自己的与众不同(如对客户的悉心照顾、无与伦比的实施能力等)来提高行业的进入门槛,从而保证利润来源不受侵犯。比如,直销模式(仅凭“直销”一点,还不能称其为一个商业模式),人人都知道其如何运作,也都知道戴尔公司是直销的标杆,但很难复制戴尔的模式,原因在于“直销”的背后,是一整套完整的、极难复制的资源和生产流程。

第三,商业模式要脚踏实地。企业要做到量入为出,收支平衡。这个看似不言而喻的道理,要想年复一年、日复一日地做到,却并不容易。现实当中的一些企业,不管是传统企业还是新型企业,对于自己的钱从何处赚来、为什么客户看中自己企业的产品和服务等关键问题,都不甚了解。

(二)商业模式的创新

企业要想获得成功,就必须从制定成功的商业模式开始。新成立的企业是这样的,发展期的企业更是如此。商业模式决定了企业的发展方向,既是策略,也是战略。商业模式创新是为公司、客户和社会创造新的价值,全新的商业模式会取代陈旧的商业模式。

构成商业模式创新的必要条件一般包含如下3个方面:

一是提供全新的产品或服务，开创新的产业领域，或以前所未有的方式提供已有的产品或服务。亚马逊卖的书和其他零售书店的没什么不同，但它卖的方式全然不同。

二是商业模式至少有 4 个要素明显不同于其他企业，而非少量的差异。如亚马逊相比传统书店，其产品选择范围广、通过网络销售、在仓库配货运送等。

三是有良好的业绩表现，体现在成本、盈利能力、独特竞争优势等方面。如亚马逊在一些传统绩效指标方面良好的表现，也表明了它商业模式的优势，如短短几年就成为世界上最大的书店。数倍于竞争对手的存货周转速度给它带来独特的优势，消费者购物用信用卡支付时，通常在 24 小时内到账，而亚马逊付给供货商的时间通常是收货后的 45 天，这意味着它可以利用客户的钱长达一个半月。

思维导图

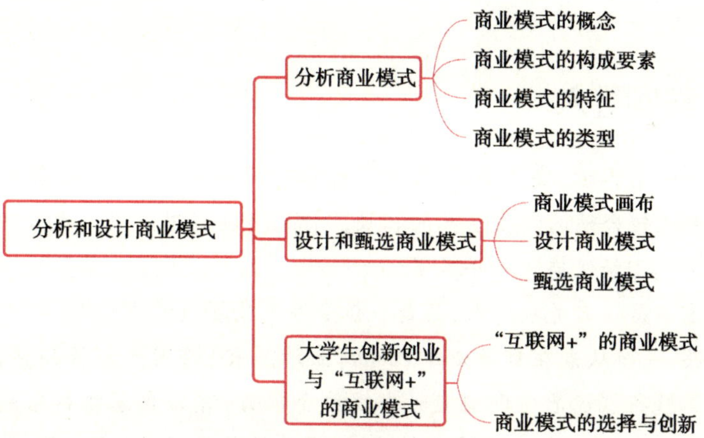

图 4-5　本章思维导图

项目实训

1.在过去的一年中你认为你身边有哪些商业模式创新的案例？请提出不少于两个项目，并对其商业模式创新进行简单的描述。

2.选择本专业领域内的一家公司，分析其商业模式，以便了解本专业在商业价值实现方面的运作方法。

3.借鉴商业模式的思维方法，如果将你自己看作即将走入社会的创业项目，以实现自己的人生价值追求为方向，你能做些什么？将你能做的事情记录下来。

第五章 创业资源与创业融资

学习目标

1. 了解如何获取并整合创业资源。
2. 了解创业融资的含义、方式和渠道。
3. 了解大学生如何进行创业融资。

案例导入

作为一名男性，高嵩每天都会花大量时间刷天猫淘宝，看各种美妆品牌。找到比较合适的淘宝店就问客服："你们有没有用户群？我去加一个。"这个习惯他已经保持了一年多了。

高嵩不是一名美妆达人，而是一位专注美妆赛道的投资人。

橘朵，一个从未在市场公开 BP（商业计划书）的国产彩妆品牌，新宜资本投资总监高嵩就是在刷淘宝时发现这个项目，并为自家机构拿到独家参与天使轮的机会。投后不到两年时间，橘朵销售量增长 20 余倍，估值增长 10 余倍，成为本土彩妆的头部品牌。2019 年 9 月，橘朵完成由 TPG-软银合资基金投资的千万美元级的 B 轮融资。

不仅是新宜资本，诸如完美日记、三顿半、王饱饱等互联网原生品牌的早期投资人都感受过"一年估值翻 10 倍"的快感。"我们都不打算退了，太赚钱了！"其中一位投资方说。

事实上，通过天猫淘宝找项目已经成为消费投资行业的公开秘密。《中国企业家》杂志根据公开信息整理，仅美妆、食品、数码 3C、宠物四个赛道，其互联网品牌项目估值就超过千亿元人民币，并且已经有成功上市的。

2019年8月，互联网家电品牌小熊电器登陆A股市场，成为继三只松鼠后第二家上市的互联网原生品牌。

越来越多投资人去天猫淘宝找项目，也因为这是个相对透明的市场。"淘宝有行业排名，有数据佐证，有评价反馈，很直接。"一位业内人士表示，"当下淘品牌会越来越受重视，天猫淘宝也是乐见其成的，这对他们吸引商家入驻是非常有利的消息。"

这一场景似曾相识。2011年前后，以麦包包、七格格、绿盒子为代表的明星淘品牌也曾掀起一波融资潮，但如今大多数呈现一片衰落之势，未实现从爆红到长红的跨越。

不少投资人认为，这一波"淘品牌"跟当年最大的区别是社交媒体的崛起。高嵩认为："美妆消费从2018年开始大火，带动了美妆消费投资潮，一个很大的跨越点是小红书月均DAU(日活跃用户数量)突破1000万。""这个生态不仅是天猫自己，也包括小红书、抖音、B站等外部平台的崛起。"峰瑞资本董事黄海说。

(节选自郭佳莹:《投资人在"淘宝"》,《中国企业家》2020年第2期，第78~84页，略有改动)

第一节　创业资源

一、创业资源概述

(一)创业资源的含义

从管理学的角度来讲，资源就是企业作为经济实体，在向社会提供产品或服务的过程中所拥有或能够支配的实现公司战略的各种要素以及要素组合。在创业过程中，新创企业同样需要各种生产要素和支持条件，只有将这些要素和条件有效地组合，形成产品或服务，才能创造出新的价值。这些生产要素和支持条件就是创业资源的主要成分。创业资源是创业者在创业过程中必须时刻放在最重要位置，反复估量权衡的要件。

(二)创业资源的特征

创业资源特征具有以下4个特征：

一是价值性。创业的资源要使企业有能力把握环境机会或消除威胁。

二是稀缺性。该创业的资源在获得方面存在局限性，即资源的供给相对需求存在数量上的不足。

三是不可替代。该创业资源在创业过程中发挥极其重要的作用，不能用其他方式替代。

四是组织性。企业要有能力合理组织以充分利用该资源和能力。

经典案例

90后大学生靠专利创业

拥有最新技术的人，往往是最先发现新市场的人，也往往是优秀的创业者。90后大学生赵天传辞掉银行工作，成功创办了黑河森泰节能建材有限公司。该公司是黑龙江省内一家具有多项发明专利，集现代新型建筑材料生产、销售、施工于一体的建筑企业。

在内蒙古阿荣旗的农村施工现场，一个赤膊干活的戴眼镜青年正在指挥着吊车进行房屋的吊装。因为这个青年拥有8项发明专利，同时他指挥建造的房屋造价低、保用50年、保温隔热性能好，政府还给落房照，很多老百姓都愿意相信这个"胖小子"。据了解，这次"森泰高保温民房"一期工程签订了大约200户房屋建造，总价款超过了600万元人民币。就是这样一个在农村施工现场打滚的"泥小子"，曾经在黑河市2015年首届"农商行杯"创业大赛中获得冠军。他声音形象俱佳，在黑河学院乃至黑河市都小有名气。就是这样一个大学生，毕业后如愿考进了黑河市农村商业银行。但是让人意外的是，半年后他毅然辞职，开始了辛苦和收获并存的创业历程。

创业这个想法源于赵天传上大学期间获得的一个专利。大学期间，赵天传就参与了一个专利项目的研发，这个专利就是高保温快速建筑墙体技术：通过用配方和设备使水泥膨化3~5倍，然后用浇筑方式建筑墙体。该技术适用于各种建筑物墙体建造，用该技术建造的房屋比砖混结构施工快4倍，成本降低20%，室内面积增加8%，节能达到70%~80%。该技术的产生是对传统建筑技术的一次革命性改变。由于减少了施工环节，缩短了工期，大大节省了人工成本，原来建一栋房屋需要15万元，现在只需要10万元就搞定了，既为客户节省了资金，也提高了自己的利润。

（戴兰平、朱艳军、夏利波主编：《大学生创业基础》，湖南大学出版社2018年版，第45页，略有改动）

(三)创业资源的类型

创业资源是新企业创立及成长过程中必需的资源,常用的分类方法是按其对企业的成长作用进行分类。

1.要素资源

直接参与企业日常生产、经营活动的资源,称为要素资源。要素资源包括以下资源:

(1)场地资源:包括场地内部的基础设施建设、便捷的计算机通信系统、良好的物业管理和商务中心以及周边方便的交通和生活配套设施等。

(2)资金资源:通常指及时的银行贷款和风险投资、各种政策性的低息或无偿扶持基金以及写字楼或者孵化器所提供的便宜的租金等。

(3)人才资源:包括高级科技人才和管理人才的引进,高水平专家顾问队伍的建设等。创业者是新创企业中最重要的人力资源,因为创业者能敏锐洞察到市场机会。创业者的价值观和信念更是新创企业的基石。合适的员工也是创业人才资源的重要部分,因此,高素质人才如技术人员、销售人才和生产工人等的获取和开发,便成为企业可持续发展的关键因素。

(4)管理资源:包括企业诊断、市场营销策划、制度化和正规化企业管理的咨询等。

(5)科技资源:包括对口的研究所和高校科研力量的帮助、与企业产品相关的科技成果以及进行产品开发时所需要用到的专业化的科技试验平台等。

2.环境资源

未直接参与企业生产、经营活动,但其存在可以极大地提高企业运营的有效性资源,则称为环境资源。环境资源包括以下资源:

(1)政策资源:包括政府的各种创业扶持政策、创业优惠政策、资金政策、人才引进政策、简政放权政策。

(2)信息资源:包括及时的展览会宣传和推介信息、丰富的中介合作信息、良好的采购销售渠道信息等。

(3)文化资源:包括高科技企业之间相互学习和交流的文化氛围、相互合作和支持的文化氛围以及相互追赶和超越的文化氛围等。

(4)品牌资源:包括借助大学或优秀企业的品牌、科技园或孵化器的品牌以及社会上有影响力的人士对企业的认可等。

二、创业资源的获取

（一）获取技术资源

获取起步项目所依赖技术的途径有：

（1）吸引技术持有者加入创业团队。

（2）购买他人的成熟技术，并进行技术市场寿命分析等。

（3）购买他人的前景型技术，再通过后续的完善开发，使之达到商业化要求。

（4）购买技术同时引进技术持有者。

（5）自己研发，但这种方式所需时间长、耗资大。

创业者应随时关注各高校实验室，老师或者学生的研发成果，定期去国家专利局查阅各种申请专利，养成及时关注科技信息，浏览各种科技报道、留意科技成果的习惯，以从中发现具有巨大商机的技术。政府机构、同行创业者或同行企业、专业信息机构、图书馆、大学研究机构、新闻媒体、会议及互联网等，都是获取这些信息的渠道。创业者可以根据自己的实际情况与各种方式的特点，选择一种或多种方式，尽可能获取有效的需要的信息。

（二）获取人力资源

这里的人力资源不是指创业企业成立以后需要招募的员工，而是指创业者及其团队拥有的知识、技能、经验、人际关系、商务网络等。

创业前，如果有可能，在校学习期间可做一些产品的校园或者地区代理，不管是热水袋、拖鞋、牛奶、化妆品，还是手机卡、数码产品、婚纱店、美容店、家教中心等，都可以去尝试。在这个过程中既能赚些钱，增长关于市场的知识，还可以锻炼组织能力，因为往往要组织两三个人的小团队（不超过5个）。也可以考虑进入一个企业为别人工作，通过打工的经历学习行业知识，建立客户资源渠道，了解企业运作的经验，学习开拓市场的方法，认识赢利模式。有观点认为，在一个小公司的资深层任职，可给你一种广阔的视野并向你提供更具创意的机会，涉猎范围广泛，有利于为大公司发展经营战略打下良好的基础。

（三）获取营销网络

营销网络将帮助新创企业产品或者服务走向市场，换回用户的“货币选票”。一般情况下，新创企业可通过以下途径拥有未来的营销网络：

（1）借用他人已有的营销网络，使用公共流通渠道。

（2）自建营销网络与借用他人营销网络相结合，扬长避短，使营销网络更适应新创企业的要求。

（四）获取外部资金

对于外部资金的获取，一般可通过以下5种途径获得：

（1）依靠父母及亲朋好友筹集资金，双方形成债权债务关系。

（2）抵押、银行贷款或企业贷款。

（3）争取政府某个计划的资金支持。

（4）所有权融资，包括吸引新的拥有资金的创业同盟者加大创业团队，吸引现有企业以股东身份向新企业投资、参与创业活动，以及吸引企业孵化器或创业投资者的股权资金投入等。

（5）拟订一个详尽可行的创业计划，以吸引一些大学生创业基金甚至风险投资基金的目光。

（五）获取专家资源的途径

1.书籍和研讨会

不要低估好的商业书籍和研讨会的力量，这种力量能启发你、指导你，并且能把你从因缺乏经验而导致的失误中解救出来。这类选择很多，比如《销售与市场》《商务周刊》《IT 计算机世界》等商业书籍，或者各地创新创业培训班等。这些资源可以提供基本的商业原则和案例，还可以提供一般的咨询建议，比如撰写商业计划书、创业项目的选择和评估等。

2.商业教练

自助资源可以提供一般性的建议，而商业教练可以针对公司问题提供"一对一"的指导服务。他们一般按月收取固定的费用，服务项目包括固定的咨询时间和特定的项目计划。优秀的商业教练拥有多年经验，他们能够通过分析企业的业务模式，找出缺点，提供改进建议，发现日常问题并给予解决，以及对销售、营销、招聘和团队管理等领域进行调整。

选择商业教练时最好找当地人，这样可以直接观察公司的运营，提供培训支持，并且随叫随到。要确保你们的关系融洽，以使他们的专业系统和方法论能充分帮助到你的企业。这类合作是长期关系，需要良好的沟通和相互尊重。要选择一个商业背景丰富的商业教练，而不是仅仅懂得你所在行业的人，要想创造性地解决问题，必须要摆脱所在行业的固有观念的束缚。

3.咨询顾问

对于策略性问题，比如建立会计系统或者突破产品制造瓶颈等，就要求助于具备相关知识的外部咨询顾问。顾问通常按小时收费，并会提前告诉你收费标准。

在寻找咨询顾问时，尽可能从类似项目的客户那里得到推荐或者介绍，并且准确估计工作时间。还要让顾问们提供相关文档，以备日后解决类似问题时参考或避免重复工作。

在恰当的时候获得专家建议，可以在创业初期避免代价昂贵的错误，比如过于乐观的销售预测、盲目的市场战略等，还可以根据顾客反馈、市场环境变化和公司内部问题等提供中期修正。从长远来看，正确的指导可以让企业避免长达数月的糟糕业绩，以及其他的预算失误。

4.政府部门专家

当前各地政府和社会均非常关注和支持大学生创业，许多地方出台了相关政策，组建有专门的创业顾问团，对大学生创业者实行“一对一”的辅导，整个辅导是免费的。请到的专家往往具有丰富的工作经验，咨询他们可以让创业者获得巨大的帮助和支持。

5.高等院校创业指导教师

各高校基本上都成立了大学生创新创业中心，并委派专人对大学生的创业进行指导，这些指导基本上是无偿的。各高校提供的创业帮扶主要包括技术指导、信息交流、创业资金申请、创业经验分享、创业政策宣讲等。在创业时，一定要注意多和学校相关专家教授交流，这会让我们的创业之路越来越宽、越来越平坦。

三、创业资源的整合

(一)创业资源整合的原则

1.渐进原则

对于任何一个创业企业来说，很多创业资源都难以完全发掘、配置和利用，因此必须遵循渐进的原则，根据对资源的需求程度以及资源开发和利用的成本、收益和不确定性三者的综合考虑，逐步地寻找和利用各种创业资源。对于每一种创业资源，都应当选择一个适当的整合时机，以降低资源的维护成本。

2.共赢原则

发掘和应用的每一种创业资源实际上都是一个相对独立的利益体，因此在开发和使用这些资源时，就不能从创业企业的自身利益出发，而必须坚持共赢的原则。尤其是长期使用的创业资源，更要重视对方的既得利益。

3.量力原则

对于不同的资源需要渐进开发和使用，即使对于同一种创业资源，也存在着逐步开发的问题。尤其是对于新创企业来说，资源开发的能力和经验都相对较弱，因此就要遵循量力的原则，按部就班地对某一种创业资源进行开发和使用。

拓展阅读

创业资源整合的意义

创业者获取创业资源的最终目的是组织这些资源，追逐并实现创业机会，提高创业绩效和获得创业的成功。无论是要素资源还是环境资源，无论它们是否直接参与企业的生产，它们的存在都会对创业绩效产生积极的影响。

(1)有利于形成企业的核心能力。从企业初创到成长、发展和成功，资源整合伴随着整个创业过程，创业者需要有效识别各种创业资源，积极借助企业内外部力量进行组织，有效识别与选择、获取与配置、开发与激活各项资源，通过持续不断的资源整合，将资源转化为竞争优势，建立企业的核心竞争力。这个过程中，创业者不仅要广泛地获取创业资源，更要有效利用这些资源。那些善于进行资源整合的创业者和企业，他们善于对未来发展形势做出正确预测和判断。

(2)有利于促进创业企业的可持续发展。创业之初，创业者所需的各种资源往往只能依靠创业者自身努力获取，资源的缺乏是创业企业的一般状态。即便企业具有高度成长性，可以迅速成长扩张，但在组织规模发展到一定阶段时，创业者往往会发现通过自身努力获取的资源远远不能满足企业发展的需求。所以，为了创业企业能够持续发展，获取创业资源特别是外部资源是相当必要的。

(3)有利于提升创业者的能力。创业者创办新企业固然缺乏资源，但这是任何创业者都会面临的问题。创业者创业需要战略规划、技术开发、人员管理等多方面的能力，但是资源整合能力却能将诸多能力整合在一起，并且通过合理的运用，在企业正常运行的过程中，促进企业发展，同时也使得创业者不断提升资源整合能力，这将对其自身的成长非常重要。

(王艳茹、王金诺主编:《大学生创新创业指导》，电子科技大学出版社 2017 年版，第 103~104 页，略有改动)

(二)创业资源整合的过程

创业资源的整合是一个复杂的动态过程，是创业企业对不同来源、层次、结构、内容的资源进行选择、汲取、配置、激活和有机融合，使之更具柔性、条理性、系统性和价值性，并对原有的资源体系进行重构，摒弃无价值的资源，以形成新的核心资源体系。资源的整合过程可以分为 4 个阶段，这 4 个阶段在时间上并不是完全分离的，而是相互影响、相互衔接的。

1.资源扫描

创业者要知道自己的资源禀赋及企业拥有的最初资源,将已有资源识别出来,包括己方所有有价值的有形资产和无形资产。找到自己的资源优势和不足,同时认清哪些属于战略性资源,哪些属于一般性资源,还要确定资源的数量、质量、使用时间及使用顺序。

扫描自身已有资源的同时,也要对外部环境进行扫描,及时发现新创企业所需的资源,确定自己所缺的创业资源可以从哪些渠道获得,以及谁拥有这些重要资源,并为各种资源渠道获得的难易程度进行排序。然后寻找利益交集,对资源拥有者的利益需求进行深度分析,并与自己所拥有的资源进行比较,找到利益契合点。这通常需要创业者具有行业知识和一定的社会关系。创业者在初始创业阶段会利用与自己关系较近的资源网络,随着业务的向前发展而逐渐扩充这一网络。

2.资源控制

通过资源扫描通常会发现,在创业初始阶段,创业者的个人资源禀赋是创业的基础。资源控制的范围包括创业者自身拥有的资源、通过交易等形式可获得的资源以及通过社会网络等形式可以控制的资源。

创业者自身拥有的资源(教育、经验、声誉、行业知识、资金和社会网络),在许多情况下存在于创业团队中。在特定的行业,创业团队中成员的社会网络资源和技术对于企业的成功至关重要。在获取资源的过程中,需要判别这种资源对实现企业的目标是否关键,并且创造性地设计出双赢的合作方案,形成长期互利关系。

获取资源的方式主要有购买和并购。资源购买主要是通过市场购入所需的资源;资源并购是通过股权收购或资产收购,将企业外部资源内部化的一种交易方式。创业者要尽可能利用已有资源和能力去控制那些尚无法得到的资源,可以通过联盟、加盟等方式。资源联盟是指通过联合其他组织,对一些难以或无法通过自己进行开发的资源实行共同开发。

对于多数新创企业来说,初始资源禀赋是不完整的,创业者需要取得资源供应商的信任以取得所需的资源。创业者可以通过一定的手段(如完美的商业计划和优良的设施)来展示企业成功的形象,并借此鼓励供应商对企业进行资源投资。创业者的声誉、能力、行为等是吸引潜在合作者的决定性因素。

3.资源利用

在获取和控制大量资源的基础上,新创企业开始对这些资源进行配置和利用,将它们合理有效地配置到最能发挥其使用效益的地方去,体现出这些资源的价值。企业资源在未整合之前大多是零碎、低效的,要发挥这些资源的最大使用价值,产生最佳效益,就必须运用科学方法对各种类型资源进行细化、配置和激活,将有价值的资源有机地融合起来,使它们相互匹配、互为补充、互相增强。

在配置资源之后,新的资源或者说竞争优势就会形成,企业必须利用区别于其他企业的这种优势来赢得市场。资源在整合并转化为企业内部的独特优势之后,创业者需要协调各种资源之间的关系,匹配有用的资源,剥离无用的资源。通过协调,使资源的联系更加紧密,更加具有匹配性,形成"1+1>2"的局面,并为下一步资源拓展奠定基础。

4.资源拓展

对资源的拓展创造过程是将以前没有建立起联系的资源建立联系,将新获取的资源与已有的资源进行融合,进一步开发潜在的资源为企业所用。资源拓展又称为再开发,即开拓资源的范围和功能,为下一步的识别、获取、配置和利用资源奠定坚实的基础,这也是企业持续竞争优势的根本来源。资源拓展为新创企业带来新的能力,从而使其能够更充分地发现和掌握创业机会。

第二节 创业融资

一、创业融资的概念

能否快速、高效地募集资金,是创业企业能否站稳脚跟的关键。融资是一种使用权的交易,是拥有货币资金而又暂时不用的单位在保留货币资金所有权的情况下,让渡货币在一定时期的使用权,并收取一定的资金使用费用的交易活动。创业融资是指创业企业根据自身发展的要求,结合生产经营、资金需求等现状,通过科学的分析和决策,借助企业内部或外部的资金来源渠道和方式,筹集生产经营和发展所需资金的行为和过程。

对创业者来说,创业融资是创业者及时抓住创业机会的重要手段。大学生创业中80.1%的创业活动被搁浅是因为缺乏创业资金。创业融资是创业企业生存发展的基础。如果把企业比喻成一辆汽车的话,那么资金就是使企业这辆汽车开动起来的汽油。资金不仅是企业生产经营过程的起点,更是企业生存与发展的基础,如果企业资金链断裂,就会导致企业破产。合理融资有利于降低创业风险,创业企业使用的资金,是从各种渠道融来的资金,都具有一定的资金成本。因此,合理选择融资渠道和融资方式,有利于降低资金成本,将创业企业的财务风险控制在一定范围之内。科学的融资决策为创业企业植入健康的基因,有利于企业的可持续发展。但是,由于我国创业市场环境变化较大,存在一些不确定风险,同时创业者与投资者之间就创业项目存在信息不对称和沟通、理解障碍,所以创业融资比较艰难。

二、创业融资的过程

(一)要做好融资前准备

市场经济条件下,个人诚信是无形资产,它能有效拓展获取各项资源的渠道。创业者需要广泛搭建人脉,与资金提供者建立和发展良好的融资关系。

(二)要计算创业所需资金

在筹集资金之前,创业者要运用科学的方法测算出创业所需的资金量。正确测算创业所需资金有利于确定筹资数额,降低资金成本。新创企业投入运营之后,很难立即带来收入,为了保证公司在启动阶段业务运转顺利,在公司经营达到收支平衡之前,创业者必须准备足够的资金以备支付各种费用。

(三)编写创业计划书

撰写好创业计划书不仅有助于通盘考虑创业启动阶段所需的资金量,还具有获得风险投资支持的不可替代的作用。

(四)选择融资方式和渠道

在创业融资时,创业者要选择合适的融资方式和融资渠道。创业者需要以最低的成本和较少的费用来融资。

三、创业融资的方式和渠道

(一)创业融资的方式

1.内部融资和外部融资

内部融资是企业依靠其内部积累进行的融资,如资本金、留存收益转化为新增资本。内部融资具有原始性、主动性、低成本性和抗风险性等特点。

外部融资是指企业通过一定方式从外部融入资金,包括银行借款、发行债券、融资租赁、商业信用等负债融资方式,以及吸收直接投资、发行股票等权益融资方式。外部融资具有高效性、灵活性、大量性和集中性等特点。

2.直接融资和间接融资

直接融资是指资金供求双方之间直接融通资金的方式,是资金盈余部门在金融市场购买资金短缺部门的直接凭证,如商业汇票、债券和股票等。另外,政府拨款、占用其他企业资金、民间借贷和内部集资也属于直接融资范畴。直接融资具有直接性、长期性、不可逆性(如股权融资是无须还本的)和流通性(如股票和债券是可以在证券市场上流通的)。

间接融资是指企业通过金融中介机构间接向资金供给者融通资金的方式。

它由金融机构充当信用媒介来实现资金在盈余部门和短缺部门之间的流动，具体的交易媒介包括货币和银行存款及银行汇票等。另外，融资租赁、票据贴现也属于间接融资。间接融资具有与直接融资截然相反的特征，即间接性、集中性、安全性和周期性。

3.股权融资和债权融资

股权融资包括创业者自己出资、争取国家财政投资、与其他企业合资、吸引投资基金投资及公开向市场募集发行股票等。自己出资是股权融资的最初阶段，发行股票是股权融资的最高阶段。股权融资的特点在于引入资金无须还，不需要支付利息且不必按期还本，但需按企业的经营状况支付红利。当企业引入新股东时，企业的股东构成和股权结构将会发生变化。

债权融资包括向政府、银行、亲友、民间借贷和向社会发行债券等。向亲友借贷是债权融资的最初阶段，发行债券是债权融资的最高阶段。债权融资的特点是融资企业必须根据借款协议按期归还本金并定期支付利息，一般不影响企业的股东及股权结构。

（二）创业融资的渠道

1.私人资本融资

私人资本融资包括自我融资、亲朋好友融资和天使投资。

自我融资是指创业者将自己的部分甚至全部积蓄投入新企业的创办之中。大约70%的创业者依靠自己的资金为新企业提供融资。个人资金具有使用成本低、得来容易和使用时间长的优势。其他投资者在提供资金支持时，也会考虑创业者个人资金投入的情况。

亲朋好友融资是指向亲戚、朋友借资用于新企业的创办。亲戚、朋友一般都是创业者理想的贷款人，许多成功创业人士在创业初期都借用过亲戚或朋友的资金。

天使投资是自由投资者或非正式风险投资机构对处于构思状态的原创项目或小型初创企业进行的一次性的前期投资。天使投资是一种非组织化的创业投资形式，其资金来源大多是民间资本，而非专业的风险投资商。天使投资的门槛较低，有时即便是一个创业构思，只要有发展潜力，就能获得资金。“天使”这个词指的是企业家的第一批投资人，这些投资人在公司产品和业务成型之前就把资金投入进来。天使投资人通常是创业企业家的朋友、亲戚或商业伙伴，由于他们对该企业家的能力和创意深信不疑，因而愿意在业务远未开展之前就投入大笔资金。

天使投资具有以下特征：天使投资的金额一般较小，而且是一次性投入，它对风险企业的审查也并不严格，更多是基于投资人的主观判断或者是由个人的好恶所决定的。通常天使投资是由一个人投资,并且是见好就收,是个体或者小型的商业行为。很多天使投资人本身就是企业家,了解创业者面对的难处,是起步公司的最佳融资对象。天使投资人不但可以带来资金,同时也能带来关系网络。如果他们是知名人士,还可提高公司的信誉。天使投资往往是一种参与性投资,也称为增值型投资。

一般而言,新创公司从初创到稳定成长期,需要三轮投资。第一轮投资大多是来自个人的天使投资,作为公司的启动资金;第二轮投资往往会有风险投资机构进入,为产品的市场化注入资金;而最后一轮投资则基本是上市前的融资,来自大型风险投资机构或私募基金。

2.机构融资

(1)商业银行贷款。在中国的商业银行以及各级农村信用社贷款是创业者获得银行贷款的重要来源。商业银行不提供股权资本,主要提供短期贷款,但也提供中长期贷款和抵押贷款。

(2)担保机构融资。它是指企业根据合同约定,由依法设立的担保机构以保证的方式为债务人提供担保,在债务人不能依约履行债务时,由担保机构承担合同约定的偿还责任,从而保障银行债权实现的一种金融支持方式。担保机构主要解决中小企业的融资困难。

3.政府的创业扶持基金

由政府主导的创业扶持基金不但能为企业带来现金流,更是企业壮大无形资产的利器。政府提供的创业扶持基金主要包括科技创新基金、政府创业基金、专项基金和地方性优惠政策(如税收优惠、财政补贴、贷款援助等)。政府提供的创业基金通常被所有创业者高度关注,其优势在于利用政府资金不用担心投资方的信用问题。而且,政府的投资一般都是免费的,进而降低或免除了筹资成本。但申请创业基金有严格的申报要求,而且政府每年的投入有限,筹资者须面对其他筹资者的竞争。

4.创业板上市融资

创业板是指交易所主板市场以外的另一个证券市场,其主要目的是为新公司提供集资途径,助其发展和扩展业务。创业板市场最大的特点就是进入门槛低、运作要求严,有助于有潜力的中小企业获得融资机会。

创业融资不只是一个技术问题,还是一个社会问题,应从建立个人信用、积累社会资本、写好创业计划、测算不同阶段的资金需求量等方面做好准备。要提升整体创业的成功率,需要政府、社会、高校等协调配合,形成合力,以其为创业融资乃至整个创业进程保驾护航。

第三节　大学生创新创业融资

一、大学生创新创业常见的融资方式

（一）向亲戚朋友借款

新创立的企业早期所需的资金具有高度的不确定性，且需求量较少，因此在这一阶段，除了创业者本人的个人积蓄，向亲戚朋友借款就是较为常见的资金来源。创业者和这些人之间有一定的亲情、友情关系，更容易建立起信赖感。但这种融资方式具有一定的局限性，一般而言，这种融资方式只适用于家庭物质条件较好的大学生。

当然，创业者也应该全面考虑投资的正面、负面影响及其风险性，以公事公办的态度将亲戚或朋友的借款与其他投资者的资金同等对待。任何借款都要明确规定利率以及本息的偿还计划，对所有融资的细节都需达成协议，如资金的用途、资金的数额、借款期限、企业破产的处理措施等，最后形成一份相关的正规协议。

创业者还要注意，每一个亲戚或朋友的借款都应建立在自愿的基础上，且在接受他们的资金之前，创业者应仔细考虑企业破产可能带来的艰难局面。

（二）大学生创业贷款

近年来，国家各级政府相继出台了许多优惠政策来支持大学生创业，大学生创业贷款就是其中一项重要政策。它是银行等资金发放机构对各高校学生发放的专项贷款，以帮助他们更好地实现创业梦想。

1.大学生创业贷款优惠政策

大学生创业贷款是国家为了给高校学生提供创业优惠环境而设立的一种贷款形式。在读大学生或毕业两年以内的大学生，只要具有一定生产经营能力或已经从事过生产经营活动，就可以以创业或再创业提出资金需求申请，经银行认可有效担保后，即可获得创业专项贷款。根据财政部等三部门 2020 年 4 月出台的政策，符合条件的个人最高可申请创业担保贷款 20 万元。

国家对大学生创业贷款只是做出了基本要求，各地政府为了扶持当地大学生创业，也出台了更加细化、更贴近实际的政策，但各地方的创业贷款优惠政策可能因地域、政府政策等有所不同，有创业意愿的大学生应该积极地带齐相关证件（毕业证、创业计划书等）到当地政府部门咨询办理。如果创业项目能给当地政府带来创收，或者能够增加当地的就业岗位，并且是绿色环保等项目，政府部门还有可能给予贴息甚至免息政策。

2.大学生创业贷款的申请条件

申请大学生创业贷款一般需要满足如下条件:

(1)申请者年满18周岁,具有合法、有效身份证明和贷款银行所在地合法居住证明,有固定的住所或营业场所。

(2)申请者持有市场监督管理部门核发的营业执照及相关行业的经营许可证,从事正当的生产经营活动,有稳定的收入和还本付息的能力。

(3)申请的投资项目已有一定的自有资金。

(4)贷款用途符合国家有关法律和银行信贷政策规定,不允许用于股本权益性投资。

(5)在银行开立结算账户,营业收入经过银行结算。

3.大学生创业贷款申请所需资料

申请大学生创业贷款需要准备的申请资料如下:

(1)申请者及配偶身份证件(包括居民身份证、户口簿或其他有效居住证原件)和婚姻状况证明。

(2)申请者个人或家庭收入及财产状况等还款能力证明材料。

(3)申请者营业执照及相关行业的经营许可证,贷款用途中的相关协议、合同或其他资料。

(4)申请者担保材料,包括抵押品或质押品的权属凭证和清单,有权处分人同意抵(质)押的证明,银行认可的评估部门出具的抵(质)押物估价报告。

4.大学生创业贷款的申请流程

大学生创业贷款的申请流程如图5-1所示。

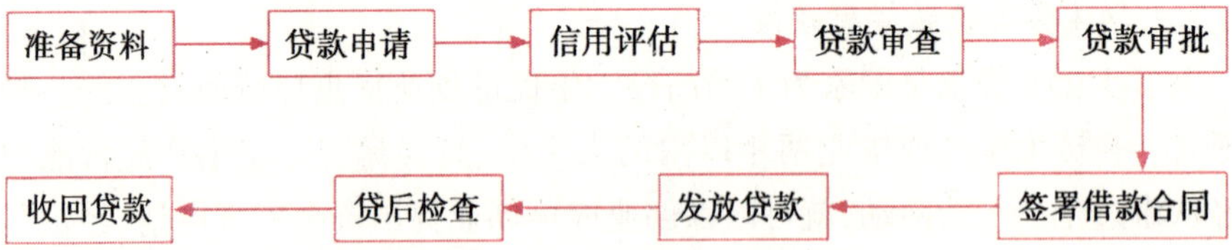

图5-1 大学生创业贷款的申请流程

首先,到当地人社部门领取就业失业登记证等相关必要证件,并准备好创业项目的相关资料。然后,到当地人社部门申请贷款支持,人社部门审核通过后就可以将该项目推荐到相关银行。银行在审查完担保条件并实地进行项目考察后,认定全部合格就可以发放贷款了。

如果手续齐全,整个贷款流程大约需要1个月时间。如果创业项目可行性大、前景好，创业者也可以申请商业性创业贷款。

（三）银行贷款

1.银行信用贷款

银行信用贷款指银行仅凭对借款人资信的信任而发放的贷款，借款人无须向银行提供抵押物或担保。相对抵押贷款而言，银行信用贷款更加便捷和人性化，无须抵押，手续便捷，对借款人的要求也比较低，只要借款人工作稳定，征信记录良好，如信用报告、信用评估、信用信息良好，就能获得贷款。办理过信用卡的大学生，如果信用卡多次逾期还款就会影响自己的征信，从而不利于银行信用贷款，或贷款的额度会降低。

我国银行信用贷款渐趋流行，但银行对信用贷款的信用审核严格，贷款额度相对较低，适合于创业者的短期小额贷款。不过创业者在贷款时仍需考虑还款能力。

2.其他银行贷款方式

大学生创业者可以选择门槛相对较低的融资方式筹集创业资金，家庭条件较好的大学生，也可选择质押贷款、抵押贷款和贴现贷款等银行贷款方式进行创业融资。

（1）质押贷款。质押贷款指以借款人或第三人的动产或权利作为质押物发放的贷款。创业者可用自己甚至亲朋好友（需要本人书面同意）未到期的存单、国债、国库券及人寿保险单等作为质押物，从银行获取有价证券面值80%~90%的贷款。与抵押贷款相比，质押贷款转移了借款人或第三方提供的财产的占有现状，移交银行占有。

（2）抵押贷款。抵押贷款指按照《中华人民共和国担保法》规定的抵押方式，以借款人或第三人的财产作为抵押物发放的贷款。办理抵押贷款时，应由银行保管抵押物的有关产权证明，且抵押贷款的金额一般不会超过抵押物评估价的70%。

（3）贴现贷款。贴现贷款指借款人在急需资金时，以未到期的票据向银行申请贴现而融通资金的贷款方式。贴现贷款具有流动性高、安全性大、自偿性强、用途确定、信用关系简单等特点。贴现贷款与质押贷款的区别在于：贴现是由银行购买借款人的未到期票据，而质押则是转移了财产的占有权。

3.银行贷款的技巧

相对而言，国有商业银行的贷款利率要低一些，但手续要求比较严格。如果创业者的贷款手续完备，为了节省筹资成本，可以采用个人“询价招标”的方式，对各银行的贷款利率及其他额外收费情况进行比较，从中选择一家成本低的银行办理抵押贷款、质押贷款或担保贷款。

银行贷款一般分为短期贷款和中长期贷款,贷款期限越长,利率越高。如果创业者资金使用需求的时间不是太长,应尽量选择短期贷款。如原打算办理两年期贷款的,可以一年一贷,这样可以节省利息支出。

另外,创业融资也要关注利率的走势。如果利率趋势走高,应抢在加息之前办理贷款;如果利率走势下降,在不急需资金的情况下则应暂缓办理贷款,等降息后再适时办理。还有,随时关注可享受政府低息优惠的有关政策。

创业过程中,如果因效益提高、货款回笼,以及淡季经营、压缩投入等原因,致使经营资金出现闲置,可以向贷款银行提出变更贷款方式和年限的申请,直至部分或全部提前偿还贷款。

二、大学生创新创业融资的原则

(一)效益性原则

第一是综合研究各种融资方式,确定最佳选择。大学生创业者要在确定融资数量、融资时间、资金来源的基础上,认真研究各种融资方式。不同融资方式下的资金成本和财务风险有高有低,为此,需要对各种融资方式进行分析、对比,选择经济可行的融资方式。

第二是要深入分析融资的收益。大学生创业者在融资前一定要仔细分析,只有融资产生的收益大于成本,才有必要融资。有些大学生因为创业资金匮乏而找一些民间借贷,成本远远大于收益,这不但不利于大学生创业,还有可能因为利息过高,无力偿还,加剧企业的危机。

(二)合理性原则

第一是要合理计算融资规模。首先要认真分析科研、生产、经营状况,合理确定资金融资量与资金需求量。既要避免因资金筹集不足,影响生产经营的正常进行,也要防止资金筹集过多,造成资金闲置浪费,增加融资的成本。此外,融资数量超过实际需求量,会导致企业负债过多,到时偿债困难,从而增加企业的风险。大学生因为经济能力有限,在融资的时候尤其要注意合理性,这样既可以保证自己事业的正常开展,也可避免承担过高的风险。

第二是合理分析融资期限。大学生创业者由于缺乏融资知识,在融资的时候时常会忽略对融资期限的分析。融资期限过长,融资成本与融资风险会增加;融资期限过短,则可能会限制企业的发展。

(三)及时性原则

在市场经济条件下,创业机会往往稍纵即逝,如果不能及时获得所需要的资金进行投资而致使新产品不能及时开发,不仅有可能导致新产品过时而丧失市场机会，还有可能因竞争对手提前进入而使竞争对手获得时间优势和先发优势，导致自身产品丧失竞争力。及时性原则要求创业者全面掌握资金需求的具体情况并熟知资金时间价值的原理，合理安排资金的筹集时间，适时获取所需资金。这样既能避免过早融资形成资金投放前的闲置，又能防止取得资金来源的滞后，错过资金投放的最佳时间，还能保证创业者顺利、及时地筹集到所需要的资金，尽快生产出产品或者提供服务，快速抢占市场。

（四）合法性原则

大学生创业启动资金一定要来源合理、合法。大学生融资活动应符合有关法律的规定，应经有关机构或部门审核同意，确保融资方式的合法性、融资资格的合法性和融资条件的合法性等。

思维导图

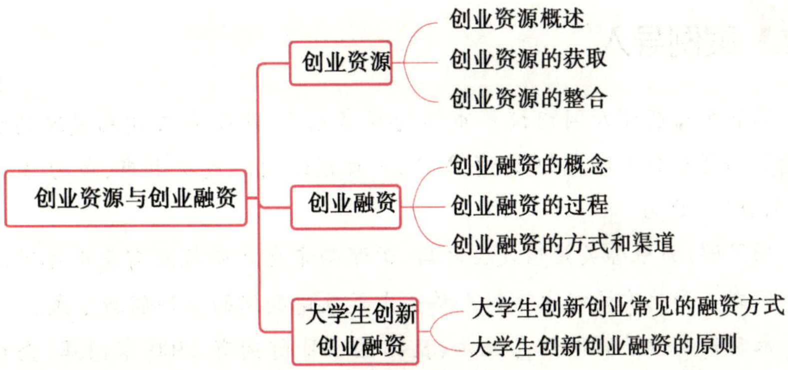

图 5-2　本章思维导图

项目实训

实地调研与本专业有关的企业创业者（至少 3 位），了解和分析他们对自己企业的资源整合及融资所做的努力及效果。

第六章 识别与防范创业风险

学习目标

1. 了解创业风险的含义及特征。
2. 掌握管理创业风险的基本方法。

案例导入

零食企业能叩开国内证券市场的寥寥无几，然而来自湖北武汉的良品铺子食品有限公司却在2020年2月24日通过网络成功上市，成为A股首家“云挂牌”公司。

据了解，新冠肺炎疫情发生之后，沪深两市交易所就没有再举办过现场上市仪式。而此次远程上市仪式称得上是疫情期间的一种创新方式。

来自良品铺子官网信息显示，良品铺子目前拥有2300家门店，全渠道会员总数超过8000万，是国人零食消费的“常客”。在亿邦动力研究院发布的《2019中国休闲零食研讨报告》中，百草味、三只松鼠、良品铺子在市场占有率上位居零食市场国内前三名。

良品铺子为何能一枝独秀、弯道超车，其脱颖而出、成功IPO的背后主要依靠什么？十几年时间，这个不知名的小店何以一步步成为如今的国内零食大王、上市企业？究其原因，除了产品品类的优化、品牌战略的升级之外，最重要的突破源自良品铺子持续创新的数字化拓展、持续优化的智慧化构建，为连锁门店不断进行赋能和流量导入，这是良品铺子与其他企业的最大差别。

很难想象，多年前良品铺子还是一家不知互联网销售为何物的传统零食公司，而现在却跃居成为我国最大的互联网零食公司，被誉为行业“数字化与新零售的标杆企业”。最近几年，其信息化建设的年投入超过亿元，这在同行甚至国际快消领域是非常少见的。

可以说，如今良品铺子的成功告诉业界，一家企业的成功不仅需要前瞻性的战略眼光和布局，更需要大力运用高科技手段，与时俱进地加强数字化、智慧化建设，提升企业的核心竞争力。

（节选自陈平：《良品铺子成功 IPO 的背后》，《中国商界》2020 年第 4 期，第 68~73 页，略有改动）

第一节　识别创业风险

一、创业风险的概念

创业风险指在创业过程中存在的风险，是指由于创业环境的不确定性，创业机会与创业企业的复杂性，创业者、其他创业相关人员的能力与可控资源的有限性等主客观因素而导致创业活动偏离预期目标的可能性。

二、创业风险的特征

（一）客观性

创业本身是一个识别风险和应付风险的过程，风险的出现是不以人的意志为转移的，所以创业风险的存在是客观的。在创业的过程中，由于内外部事物发展的不确定性是客观存在的，因而创业风险也必然是客观存在的。创业风险的客观性要求我们采取正确的态度承认和正视创业风险，并积极对待创业风险。当然，客观性并不否认创业风险的存在也有主观的一面。

（二）不确定性

创业的过程往往是将创业者的某一个“奇思妙想”或创新技术变为现实的产品或服务的过程。在这一过程中，创业者面临各种各样的不确定因素，如可能遭受到已有市场竞争对手的排斥、进入新市场面临需求的不确定、新技术难以转化为生产力等。此外，在创业阶段的投入较大，而且往往只有投入没有产出，因而可能面临资金不足，从而导致创业的失败。也就是说，影响创业的各种因素是不断变化、难以预知的，这种难以预知就造成了创业风险的不确定性。

（三）双重性

创业有着成功和失败的两种可能性，创业风险具有盈利和亏损的双重性。

如果能正确认识并且充分利用创业风险,则会使收益有很大程度的增加。

(四)可变性

随着创业因素的变化和内外部环境的变化,创业风险的大小、性质和程度也会发生变化。

(五)可识别性

根据创业风险的特征和性质,创业风险是可以被识别和区分的,而且还可通过定性或定量的方法对其进行估计。

(六)相关性

创业者面临的风险与其创业行为及决策是紧密相连的。同一风险事件对不同的创业者会产生不同的风险,同一创业者由于其决策或采取的策略不同,也会面临不同的风险结果。

三、创业风险的类型

(一)按创业风险产生的内容划分

1.机会选择风险

机会选择风险是指创业者由于选择创业而放弃自己原来从事的职业,从而丧失了潜在晋升或发展机会的风险。

创业者如果认为创业时机成熟了,存在一个绝佳的商业机会,那么就要狠下决心,立即着手创业。反之,如果觉得没有什么好的商业机会,而且自己对行业状况、公司经营管理知之甚少,就暂时不要急于创业,而应选择边工作边认真观察,认真学习开拓市场的技巧及管理公司的技巧,甚至留心建立自己良好的商业关系网,待时机成熟,再开始创业。

2.技术风险

技术风险是指企业在产品创新过程中,因技术方面的因素及其变化的不确定性而导致创新失败的可能性。

(1)技术成功的不确定性。一项新技术能够被市场认可,能够取得预想中的成功是不确定的。一项新的创意、一个特定的科学突破、一种新的技术创新,如果没有严格通过市场和生产过程的检验,那么在投入市场或生产后,期望值和实际之间就会出现偏差,从而形成风险。更不用说,创新技术从研究开发到实现产品化、产业化的过程很漫长,任何一个环节的技术障碍,都将导致产品创新前功尽弃,归于失败。

(2)技术前景、技术寿命的不确定性。随着科技信息化的脚步不断加快,如果创业的技术创新不能够及时实现工业化,或者不能在高技术寿命的周期内迅速实现产业化，在短时期内收回初始投资并取得一定利润，必然会造成巨大的损失。另一种情况就更糟糕，创业者在选择投资项目时，由于经验不足、目光短浅，不能准确地把握技术市场未来的发展方向，所选择的技术没有市场前景沦为落后技术，巨额的资金投入必然遭受损失，甚至导致企业的夭折。

(3)技术效果的不确定性。新产品经过前期研发阶段投入生产后，技术效果能否成功往往是不确定的。由于某种因素，一项高技术产品若达不到创业前所预期的效果，结果也会造成大的损失甚至创业夭折。

(4)配套技术的不确定性。任何产品要想真正实现批量化生产，都需要相关行业的技术配套，而这恰恰是极不确定的。配套化生产包括所需的原材料、零部件、元器件、专用设备等生产要素全部具备，才能推动一个行业的成长，但现实中大多数新创企业在对这些要素的占有上捉襟见肘。当某个环节缺失或中断时，则必会影响产品的发展进程。

3.市场风险

市场风险是指市场主体从事经济活动时，由于市场情况的不确定性导致创业者或创业企业损失的可能性。

(1)市场需求量的不确定性。产品的市场商业总价值决定于市场需求量。如果产品的市场容量小或者短期内不能为市场所接受，那么产品的市场价值就无法实现，投资就无法收回，从而造成创业行为失败。如微波炉作为一种全新产品投入市场时，消费者对其存在辐射危害的忧虑。如果不是后来经过厂家和商家的反复媒体宣传，逐步打消了消费者的恐惧和顾虑，就很难稳定其市场容量和需求。

(2)市场接受时间的不确定性。新产品的市场接受度、市场接受时间是多数创业企业无法准确判断的，必须经过一定的过程和时间才有可能进行把握。即使能够预测某一时段范围，判断市场接受产品的具体时间和适当时间点仍是十分困难的。在这种情况下，创业者就必须时刻关注相关市场需求“机会窗口”敞开的时间段，而不能盲目地向市场进行资金等的投入。

(3)市场竞争力的不确定性。市场竞争是创业的外部压力。企业在稳定生产的同时，需要不断扩大市场份额来获得更大的利润，这自然导致其承担更大的市场竞争风险。一方面，体现在产品本身的竞争上，如产品质量、产品性能是否具有市场占有优势；另一方面，当市场存在巨额潜在利润时，随时有可能出现新的竞争者，需要密切关注竞争者的动态并以独特的市场竞争策略或更专业化的产品服务，如售后服务等方式来应对其他竞争者所带来的竞争风险。

(4)市场战略的不确定性。市场战略，是指企业在复杂的市场环境中，为达到一定的营销目标，对市场上可能发生或已经发生的情况与问题所做的全局性策划。高技术产品，必须配合好的市场战略规划，在价格定位、用户选择、上市时机、市场区域划分等方面精雕细琢，给产品的市场开拓营造良好的环境。这就要求创业者要保持对关键市场信号的敏感度，结合产品或服务的推广营销阶段，强化市场战略，培养企业竞争力。

4.人力资源风险

人力资源风险是指由于人的因素对创业活动的开展产生不良影响或偏离经营目标的潜在可能性。

(1)创业团队成员风险。团队成员在创业初期，大多能够齐心协力、精诚团结，为企业的发展贡献自己的力量。但随着企业的发展，团队成员各自的需求、动机、价值观、内心的疑虑可能会发生变化，会出现各种矛盾和难题，如不能很好地沟通解决，矛盾会随着时间增长越来越大，最后可能导致团队的分裂。

(2)关键员工流失风险。在企业内部，高级技术人员、高级管理人员、营销骨干、生产一线的技术骨干、高级技工等都对企业生产经营起着决定性作用。这些关键员工的流失会给企业带来巨大的成本损失，增加企业人才重置成本，同时带来无形资产的严重流失，严重影响企业生产经营和服务质量，严重影响企业内部运转。

5.财务风险

财务风险是指由于企业财务结构不合理、融资不当，使企业丧失偿债能力而导致投资收益下降或破产的风险。

(1)筹资风险。主要是指筹资不足、筹资形式不当、筹资结构不合理、筹资时机选择不恰当等风险。对于初创企业来说，资金支撑是企业的生存和发展的基本要素。在融资过程中，创业者如求大求快，盲目地进行资金扩张，偏离了原定的创业战略，则会使企业丧失偿还能力导致破产。这种风险随时存在。

(2)投资风险。主要是指投资项目不能达到预期收益，影响企业盈利水平和资金回收的风险。投资总会伴随着风险，创业者在投资过程中，由于不可控因素或随机因素的影响，实际投资收益与预期收益相偏离，投资收益低于预期收益，从而遭受收益损失甚至本金损失的风险。

(3)现金流风险。主要是指现金流入不确定造成的风险，鉴于权责发生制原则，确定的收入并不一定能够带来确定的现金流量。对于初创企业来说，如果连续几个月入不敷出或者因为其他原因导致企业的现金流中断，都会给企业带来极大的威胁，甚至错失商机而不得不宣布倒闭。

6.管理风险

管理风险是指管理运作过程中因信息不对称、管理不善、判断失误等影响管理水平形成的风险。

(1)管理者素质风险。创业初期,创业者不一定具备精深的技术知识,也不一定是一位优秀的企业家,但从创业管理角度来说,创业者的素质与能力将对创业活动的顺利进行起到举足轻重的作用。创业者应该具有强烈的创业精神与创新意识;具有追求成就的强烈欲望,富于冒险精神、献身精神和忍耐力;具有敏锐的机会意识和高超的决策水平,善于发现机会、把握机会并利用机会;具有强烈的凝聚力,能领导整个创业团队共同创业,成为整个创业团队的领袖并在关键时刻做出正确的决策。如果创业者的管理水平偏低,那么就会限制企业发展路径,忽视市场变化,疏于管理上的创新,导致企业经营风险加大。

(2)营销管理风险。营销管理风险包括营销策略失误、营销管理人员管理松懈、营销执行力不足等风险。经济学家西蒙认为"管理就是决策",可见决策的正确与否对创业的成功与否非常重要。管理者决策水平的高低对创业企业的成败影响巨大。

(3)管理制度风险。管理制度风险包括管理制度缺失、制度制定不科学、制度执行不力等风险。创业企业的迅速发展必须伴随着组织结构、用人机制的相应调整,否则会为创业企业埋下危机的种子。管理体制的不顺畅是要高度注意的问题,因此,对于新创企业,创业者从一开始就应该注意组织结构的设计与调整、人力资源的甄选与考评、薪酬的设计以及学习与培训等管理。从创业初始就需要建立健全各项规章制度,并开始建立企业文化。

7.环境风险

环境风险是指一项高技术产品创新活动由于所处的社会、政治、政策、法律环境变化或由于意外灾害发生而造成失败的可能性。例如,我国一些化工园区的企业,与居民区交错布置,但这些企业有的缺乏统一的区域性环境风险应急预案,有的缺乏监测体系和风险防范措施。这些环境风险意识淡薄、防范制度不健全、应急预案和风险防范措施缺乏的现象,让企业存在很大的环境风险,并将对国民经济和人民生命财产安全构成严重威胁。

(二)各创业阶段的创业风险

1.创业前期的典型风险

(1)消极观望。如果没有积极的态度,创业者很难树立并坚定创业方向,一直在羡慕别人的成功,没有思考如何修炼自我、积极行动的计划。

(2)过于乐观。低估创业起步阶段所需时间,盲目乐观,也可能会使企业遭受巨大风险。盲目乐观地估计市场、缺乏流动资金、缺乏创业经验、对竞争对手缺乏应有的估计等都属于此类风险的典型表现。

2.创业中期的典型风险

创业中期的风险包括创业项目顺利启动并运营了一段时间后可能面临的各

种风险因素，其中典型的有以下几种：

（1）目标游离。当新创企业有了一定实力时，不再专情于主业，想找别的挣钱项目。这种愿望很好，但发展思路超越了新创企业当前的实力，往往会以失败告终。

（2）急功近利。希望投下的每一分钱都能尽快有回报，缺乏成长为大企业的心理计划。

（3）孤军奋战。独自开展创业活动，缺乏组建创业团队的意识。

（4）遇难而退。不怕苦不怕累、勇往直前、不达目的决不罢休，这就是创业精神。任何成功的创业者都必须有创业精神，这是成功的必要条件。反过来看，有一些失败的创业者之所以失败，就是因为缺乏创业精神。

3.创业后期的典型风险

（1）盲目冒进，好大喜功。创业的企业初具规模、小有成就时，许多创业者容易被自己营造的局部知名度冲昏头脑，不顾发展实际盲目扩张。

（2）坐享其成。经过前期的积累，创业项目有了一定的盈利，有些创业者以为苦尽甘来便放松了警惕，贪图享受，花钱大方，甚至挥霍无度。

（3）挥霍浪费，小富即安。满足于现状，缺乏将所创事业做大、做强的意识。

（4）缺乏创新。满足于前期使自己成功的商业模式，缺乏继续创新的动力。

（5）管理危机。新创企业快速发展后，人员、机构等快速膨胀，而机构的快速膨胀会使创业者面临人员管理、企业文化、人才储备等方面的挑战。

第二节　防范创业风险

一、创业风险管理流程

由于自身规模一般较小，实力薄弱，新创企业在起步阶段的抗风险能力一般较弱，因此，有效地实施风险管理对创业企业尤为重要。既然创业风险是创业过程中不可避免的现象，那么正视风险并想方设法去化解，是每个创业者必须具备的意识，也是创业过程中的重要任务。

（一）风险识别阶段

风险识别阶段的主要职责在于识别组织内外部潜在的风险因素以及是否已经出现了一些风险因素要爆发的征兆。风险识别是应对一切风险的基础，只有识别了风险，才有化解的机会。同时，风险也是一种机会，应该开拓、提高其积极的作用。

创业风险识别是创业者依据企业活动，对创业企业所面临的现实及潜在风险，运用各种方法加以判断、归类并鉴定风险性质的过程。创业者必须具备风险识别的能力。创业风险识别的常用方法有以下 3 种：

1.环境分析法

企业环境的构成极其复杂。自然、经济、政治、社会、技术等环境构成企业的宏观环境，而企业的微观环境主要包括投资者、消费者、供应商、政府部门和竞争者等。环境分析法是企业在不同的环境下对创业风险进行识别的特定方法，是指通过对环境的分析，明确机会与威胁，发现企业的优势和劣势，找出这些环境可能引发的风险和损失。运用环境分析法，重点是分析环境的不确定性及变动趋势。例如：市场是否有新的竞争对手介入？竞争对手变动趋势是什么？市场需求因素对企业产品销售将产生什么影响？等等。这些不确定因素往往使企业的经营难以预料。同时，要分析环境中的变动因素及其相互作用对企业产生的各种制约和影响。此外，应从整体角度分析外部环境与内部环境的相互作用及其影响程度。

2.财务报表分析法

财务报表分析法是以企业的资产负债表、利润表及财务状况等资料为依据，对企业的固定资产、流动资产等情况进行风险分析，以便从财务的角度发现企业面临的潜在风险。财务报表可以让管理人员便于掌握资料，提高风险识别工作效率。由于报表集中反映了企业财务状况和经营成果，因此通过分析报表，可以为发现风险因素提供线索。这种方法成为风险识别的有力手段。

3.专家调查法

专家调查法是一种重要而又广为应用的风险识别方法。它是利用专家的经验、知识和能力，并发挥专家的特长，对风险的可能性及其后果做出估计。一般来说，运用专家调查法的基本步骤是：①选择主要的风险项目，选聘相关领域的专家；②专家对各类可能出现的风险进行评估、打分；③回收专家意见并整理分析，再将结果反馈给专家；④把专家的第二轮结果汇总，撰写风险分析报告。如有需要，可增加专家评估轮次。

（二）风险评估阶段

风险评估阶段主要是对前一阶段识别出的风险因素展开评估，测算各风险因素发生的可能性大小以及若发生后对创业项目收益的影响程度。创业项目风险的评估，首先应对风险发生概率、风险发生的后果严重程度、风险影响范围以及预计发生时间进行估计。在此基础上，综合投资者对风险的容忍度、风险管理成本，选用相关风险评估工具对创业风险做出评价。风险评估方法大体可分为定性评估法和定量评估法两类。

1.定性评估法

定性评估法是指通过观察、调查与分析,并借助相关人员的经验、专业标准和判断等对创业风险进行评估的方法。它具有便捷、有效的优点,适合评估各种创业风险,也为定量评估法奠定了基础。其主要方法有观察法、调查了解法、逻辑分析法、类似估计法。

2.定量评估法

定量评估法既分析确定每一个风险的概率及其对创业项目造成的后果,也分析项目总体风险的程度。典型的分析方法有盈亏平衡分析、计算机模拟、专家访谈、决策树分析、量化风险检查表等。

(三)风险应对阶段

风险应对即运用多种措施使风险降至可接受程度的过程。一般而言,风险应对策略大体可分规避风险、预防风险、缓解风险、自留风险和转移风险5类。

1.规避风险

规避风险即主动避开损失发生的可能性。如创业者经过分析发现某一类产品市场已经过度供给,为了避免市场竞争激烈的风险,可考虑采取主动放弃选择经营该产品的方法,从而规避可能出现的风险。

风险规避比较适用于两种情况:一是某种特定风险所致的损失频率和损失程度相当高,二是采用其他风险防范措施所需成本超过该项活动所产生的经济收益。为避免经济损失,应在创业企业相应活动开展之前采取相应措施,以达到风险的规避。

2.预防风险

预防风险即采取预防措施,以减小损失发生的可能性及损失程度。比如:为了防止新创企业中的人员流失,可以采取一些提高人员待遇、改善工作环境的措施;为防止程序或数据丢失,可进行数据备份;等等。

需要注意,风险管理的一条基本原则是:以最小的成本获得最大的保障。预防风险涉及一个预防成本与潜在损失比较的问题:若潜在损失远大于采取预防措施所支出的成本,就应采用预防风险手段。

3.缓解风险

缓解风险指在损失发生前消除损失可能发生的根源,并降低损失事件的发生频率。缓解风险的基本点在于消除风险因素和减少风险损失。

缓解风险的措施主要包括采取预防措施、控制风险损失、分散风险和采取一定的后备措施等。采取预防措施,以降低风险发生的可能性是缓解风险的重要途径。如生产管理人员通过加强安全教育和强化安全措施,以减少事故发生的机会,从而减少高技术企业创业过程中的生产风险。控制风险损失是指在风险不可避免地要发生的情况下，通过各种措施以减少损失、遏制损失继续扩大或限制其扩展范围。

4.自留风险

自留风险即主动承担风险。自留风险一般适用于对付发生概率小且损失程度低的风险。风险自留有时为主动自留，有时为被动自留；有时为全部自留，有时为部分自留。对于承担自留风险需要的资金，创业者可以通过事先建立内部意外损失基金和从外部取得应急贷款（或特别贷款）的方法解决。

自留风险是以一定的财力为前提条件的，使风险发生的损失得到补偿。在一定程度下，自留风险可能使创业者面临更大的风险。自留风险这一策略更适合应对风险损失后果不严重的风险。

5.转移风险

转移风险指通过某种安排，有意将自己面临的风险全部或部分转移给其他企业。保险是转移风险应用范围最广、最有效的风险管理手段之一。

创业风险控制的过程就是跟踪已经识别的风险、监视剩余的风险和识别新的风险，并根据创业项目的进展情况不断修整和执行风险管理计划，评估减少风险的有效性。

经典案例

两次创业失败的警示

他，放弃考研机会，放弃实习单位给予过万月薪的岗位，以全系第一的成绩休学创业；他，相继创立哦洗衣、优询科技、宁波尚观信息科技有限公司和浙江征星智能科技有限公司，用创业诠释着青春的誓言；他，走出宁波走出浙江，用科技改变着人们的生产、生活……他就是徐鹏华，一位来自宁波大学的学生。

首次创业——在失败中积累经验

2013 年 9 月，大四那年，面对着同学和老师的不解，连续 3 年拿奖学金的徐鹏华放弃考研机会，放弃实习单位给予过万月薪的岗位，毅然休学选择了创业。

2013 年 11 月，他成立了创业路上的第一家公司百事威询，入股水木装饰，基于原有的校园关系和人脉网络，获得了人生中的第一桶金。

但是创业之路并非一帆风顺，盲目自信的他在一次对 O2O 商城的投资中直接导致了资金链首次断裂，最终不得不关闭企业。

面对首次失败的惨痛教训，他意识到大学生创业缺的不是激情、创意，而是公司管理运营经验。自此，他开启了二次学习之路，真正走进了“社会大学”。

二次创业——过程中面临大起大落

吃一堑长一智，经过长时间的观察，他将目标投向了微信市场。

2014年12月，他联合了数位好友一同创立了宁波第一家互联网干洗公司——哦洗衣和宁波第一家微商咨询服务公司——优询科技。

经过半年的快速发展，优询科技成为全国排名第四的微商服务企业，并与当时全国微商服务企业巨头和信聚赢达成战略合作协议。第一家科技公司逐步形成一个新的高峰。

好景不长，注重兄弟情义的他经历了人生中第一次股东斗争，对公司法的陌生使他不得不离开一手创建的优询科技，并眼睁睁地看着自己的心血因为经营不善而迅速衰落，最终分崩离析。

不断起伏的徐鹏华深深地意识到，科技是第一生产力，是公司生命力的保障，宁可过着简朴的生活也要扩大研发投入、夯实科技基础。

三次创业——厚积薄发　不断探索

心情沉重的他一度失去信心，但他在反省了前两次创业的失败后，重塑信心，继续探索机会。

2016年初，徐鹏华成立了科技公司——尚观科技。公司以科技为第一导向，建立了完善的管理制度，制定了切实可行的“三年规划，五年目标”，由此成功获得了华强集团的全额投资。

徐鹏华始终坚信科技是第一生产力，也是公司生命力的保障。因此，公司对于科技的投入不遗余力，将业务收入的80%都投入到科研之中。他从北京挖来高级科技人才，甚至邀请英国剑桥大学硕博士作为公司的技术顾问。

徐鹏华带领的团队先后开发了北斗通信系统、应急救援指挥系统、畜牧业RFID管理系统等多个信息化系统，为包括西藏通管局、中石油、好当家集团、恒大地产等多家国内知名政企机构提供科技服务。

（节选自戴兰平、朱艳军、夏利波主编：《大学生创业基础》，湖南大学出版社2018年版，第117~118页）

二、创业企业风险管理的基本方法

有效防范风险的主要方法有4种：减少可避免的风险、实行损失管理计划、分散风险和非保险方式的转移风险。

（一）减少可避免的风险

当创业企业发现从事某一项活动会涉及过高的风险时，可决定减少或放弃这项活动，以便减少甚至完全避免风险。避免风险有两种方式：一种是完全拒绝承担风险;另一种是放弃原先承担的风险,但是这种方法的适用性很有限。

(二)实行损失管理计划

损失管理计划分为防损计划和减损计划。防损计划旨在降低损失的发生频率或消除损失发生的可能性。建造防火建筑物、质量管理、驾驶技术考核、颁布安全条例、提供劳动保护用品、检查通风设备及产品改进等均是降低损失发生频率的措施。

(三)分散风险

人们日常所说的"不要把鸡蛋都放在同一个篮子里",讲的就是分散风险的道理。分散风险是指通过增加风险单位的个数来减少风险损失的波动。这样,企业一方面可以比较准确地预测风险损失,另一方面可以减少预防风险所需预备的资金。

(四)非保险方式的转移风险

在风险管理中,使用较为普遍的非保险转移风险的方式是合同、租赁和转移责任条款。例如,一家公司在与某建筑承包商签订新建厂房的合同中规定,建筑承包商对完工前厂房的任何损失负赔偿责任。又如,计算机租赁合同中规定租赁公司对计算机的维修、保养及损坏负责。

三、大学生创业风险

大学生创业是一个机会,但也存在很多风险。大学生是否具备风险意识和规避风险的能力,将直接影响创业的成败。

(一)项目选择太盲目

大学生创业的项目选择多集中在高科技领域和智力服务领域,如软件开发、网络服务、网页制作、家教中介、设计工作室等。此外,快餐、零售等连锁加盟店也是大学生青睐的创业项目。但是,大学生并不太了解市场,如果缺乏前期的市场调研和论证,只是凭自己的兴趣和想象来决定投资方向,甚至仅凭一时心血来潮就决定去干这个项目,一定会碰得头破血流。

因此,大学生创业者在创业初期一定要做好市场调研,也可委托专业机构进行可行性研究,在了解市场的基础上创业。一般来说,大学生创业者资金实力较弱,选择启动资金不多、人手配备要求不高的项目,从小本经营做起比较适宜。

(二)缺乏创业技能

有的大学生创业者眼高手低,既不了解创业的相关政策法规,也没有在相关企业的工作、实践经历,缺乏能力和经验,却对创业的期望值非常高。当创业计划转变为实际操作时,才发现自己根本不具备解决问题的能力,这样的创业无异于纸上谈兵。

市场瞬息万变，时刻都有风险，但不会有人及时提醒你风险在哪里，防范风险只能靠自己增加本领。一方面，可在工作中积累相关的管理和营销经验；另一方面，可积极参加创业培训，积累创业知识，接受专业指导，提高创业成功率。

（三）融资渠道单一

资金难筹几乎是每一个大学生创业者都会遇到的难题。银行贷款申请难、手续复杂，如果没有更广阔的融资渠道，创业计划只能是一纸空谈。因此，在融资过程中，一定要广开渠道，除了银行贷款、自筹资金等传统方式外，还可以充分利用风险投资、天使投资、创业基金等融资渠道。

（四）社会资源贫乏

大学生由于长期身处校园，所掌握的社会资源非常有限，而企业创建、市场开拓、产品推介等工作都需要调动社会资源，大学生在这方面会感到非常吃力。因此大学生要注意搭建自己的社会关系网络，平时多参加各种社会实践活动，扩大自己人际交往的范围。创业前，可以先到相关行业领域工作一段时间，通过这个平台，为自己日后的创业积累人脉。

（五）管理过于随意

大学生长期在校园学习，并不熟悉经营管理规则。一些大学生创业者虽然在技术上出类拔萃，但理财、营销、沟通、管理方面的能力普遍不足。此外，有些人存在一定的性格缺陷，如自以为是、刚愎自用等，这些都会影响创业成功率。大学生创业者要想创业成功，必须技术、经营两手抓，制定科学规范的管理制度。大学生可从合伙创业、家庭创业或低成本的虚拟店铺开始，锻炼创业能力，也可以聘用职业经理人负责企业的日常运作。

思维导图

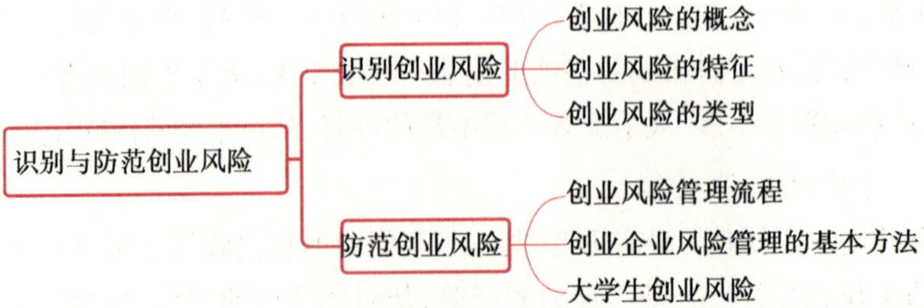

图 6-1　本章思维导图

项目实训

小王是某校大三学生，他与另外3位有创业想法的同学一拍即合，每人投资4000元准备开店。他们看中了校园附近一个闲置的店面，承租者是一位姓孙的女老板，也同意以1.2万元转让这个店面2年的使用权，但要求不要让房东知道店面转租给他们。小王等人虽然知道孙老板不是真正的房东，但涉世未深的他们不知道一定要经过房东的同意才能租房，以为签有协议就能保障他们的权利。小王等人与孙老板签订了协议后，先支付了7000元租金。

当小王等人正对店面进行装修时，房东闻讯赶来阻止。房东表示，他和孙老板签订的合同上明确写了"该房子只允许做理发店，并且不允许转租"。由此，房东与孙老板发生了冲突，并锁住了店门。不甘示弱的孙老板也跟着在店门上挂了一把锁。两把锁锁死了小王他们的创业之路。此后，孙老板就不再露面，手机关机，也没做任何解释。房东也不愿意和小王他们协商，反正房租已经收到了年底。这可苦了这几个大学生，付给孙老板的7000元房租加上门面装修花费的5000多元以及进货花去的钱，4人凑的1.6万元已经所剩无几。

后来，孙老板终于出现了。她向小王等人提出两个方案：一是小王等人将剩下的5000元租金交齐，她再想办法和房东协商，让房东同意他们经营；二是如果要她退还7000元租金，小王他们必须把已经装修了的店面恢复原状，并补偿她两个月的误工费。

(1)该案例中，4位准备创业的大学生遇到的创业风险属于什么类型？

(2)该案例中，4位创业者应该怎么做方可防范此类创业风险？

第七章 组建与管理创业团队

学习目标

1.掌握创业团队的构成要素及组建原则。

2.掌握创业团队的管理方法。

案例导入

在某大学的商学院有一个由4名大学生组成的创业团队，团队核心领导名叫魏江。魏江带领这个团队成立了一家公司，并将公司定位为考证培训服务类企业。一开始，由于缺乏经验，他们只能进行一些小语种方面的培训。为了改善师资力量匮乏的局面，魏江打算再找一些有能力的、想创业的同学加入他们的团队。经过团队成员们的认真筛选，仅用了一周的时间，整个团队的规模就从最初的4人发展为8人。

团队成员各有所长：有的口语能力强，有的擅长分析考试的重点和难点，还有的成员取得过雅思考试高分。这些富有创业激情和才华的合伙人加入公司后，不仅立马使公司的氛围变得不一样了，还让语言培训班也得以顺利开班，公司也开始盈利。

到了创业后期，由于团队成员专业知识扎实，公司形成了相对稳定的客户群，还增开了其他类型的培训班，如秘书职业资格认证考试、计算机等级考试培训班。由于客户的考证通过率较高，所以公司的口碑也越来越好，报名的人也越来越多。3年后，魏江所带领的团队将公司越做越大，使公司成了当地最大的培训公司。

（杨京智：《大学生创新创业基础》大赛案例版，人民邮电出版社2020年版，第90页，略有改动）

第一节　组建创业团队

一、创业团队的含义及构成要素

（一）创业团队的含义

创业团队的组建离不开创业者，学者们通常把创业者定义为广义和狭义两类。广义的创业者是指参与创业活动的全部人员；狭义的创业者是指参与创业活动的核心人员，包括企业创始人或者创业团队。

学者们对创业团队的定义也各不相同。早期卡姆（Kamm）等人以投入资金为标准，把创业团队定义为由两个或两个以上的个人组成，其成员参与企业创立的过程并投入相同比例的资金。国内学者对于创业团队的认识也存在差异，有的认为创业团队指的是两个或两个以上具有一定利益关系、才能互补、责任共担、愿为共同的创业目标而努力奋斗的人共同组建的工作团队，他们在新创建的企业中往往处于高层主管位置。也有学者认为，创业团队是由技能互补、贡献互补的创业者组成的特殊群体。

综上所述，创业团队是指在创业初期，由一群才能互补、责任共担、愿为共同的创业目标而奋斗的人所组成的特殊群体。

（二）创业团队的构成要素

一般而言，创业团队需具备5个重要的组成要素。

1.目标（purpose）

创业团队应该有一个既定的共同目标为团队成员导航，让他们知道要向何处去，没有目标这个团队就没有存在的价值。目标在创业企业的管理中以创业企业的远景、战略的形式体现。

2.人（people）

人是构成创业团队最核心的力量。3个及3个以上的人就形成一个群体，当群体有共同奋斗的目标就形成了团队。在一个创业团队中，人力资源是所有创业资源中最活跃、最重要的资源。应充分调动创业者的各种资源和能力，将人力资源进一步转化为人力资本。

3.定位（place）

创业团队的定位包含如下两层意思：

（1）创业团队在企业中处于什么位置？由谁选择和决定团队的成员？创业团队最终应对谁负责？创业团队采取什么方式激励下属？这些是与创业团队定

位相关的。

（2）成员在创业团队中扮演什么角色，是制订计划者还是具体实施者或评估者？是大家共同出资委派某个人管理，还是大家共同出资共同参与管理，或是共同出资聘请第三方（职业经理人）管理？组织形式是合伙企业还是公司制企业？这些是与创业者定位相关的。

4.权限（power）

创业团队当中领导者的权力大小与其团队的发展阶段和创业实体所在行业相关。一般来说，创业团队越成熟领导者所拥有的权力相应越小。在创业团队发展的初期阶段，领导权相对比较集中。高科技实体多数实行民主的管理方式。

5.计划（plan）

在有了明确的目标、合适的团队成员，规定了成员的职责和权限后，就需要有一系列周密的计划来引导创业团队具体实施，从而最终实现目标。准确详细的计划是创业团队成功的前提，也是实现创业目标的保障。创业团队的成员在制订计划时要充分考虑创业企业内外部环境、企业自身优劣势等各方面的因素。其不仅要服务于创业团队短期的目标，还要有利于创业企业长期战略目标的实现。另外，计划一定要具有可行性和可预见性，否则就只能是纸上谈兵，对创业团队没有任何帮助。制订计划时不仅要确保组织目标的实现，而且要从众多的方案中选择最优方案，从而使得创业团队资源得到最合理、最有效的应用。合理详尽的计划也能为创业企业今后的管理控制活动提供一定的依据，使创业团队今后的发展与目标要求尽量保持一致，从而使创业企业在正确的轨道上更快地前进。

经典案例

复盘小米十年：雷军这样用人、建生态、创模式

总有人离开，也总有人到来。

翻出小米成立时那张“小米粥闹革命”的照片，共有7位联合创始人：林斌、黎万强、周光平、黄江吉、刘德、洪锋、王川。黎万强、周光平、黄江吉已悄然离开。

留下的联合创始人，角色也在一一转变中，林斌近期卸任了4家小米关联公司法定代表人，刘德这两年更像是一个小米的大家长。

2018年9月，小米集团联合创始人、高级副总裁刘德出任新成立的小米组织部部长，工作重心也从生态链一线转移到组织部。这份变动曾被外界解读为一种“休息”。

转眼一年多过去，在接受《中国企业家》采访时，刘德忍不住感叹："组织部的工作比想象中的忙。"最忙碌时，他一天开了超过 20 个会。

"(组织部部长)这个岗位以慢工为主，但不意味着工作密度不大。"刘德介绍，组织部协调和谈话的对象是集团 20 级以上的干部，这个群体约 200 人，以当下小米 2 万人的员工规模看，就是前 1%的员工。组织部部长还有另一个任务，就是引入集团 VP 以上的高管。

大学教师出身的刘德，擅长"春风化雨"式的沟通，不管在生态链还是组织部，都是与人打交道的高手。与组织部同时建立的是参谋部，负责协助 CEO 雷军制定发展与督导战略执行，参谋长为王川，2019 年 7 月改由集团副总裁张峰担任。

组织部和参谋部就是小米的"大脑"，而曾经这个大脑只是雷军本人。上市后，将合伙人从一线拉出来，参与、强化这个大脑，是小米目前正在做的事情。

今时不同往日，小米已经不再是 10 年前的那匹黑马，2019 年全年收入突破 2000 亿元，成为最年轻的财富 500 强公司。

接下来小米该怎么走？这是雷军和团队思考最多的问题。

单纯看数字，小米现在做到了 2000 亿，但下一个 10 年，小米的未来在哪里？曾经高效扁平的团队模式，带动了狂奔般的增长，当这匹黑马成为 2 万人的团队，上市诞生了千名财富过百万者，小米如何找回曾经的创业激情？

雷军也在寻找。

2020 年 4 月 6 日，雷军带着小米几乎所有的高管(除了远在印度的 Manu)重走了一遍创业路。疫情特殊时期，他们戴着口罩从中关村银谷大厦出发，经过望京卷石天地、清河五彩城，终点到达新建的小米科技园。不同于小米 7 周年时的 7 人团队，这一次的高管队伍有了 14 人。

一些手机圈熟悉的名字出现在小米高管名单中：金立原总裁卢伟冰、联想中国区手机业务原负责人常程、小辣椒创始人王晓雁、暴风 TV 原 CEO 刘耀平、努比亚联合创始人苗雷……

他们曾经是小米对手、友商高管，加入小米，组成网友戏称的"复仇者联盟"。对此，雷军回应，小米高管 80%以上是内部提拔，以内部提拔为主，外部空降为辅。事实上，小米上市后，从内部先后提拔了颜克胜、崔宝秋、何勇和高自光 4 位集团副总裁，数量超过外部引入高管，还提拔了大批一线年轻的部门总经理。

小米成立第一年的 91 位员工，有 65 人 10 年后依然奋斗在小米，这让雷军非常感动。

"整个小米新的 10 年要以团队和人才为核心，要放下已取得的成绩，重新创业。要有重新创业的决心，未来的 10 年才能真正做好。所以在未来，我们还是以海纳百川的心态来吸纳最优秀的人才。”雷军表示。

“我更关心的是新10年的开端，我们能不能够有放下的决心，重新凝聚一帮未来能走10年的人，一起把企业再推上一个新的高度。”这是雷军也是小米当下的期望。

（节选自梁睿瑶：《复盘小米十年：雷军这样用人、建生态、创模式》，《中国企业家》2020年第7期，第78~85页，略有改动）

二、创业团队的组建程序

（一）明确创业目标

创业团队的建立毫无疑问是为了实现某一特定的目标。创业目标的确立可以基于以下两种创业模式来考虑：

第一，创业的模式可以是基于开发某一个新兴的市场，而这一市场从未有其他企业涉足。而实现这一目标的途径归根结底是在市场上找到那些市场的空白区域，这些区域里存在着未被满足的客户需求。

第二，创业的模式还可以是创办一家企业，这家企业提供的产品和服务在市场上有竞争对手。如果这家企业要生存下来并持续发展，就必须在某些方面比竞争对手做得更好或者提供的产品和服务与众不同。

创业目标最初制定时可能会比较模糊。一开始就制定比较明确的目标不太现实，因为最初的创业目标可能只是某种不太成熟的想法而已。但是请注意，明确创业目标并非一定要你把创业目标描述得很清晰、可以衡量，而是让你树立一种目标意识，也就是你必须明白你要做的事情是为了达到你所希望的目标。创业团队的最终目标就是要通过完成创业阶段的技术、市场、规划、组织、管理等各项工作实现企业从无到有、从起步到成熟。

（二）制订创业计划

在确定了一个目标之后，紧接着就要研究如何实现这些目标，这就需要制订周密的创业计划。创业计划是在对创业目标进行具体分解的基础上，以团队为整体来考虑的。创业计划确定了在不同的创业阶段需要完成的阶段性任务，通过逐步实现这些阶段性目标来最终实现创业目标。一般而言，制订创业计划需要撰写一份商业计划书，具体的撰写方法我们会在后面的章节里向大家详细介绍。

（三）招募合适的团队成员

招募合适的团队成员是组建创业团队最为关键的一步。首先可以考虑的是在“熟人圈”里寻找创业伙伴。“熟人圈”主要包括同学、亲戚、朋友等与我们相识时间较长，彼此之间互相了解又有意愿与你一起创业的人。这种方法可以缩短相互之间信任磨合期的时间成本。其次可以考虑通过创业论坛、QQ 群、微博、专业的创业网站、招聘网站等互联网渠道发布招募团队成员的信息。通过互联网渠道发布信息要注意地域性的特点，也就是说最好能确保与你地域相同或相近的人能看到这些信息。这主要是便于陌生人之间更便捷地进行沟通，减少初步了解的沟通成本、时间成本及差旅成本。请注意，用这种方法会有一些效果，但是要靠自己去分辨和把期望值降低。根据实际使用的效果来看，其中很多人是一时冲动，并没有做好创业的准备，只是来“问问路”。创业是件很严肃的事情，毫无准备的一时冲动那样的创业激情是短暂的。通过这种方法寻找创业合作伙伴最好能尽快进行直接的面对面沟通。最后，通过媒体对个人、团队和所做的项目进行新闻宣传和报道也是吸引创业伙伴的一种好方法。

（四）划分职权

为了保证团队成员执行创业计划，顺利开展各项工作，创业者必须预先在团队内部进行职权的划分。创业团队的职权划分就是根据执行创业计划的需要，具体确定每个团队成员所要担负的职责以及相应所享有的权限。团队成员间职权的划分必须明确，既要避免职权的重叠和交叉，也要避免无人承担造成工作上的疏漏。此外，由于还处于创业过程中，面临的创业环境又是动态复杂的，不断会出现新的问题，团队成员可能不断出现更换，因此创业团队成员的职权也应根据需要不断地进行调整。

（五）构建创业团队制度体系

很多创业团队刚成立的时候，可能还没有建立正式的规章制度。但从团队的长远发展来看，构建规范的规章制度体系是必不可少的。创业团队制度体系体现了创业团队对成员的控制和激励能力，主要包括团队的各种约束制度和激励制度。一方面，创业团队通过各种约束制度（主要包括纪律、组织、财务、保密等方面的条例）指导其成员避免做出不利于团队发展的行为，对其行为进行有效监督和约束；另一方面，创业团队要实现高效运作，需要有效的激励机制（主要包括利益分配方案、奖惩制度、考核标准、激励措施等），使团队成员看到随着创业目标的实现，其自身利益将会得到怎样的改变，从而达到充分调动成员的积极性、最大限度发挥团队成员作用的目的。在激励机制的设计方面，最重要的是把团队成员的收益模式界定清楚，尤其是关于股权、奖惩等与团队成员利益密切相关的事宜。创业团队的制度体系应以规范化的书面形式确定下来，并让每个团队成员充分了解。

（六）团队的调整与融合

初创的创业团队总会有不完善的地方，大多数情况下完美组合的创业团队是在企业发展的过程中逐步形成的。随着团队的运作，团队组建时在人员匹配、制度设计、职权划分等方面的不合理之处会逐渐暴露出来。这时就需要对团队进行调整融合。由于问题的暴露需要一个过程，因此团队调整融合也应是一个动态持续的过程。在进行团队调整融合的过程中，最为重要的是要保证团队成员间经常进行有效的沟通与协调，培养强化团队精神，提升团队士气。

三、创业团队组建的基本原则

（一）目标明确合理的原则

创业团队的目标必须明确，这样才能使团队成员清楚地认识到共同的奋斗方向。与此同时，目标也必须是合理的、切实可行的，这样才能真正达到激励的目的。创业团队一定要有一致的创业思路，成员个人的目标要与企业的愿景一致，即认同团队将要努力的目标和方向。有的创业团队成员的目标并不十分清晰和明确，甚至很多时候他们并不明白自己为什么这么急于走上创业的道路。缺乏共同的价值观就无法解决团队中的矛盾、争论和冲突，此时的团队就如同一盘散沙，失去了作为一个整体运作的基础，很难发挥出“1+1>2”的整合效应。因此，创业团队成员要拥有共同的价值观，把个人目标整合到组织目标当中，增强团队的凝聚力。在组建创业团队、选拔队员的时候要思考：团队是否有清晰的恪守不移的核心理念和充满感召力的宏伟目标？团队成员是否都明确了解并认可这些核心理念和宏伟目标，并愿意为此而奋斗？

（二）互补的原则

创业者之所以寻求团队合作，其目的就在于弥补创业目标与自身能力之间的差距。只有当团队成员相互间在知识、技能、经验等方面实现互补时，才有可能通过相互协作发挥出“1+1>2”的协同效应。从人力资源管理的角度来看，建立优势互补的创业团队是保持创业团队稳定的关键。在创建一个团队的时候，不仅仅要考虑成员相互之间的人际关系、亲情关系，更重要的是要考虑成员之间能力上和技术上的互补性。

（三）精简高效的原则

为了减少创业期间的运作成本，最大比例地分享成果，创业团队人员构成应在保证企业能高效运作的前提下尽量精简。

（四）动态开放的原则

创业过程是一个充满不确定性的过程，团队中可能因为能力、观念等多种原因不断有人离开，同时也不断有人在要求加入。因此，在组建创业团队时，应注意保持团队的动态性和开放性，使真正完美匹配的人员能被吸纳到创业团队中来。

（五）权益合理分配的原则

创业团队成员间权益的分配是一个敏感、困难但又十分重要的议题。创业团队权益分配是指依法律文本的形式确定一个清晰的利润分配方案，把最基本的责权利界定清楚，尤其是股权、期权和分红权，此外还包括增资、扩股、融资、撤资等与团队成员利益紧密相关的事宜。在团队最初组建的时候，由于各成员在创业企业中的作用和贡献还无法比较准确地衡量，可以考虑采用“期股”的方式。即在成员进入创业团队的时候事先签订全体团队成员的内部协定，承诺团队成员在创业企业服务一定年限、做出一定贡献后能够得到一定数量的名义股份。创业初期，创业企业一般以有限责任公司的形式存在，因此，在实施“期股”计划的时候，名义股东及各股东的名义股份与公司章程中实际股东和股份往往并不一致，股东身份和股权的真正确认往往在必要的法律手续的变更之后才能实现。此外，应该尽可能地预留一些股份，一部分用来在一定时间内（如 1 年或 3 年），根据团队成员的贡献大小再次分配，另外一部分预留给未来的团队成员和主要的员工。

四、创业团队组建的影响因素

创业者应具备的素质与能力

创业团队的组建受多种因素的影响，这些因素相互作用，共同影响着组建过程并进一步影响着团队建成后的运行效率。

（一）创业者

创业者的能力和思想意识从根本上决定了是否要组建创业团队、团队组建的时间表以及由哪些人组成团队。创业者只有在意识到组建团队可以弥补自身能力与创业目标之间存在的差距，才有可能考虑是否需要组建创业团队，以及对什么时候引进什么样的人员才能和自己形成互补做出准确判断。

（二）商机

不同类型的商机需要不同类型的创业团队与之匹配。应根据创业者与商机间的匹配程度，决定是否要组建团队，以及何时组建、如何组建团队。

（三）团队目标与价值观

共同的价值观、统一的目标是组建创业团队的前提。团队成员若不认可团队目标，就不可能全心全意为此目标的实现而与其他团队成员相互合作、共同奋斗。没有一致的目标和共同的价值观，创业团队即使组建起来，也无法发挥协同作用，缺乏战斗力。

（四）团队成员

团队成员的能力的总和决定了创业团队整体能力和发展潜力。创业团队成员的才能互补是组建创业团队的必要条件，而团队成员间的互信是形成团队的基础。互信的缺乏将直接导致团队成员间协作障碍的出现。

（五）外部环境

创业团队的生存和发展直接受制度性环境、基础设施服务、经济环境、社会环境、市场环境、资源环境等多种外部环境要素的影响。这些外部环境要素从宏观上间接地影响着创业团队的组建。

第二节　管理创业团队

商业创新团队关键资源的形成机制

一、成功团队的基本特征

（一）共同的创业信念和清晰的目标

这是一个成功团队的基本要求。共同的创业信念和清晰的目标决定着创业团队的性质、宗旨和任何获取创业的回报，并且关系到创业的目标和行为准则。这些准则指导着团队成员如何工作和如何取得成功。

（二）相互团结和信任

成员间的团结和信任可以说是所有完美团队的共同特性。只有这样，所有的人才能在分派任务、设定计划、职权划分、相互沟通和协同工作时保持足够的尊重和信任。

（三）知识技能的互补

任何一个团队在技术上都会有他们的强项和弱项。一般较大的团队里不是每个成员都能熟练精通所有的技术，但关键在于能够找准合适的位置，并做好人员之间的合理搭配。

（四）团队利益至上

成功靠团队共同推进，团队的利益、团队的目标重于个人的利益和目标。团队成员应能够同甘共苦，每一位成员都应将团队利益置于个人利益之上。

（五）良好的沟通

优秀的团队并不回避不同的意见，而是进行充分的沟通和交流，畅所欲言，最后达成一致。团队成员之间恰当而良好的沟通可以加强内部团结，化解内部矛盾，减少分歧，快速理解其他成员意图，提升团队工作效率与业绩。

（六）灵活的应变能力

一个团队要尽可能地去适应各种各样的与自己团队定位不冲突的任务，并不断地学习和跟踪新技术、新技能和新知识。这样团队的适应性强，可承接的任务范围广，团队的生存能力就更强。

（七）恰当的领导

最胜任团队领导者的不是最强悍的管理者。团队领导者不仅要制定团队的方向，设定工作目标，协调和控制团队内外所有关系、任务和资源，还要能够在团队陷入困境时带领大家走出困境，同时为大家带来丰厚的利益。

（八）外部和内部支持

外部支持就是团队所需要的软硬件资源要到位。内部支持则是团队的人员搭配要合适，各项机制运行要正常。

二、创业团队的管理方法

（一）树立正确的团队理念

1.凝聚力

拥有正确团队理念的成员相信他们处在一个命运共同体中，共享收益、共担风险。团队工作，是一个团队而不是靠个别的“英雄”工作，每个人的工作相互依赖和支持，依靠事业成功来激励每个人。

2.诚实正直

这是有利于顾客、公司和价值创造的行为准则。它排斥纯粹的实用主义或利己主义，拒绝狭隘的个人利益和部门利益。

3.为长远着想

拥有正确团队理念的成员相信他们正在为企业的长远利益工作，正在成就一番事业，而不是把企业当作一个快速致富的工具。没有人打算通过在顺境时加入进来，而在困境出现之前或出现时退而获利，他们追求的是最终的资本回报及带来的成就感，而不是当前的收入水平、地位和待遇。

4.承诺价值创造

拥有正确团队理念的成员承诺为了每个人而使“蛋糕”更大，包括为顾客增加价值，使供应商随着团队成功而获益，为团队的所有支持者和各种利益相关体谋利。

（二）确立明确的团队发展目标

目标在团队组建过程中具有特殊的价值。目标是一种有效的激励因素。如果一个人看清了团队的未来发展目标，并认为随着团队目标的实现，自己可以从中分享到很多利益，那么他就会把这个目标当成是自己的目标，并为实现这个目标而奋斗。对于大学生创业团队而言，虽然团队成员较容易接受团队的共同意愿，但团队成员加入团队的目的却不尽相同，这就需要团队的组织者尽量去统一团队成员的目标。大学生创业团队内部必须要有共同努力的目标和方向，同时应有为共同目标而努力的具体行动纲领和准则。

（三）团队成员形成良好的信任关系

从创业团队的形成过程可以发现，创业团队成员之间是高度相互依赖的，不仅表现在所拥有的资源和技能的互补性，而且在成员分工协作的职能上也是高度相互依赖的。一个成员工作的开展往往离不开其他成员的协作，因此在这种工作关系中，信任显得特别重要。只有在创业伙伴之间建立高度的信任，才能保证创业活动有效地实施。创业团队中还存在高度的风险特征，创业团队的合作和面临的任务都是高风险的，而通过成员之间的高度信任可以减少部分风险。所以，无论是领导型创业团队还是伙伴型创业团队，创业者在选择创业伙伴时都会考察对方的人品和能力是否值得信任，是否为共同创业的合适人选。

（四）创业团队要做到优势互补

一个好的创业团队，应该是一个优势互补的团队。一个表现良好的创业团队通常具有良好的团队互补性。某些团队成员可能偏向技术，某些成员则更加偏向内部经营管理，而某些成员可能强于销售渠道的开拓等。也有可能是思维方式的不同，如有些人更加内省，能够很好地思考自身或公司发生的问题，思考解决问题的办法；有些人则显得外放，能想得更远。

（五）团队要长期学习、知识共享

要保持团队的创造力，团队就要不断学习。创业团队形成一定规模后，企业要发展，必须扩大队伍，会出现原有团队成员退出和新成员加入等各种新情况。在这种情况下要保持团队的创造力，学习就显得非常重要。另外，团队成员的相互沟通、利益的合理分配、工作绩效评估、团队调整等也左右着创业团队的发展，大学生创业团队中每个成员在完成自身的工作中必须依靠他人来获得信息、资源以及必要的支持。每个成员必须通过分享资源和共享知识来协调完成他们各自的各项工作。在有良好的外部环境的情况下，大学生创业团队内部的所有成员之间都保持基本的合作博弈状况，成员之间也就能够顺畅地进行知识共享。

（六）建立责权利统一的团队管理机制

第一，创业团队内部需要妥善处理各种权益关系。在创业团队运行过程中，团队要确定谁适合从事何种关键任务和谁对关键任务承担什么责任，以使能力和责任的重复最小化。要妥善处理创业团队内部的利益关系，就要设计好新创企业的报酬体系。一个新创企业的报酬体系不仅包括诸如股权、工资、奖金等金钱报酬，而且包括个人成长机会和提高相关技能等方面的因素。每个团队成员所看重的并不一致，这取决于个人的价值观、奋斗目标和抱负。有些人追求的是长远的资本收益，而另一些人不想考虑那么远，只关心短期收入和职业安全。由于新创企业的报酬体系十分重要，而且在创业早期阶段财力有限，因此创业者要认真研究和设计整个企业生命周期的报酬体系，以使之具有吸引力，并且使报酬水平不受贡献水平的变化和人员增加的限制，即能够保证按贡献付酬和不因人员增加而降低报酬水平。

第二，制定创业团队的管理规则。要处理好团队成员之间的权益关系，创业团队必须制定相关的管理规则。团队创业管理规则的制定，要有前瞻性和可操作性，要遵循先粗后细、由近及远、逐次到位的原则，这样有利于维持管理规则的相对稳定，而规则的稳定有利于团队的稳定。

思维导图

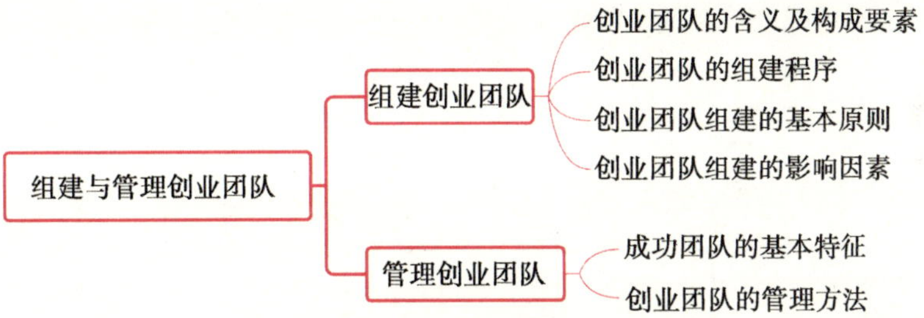

图 7-1　本章思维导图

项目实训

测评：你是否有团队精神？

坐在你办公桌对面的一个同事很有才华，但是不拘小节、性格孤僻，也不合群。这次单位派你组织集体游玩活动，到了旅游景点，大家有说有笑、三五成群地走，唯独他一个人溜边儿，没有人搭理。看到这个情况，你会：

A.既然是出来玩，怎么高兴怎么玩，不用管他。

B.发动几位同事照顾一下他，带着他一起玩。

C.心想：他让人扫兴，类似的活动他不来更好。

测评结果分析:

选A的:属于单打独斗型,独立作战可以,带兵打仗不成。这样的人不适合做创业团队的领导者。

选B的:有宽容的心,有细致的心,有带领团队一起作战的领导才能,属情感智商高的类型。这是创业型人才所必备的品格之一。

选C的:比较偏激,眼里容不下沙子,对人要求很苛刻,不适合做团队领导者。

这道题是测试一个人是否具有团队精神及是否具有领导才能的。创业,总是需要各种人才,而各类人才不都是十全十美的,有很多有才华的人甚至有各种怪癖。从你是否能团结他、容忍他、调动他,便能看出你是否具备领导团队作战的领导能力以及是否具有团队意识。

第八章 撰写创业计划书

学习目标

1. 了解创业计划书的作用、类型。

2. 掌握创业计划书的内容,并能够撰写创业计划书。

案例导入

李某是某大学大四学生,2014 年与同学古某一起考研复习。古某每当因为遇到难题不会解答时,就会上网搜索,但常常找不到答案。各大考研资料社区大多是文本材料下载,没有题库搜索能力;论坛发问,得到的答案却不权威……

古某和李某灵光一闪:能不能做一个大学生的学习问答社区,方便大家在考研、英语四六级考试,乃至各种考证的过程中实现互助学习?

"边学边问"应运而生。他们开发的这款 APP,是针对大学生群体打造的问答平台,使用者可以将问题发到 APP,由系统、网上高手或老师给出解答过程和思路。同时,还可以为用户提供高质量的考试考证经验、课程视频、学习笔记等干货内容,以及周边院校的讲座、选课指南及老师在线课程等。同时,APP 附加社交功能,设有"学霸圈""留学圈""四六级圈"等多个圈子,供大学生"扎堆"。

2015 年 1 月考研结束后,李某、古某正式开始创业。

李某回忆,创业初期,他们没有贸然开始 APP 开发,而是进行充分的市场调研。他们将市面上可以找到的所有问答类 APP,都下载到手机上试用,最后选择了 5 个进行详细"解剖",逐一分析各自的优劣。一个月后,他们决定在采用文字录入模式的同时,加入一键拍照的方法,采取图像识别技术,从图片中提取文字，再匹配题库。

2015年1月中旬，项目团队正式入驻光谷创业咖啡，准备参加2015年首场青桐汇路演，路演时间5分钟。

为了准备路演，他们特地撰写了创业计划书并制作PPT，并在光谷创业咖啡工作人员指点下，对PPT进行了三次大改。

2015年1月24日，古某登上路演舞台，由于创业"角度刁"、项目特点突出，当场就有投资人表达了投资意向。

（节选改编自崔梦欣、李豫绮、李正兴：《考研复习发现商机　大学生开发APP获300万投资》，《武汉晚报》2015年3月16日第21版）

第一节　创业计划书概述

一、创业计划书的含义

创业计划书是创业者计划创立的业务的书面摘要。它用以描述与拟创办企业相关的内外部环境条件和要素特点，为业务的发展提供指示图和衡量业务进展情况的标准。

创业计划书是一个沟通工具，它可以告诉其他人企业想要完成的目标是什么以及企业实现目标的过程和方法是怎样的。创业计划书是衡量实际和预期收益差距的基础，将使创业者获益匪浅。

二、创业计划书的作用

第一，能帮助创业者理清思路，做出正确评价。在使用创业计划前，创业计划首先应该是给创业者自己看的。因此，创业者应该以认真的态度对自己所有的资源、已知的市场情况和初步的竞争策略做尽可能详尽的分析，并提出一个初步的行动计划，做到心中有数。另外，创业计划书还是创业资金准备和风险分析的必要手段。对初创的风险企业来说，创业计划的作用尤为重要，一个酝酿中的项目往往很模糊，通过撰写创业计划书，把正反理由都书写下来，然后再逐条推敲，创业者就能对这一项目有更加清晰的认识。

第二，能帮助创业者凝聚人心，有效管理。一份完美的创业计划书可以增强创业者的自信，使创业者明显感到更容易对企业进行控制，对经营更有把握。因为创业计划书提供了企业的全部现状和未来发展方向，也为企业提供了良好的效益评价体系和管理监控指标，使得创业者在创业实践中有章可循。创业计划书通过描绘新创企业的发展前景和成长潜力，并明确要从事的项目和活动，从而使大家了解自己将要充当什么角色、完成什么工作，以及是否胜任这些工作。因此，创业计划书对于创业者吸引所需要的人力资源、凝聚人心，具有重要作用。

第三，帮助创业者对外宣传。创业计划书作为一份全方位的项目计划，它是对即将展开的创业项目进行可行性分析的过程，也在向外宣传拟建的企业及其经营方式，包括企业的产品、营销、市场，以及人员、制度、管理等各个方面。在一定程度上，它也是拟建企业对外进行宣传和包装的文件。

知识拓展

“挑战杯”全国大学生系列竞赛是由共青团中央、中国科协、教育部和全国学联共同主办的全国性的大学生课外学术实践竞赛。“挑战杯”竞赛活动展示了我国各高校的育人成果，推动了高校学生与社会之间的交流与合作，已成为高校学生课外科技文化活动中的一项主导性活动，越来越受到广大学生的欢迎和各高等院校的重视，在社会上产生广泛而良好的影响，成为促进高校科技成果向现实生产力转化的有效方式。“挑战杯”竞赛在中国共有两个并列项目，一个是“挑战杯”中国大学生创业计划竞赛，另一个是“挑战杯”全国大学生课外学术科技作品竞赛。这两个项目的全国竞赛交叉轮流开展，每个项目每两年举办一届。

三、创业计划书的类型

创业计划书的类型可以从撰写目的以及篇幅的长短加以划分，大致可以分成以下几种类型：

（一）争取风险资金投入的计划书

这一类计划书主要针对投资者，特别是风险投资者。争取风险资金投入是创业计划书最主要的目的。风险投资主要投向以高新技术为基础的技术密集型项目。风险资本的主要来源是养老基金、保险公司、商业银行、投资银行、大公司、大学捐赠基金、有雄厚资金的个人及家族等。在融资阶段，风险投资者最关心的是：项目是否有足够大的市场容量和较强的持续盈利能力？是否有一个完善、务实和可操作的项目实施计划？是否完全具备成功实施项目素质能力的管理团队并且具备项目运营的成功保证。因此，撰写争取风险资金投入的计划书必须注意以投资者需求为出发点，让投资者对投资项目的运作和效果心中有数，这样才能吸引其投资。

（二）吸引人才加盟的计划书

这一类计划书主要针对新创企业必需的优秀人才。创业融资固然重要，但资金和技术跟着人才走，人才资源才是第一资源。为了吸引优秀人才加入创业团队，计划书不仅要清晰地阐明企业的商业模式和未来发展规划，更要对如何吸纳新的合作伙伴、如何针对这些合作伙伴分配利益和权限做出说明，如采取技术入股、干股、期股等方式，在更大的范围内寻找创业伙伴。

（三）争取政府支持的计划书

针对大学生创业，各级政府都有一系列的支持政策。为了得到政府的政策支持，创业者必须研究、编制、提供一份创业计划书。计划书应当强调企业的项目投资可行性，尤其要着重突出企业的社会收益和生态效益。只有当项目有利于经济社会发展、符合国家鼓励发展的产业方向时，才有可能获得政府的人才引进奖励、低息贷款、税收优惠等政策支持。编制这类计划书，必须认真吃透国家的宏观经济政策，瞄准产业结构调整的主方向，以创新促进创业，加快转变经济发展方式。

（四）争取合作伙伴的计划书

这类计划书主要是针对企业大型客户群体、原材料供应商、行业协会等可能合作的对象。在创业过程中，有效的合作关系对创业者的帮助是非常大的。为了有效获得这些合作关系，在必要的时候，创业者也往往需要向合作伙伴提交计划书，阐明自身的优劣势以及双方进一步发展合作关系的有利之处。基于这一要求，计划书就要有针对性地提出具体的合作方案以及合作双方可能获取的利益。

（五）略式计划书

略式计划书是一种比较简明、短小的计划，它包括企业的重要信息、发展方向以及少部分重要的辅助性材料。略式计划书的篇幅通常有 10～15 页，关键问题点到为止，给予扼要切实的回答就行。大学生准备创业可以先编制略式计划书，寻找有意向的合作者，以便为撰写详尽的计划书进行必要的分析准备工作。

（六）详式计划书

详式计划书要求创业者能够对整个创业思想做一个比较全面的阐述，尤其能够对计划中关键部分进行较详细的论述。它主要面向企业内部读者，是企业经营的蓝图。详式计划书篇幅一般有 30～40 页，并附有 10～20 页的辅助文件，其最大特点在于涵盖大量细节信息。

详式计划书是建立在一系列的假设基础之上，而这些假设又都是以编制者对现状的理解为前提的。一旦主客观情况发生改变，计划就不得不随之改变。

这种情况下，详式计划书反而是个累赘，既花费精力，又限制了企业应变。所以，开始创业的大学生还是先编制略式计划书为好。

第二节　撰写创业计划书

创业计划书

一、创业计划书的基本内容

（一）封面

封面的设计要有审美观和艺术性。一个好的封面会使投资商产生最初的好感，形成良好的第一印象。封面一般包括的内容有：①公司名称；②公司地址；③联系方式（电话、电子邮箱）；④公司网址；⑤法人代表；⑥保密须知（如有需要时可以具体说明）；等等。

（二）计划摘要

计划摘要应该浓缩了创业计划书的精华。一般来说，计划摘要涵盖了计划的要点，一目了然，让投资商可在最短的时间内评审计划，并做出判断。计划摘要一般包括以下内容：①公司介绍；②管理者及团队成员的优势背景；③主要产品和业务范围；④投资事业项目或产品的背景与特性说明；⑤市场规模与预期占有率；⑥拥有的核心竞争优势；⑦营销策略；⑧销售计划；⑨生产管理计划；⑩财务计划；⑪资金需求状况；等等。

摘要要尽量简明、生动，不要长篇大论。要把你所创立企业的不同之处和企业获取成功的市场因素展现出来。

（三）公司介绍

这部分的目的不是描述整个计划，也不是提供另外一个概要，而是对公司做出介绍。因此，公司介绍的重点是公司理念和公司的战略目标，要让投资商对他们所投资的公司有一个大概的了解。

（四）产品（服务）分析

产品（服务）分析应该包括以下内容：产品的概念、性能及特性，主要产品介绍，产品的市场竞争力，产品的研究和开发过程，发展新产品的计划和成本分析，产品的市场前景预测，产品的品牌和专利，等等。

产品（服务）分析要指出：你的产品或者服务到底是什么，有什么特色？能带给客户什么利益？如果产品或服务是创新、独特的，如何使人想买？如果产品或服务并不特别，为什么别人要买？在产品（服务）分析部分，创业者要对产品（服务）做出详细的说明。说明要准确，也要通俗易懂，使不是专业人员的投资商也能明白。一般情况下，还要附上产品原型、照片或其他介绍。

(五)行业分析

行业分析就是正确评价所选行业的基本特点、竞争状况以及未来的发展趋势等内容。关于行业分析的基本问题有以下几个方面：

(1)该行业发展程度如何？现在的发展动态如何？

(2)创新和技术进步在该行业扮演着一个怎样的角色？

(3)该行业的总销售额有多少？总收入为多少？发展趋势怎样？

(4)价格趋向如何？

(5)经济发展对该行业的影响程度如何？政府是如何影响该行业的？

(6)什么因素决定着它的发展？

(7)竞争的本质是什么？你将采取什么样的战略？

(8)进入该行业的障碍是什么？你将如何克服？该行业一般的回报率有多少？

(六)竞争分析

准备要创业或要进入一个新市场时，当然要先做竞争分析。竞争有时是来自直接的竞争者，有时是来自其他的行业，因此当一个新竞争者进入你所经营的市场时要做竞争分析。竞争分析可以从5个方向进行：

(1)谁是最接近的竞争者？

(2)他们的业务如何？

(3)你和他们业务相似的程度如何？

(4)你从他们那里学到什么？

(5)你如何做得比他们好？

(七)人员和组织结构

在企业的生产活动中存在人力资源管理、技术管理、财务管理、作业管理、产品管理等，而人力资源管理是其中最重要的一个环节。作为创业者，一定要考虑以下几个问题：

(1)现在、半年内、未来3年内的人事需求各是什么？

(2)还需要引进哪些专业技术人才？

(3)有专业技术的人在哪里？

(4)是需要全职的，还是非全职的人？

(5)薪水是按月薪还是时薪结算？

(6)所提供福利有哪些？

(7)有没有加班费？

对于任何企业来说，人才都是最宝贵的资源。在创业计划书中，你还要对主要管理人员加以阐明，介绍他们所具有的能力、他们在本企业中的职务和责任、他们过去的详细经历和背景。此外，还应对公司的结构做一些简要介绍，包括公司的组织结构、各部门的功能与责任、各部门的负责人和主要成员、公司的报酬体系、公司的股东名单、公司的董事会成员、各位董事的背景资料等。

（八）团队管理

创业计划书中要明确以下团队管理的相关事宜：

（1）自己的弱势是什么，创业团队之间如何互补？

（2）创业团队之间的强弱势，彼此间职务及责任如何分工？

（3）职责是否界定明确？

（4）除了团队本身是否有其他资源可分配和取得？

你要知道，中小企业经营失败98%是由于管理的缺失。对此，你要有深刻的认识。你一定要做好充分的准备工作，以应对投资商的“刁难”。

（九）市场预测

市场预测就是预测你的产品要卖给谁。先界定：目标市场在哪里？客户是几岁到几岁的年龄层？是在既有的市场去服务既有的客户，还是在既有市场去开发新客户？是在新市场去服务既有客户，还是在新市场去开发新客户？

不同的市场、不同的客户都有不同的营销方式。因此，在做创业计划书时，你就要知道以下几个问题：

（1）真正的客户在哪里？

（2）产品对客户有什么样的利益？

（3）要用哪种营销方式？

（4）通路是直销还是要找经销商？

（十）营销策略

营销策略不当是企业经营失败的最主要原因之一。在创业计划书中，营销策略应包括：①市场机构和营销渠道的选择；②营销队伍和管理；③促销计划和广告策略；④价格决策。

具体来说，你要说明：①你的产品定位和品牌策略；②现在和未来5年内的营销策略，包括销售和促销的方式、销售通路和销售点的设置方式、产品定价策略、不同销售量水平下的定价方法以及广告和销售计划的各项成本；③顾客服务体系建制构想和顾客关系管理的运作方式；等等。

（十一）制造计划

你要在创业计划书中详细提到产品制造计划。例如：

(1)建厂计划,包括厂房地点、设计和所需时间与成本。

(2)制造流程、生产方法、质量管理方法及制造设备的需求。

(3)物料需求结构,原料、零组件来源和成本管理,委托外制与外包管理情形。

(4)产品各项固定成本与变动成本的说明及详细生产成本的预估。

(5)生产计划,包括自制率、良品率、开工率、人力需求等。

(十二)财务规划

财务规划是指为了达到财务安全的目标,为将来而设计但现在就开始执行的一系列财务对策。科学的规划可以让创业者顺利地达成各项财务目标。能否获得预期收益、怎样获得创业资本、如何运用所获资本、怎样建立财务内部控制制度、如何核算经营成果和财务状况、怎样避免风险等问题都会不约而同地出现在创业者面前。

财务规划一般包括以下内容,其中重点是现金流量表、资产负债表及损益表的制备:

(1)流动资金。这是企业的生命线,因此企业在初创或扩张时,对流动资金需要预先有周详的计划和进行过程中的严格控制。

(2)资产负债表。它反映在某一时刻的企业状况,投资者可以用资产负债表中的数据来衡量企业的经营状况,以及可能的投资回报率。

(3)损益表。它反映的是企业的盈利状况,是企业在一段时间运作后的经营结果。

(十三)融资说明

创业者要从企业的自身发展出发,说明对于未来 3 年内资金的需求及如何满足这些资金需求,可能来源包括募资、借贷、信用融资等。

创业者还要说明这次融资的资金需求、获利保障或限制条款;说明这次融资前后的股权结构变化,也需要指出一些关键投资人和经营团队在融资前后的股权数量变化情形;说明这次融资的使用计划,应尽量明确指出资金的具体用途;说明这次融资未来可能的投资报酬,包括回收方式、时机及获利情形。

(十四)风险管理

经营企业会有一定的风险。在创业计划书中对风险进行分析,就是为了确认投资计划可能存在的风险,并以数据方式衡量风险对投资计划的影响,目的是向投资商说明风险的对应策略。

具体来说,创业者有义务告诉投资商,自己的企业在市场、竞争和技术方面都有哪些基本的风险,准备怎样应付这些风险,在最好和最坏情形下自己的 5 年计划表现如何,等等。

如果风险估计不那么准确,应该估计出误差范围到底有多大。如果可能的话,对关键性参数做最好和最坏的设定。

(十五)结论

这部分就是综合前面的分析和计划,最终说明创业者所创立的企业的整体竞争优势,指出整个创业计划的利益所在,并再次强调投资商投资企业所能够得到的远大前景。

(十六)证明资料

在创业计划书中,还要列出一些证明资料。比如,能够证实前述各项计划的数据,详细的制造流程与技术方面的数据,各种具有公信力来源的佐证资料,创业者详细的经历和自传,等等。

当然,我们在编制创业计划书时,可以根据具体情况进行安排,有些内容可以整合,一般以7~10个部分为宜。

二、撰写创业计划书的基本步骤

(一)准备阶段

创业计划书的撰写涉及内容较多,因而制订创业计划前必须进行周密安排,主要有以下一些准备工作:

(1)确定创业计划的目的与宗旨。

(2)制订创业计划的撰写计划。

(3)确定创业计划的种类与总体框架。

(4)制订创业计划撰写的日程安排与人员分工。

(二)资料准备阶段

以创业计划总体框架为指导,针对创业目的与宗旨,收集内部与外部资料。包括创业企业所在行业的发展趋势、产品市场信息、产品测试、实验资料、竞争对手信息、同类企业组织机构状况、行业同类企业财务报表等。资料调查有实地调查与收集二手资料两种方法。实地调查可以得到创业所需的一手真实资料,但时间及费用耗费较大;收集二手资料较易,但可靠性较差。创业者可根据需要灵活采用资料调查方法。

(三)创业计划的形成

创业计划形成阶段要完成以下任务:

(1)拟定创业执行纲要。

(2)草拟初步创业计划。依据创业执行纲要,对创业企业的市场竞争及销售、组织与管理、技术与工艺、财务计划、融资方案及风险分析等内容进行全面编写，初步形成较为完整的创业计划方案。

（四）修改完善阶段

创业计划小组在这一阶段对创业计划进行广泛调查并征求多方意见，进而提出一份较为满意的创业计划方案。

（五）创业计划书定稿

最后定稿，并印制成正式创业计划书的文本，通过图表说明创业计划书的基本框架。

三、撰写创业计划书应该注意的问题

（一）实施要点

创业计划的实施不是“纸上谈兵”，也不是参加比赛，市场和客户才是评委，在创业计划实施中既要胆大又要心细。具体应做到以下几点：

（1）制订行动方案，明确第一步怎么走。客户需要什么产品？如何组织生产？先投放哪个市场？现金够不够？

（2）激励团队。给团队美好的愿景，统一目标，激励团队渡过开头难关。

（3）协调关系。与第一批合作伙伴、首个风险投资家协调好关系。

（4）着重营销。第一个客户往往需要创业者自己取得，初创期创业者需要把重心放在营销上，拥有第一批客户才是生存的关键。

（二）评价要素

创业计划书的评价，一般有第一方、第二方及第三方评价。第一方为创业者，主要判定制订的创业计划是否具有吸引力或实施操作性。第二方为资源提供方，包括风险投资者、一般投资人及管理者和员工等。第三方为独立于计划制订及使用方的咨询机构，受人委托对创业计划进行公正性评价。

创业计划书的评价要素一般包含：①创业计划报告的完整性；②方案的可行性；③方案技术含量或创新性；④经济效益性；⑤资金筹措方案合理性；⑥市场前景。

（三）创业计划的评价标准

创业计划书的评价标准，视不同使用人的目标而有所不同。在此主要以创业风险基金或投资人角度按百分制给出一个参考标准：

（1）摘要（10 分）：简洁明了，突出重点，语言有感染力，内容有吸引力。

（2）创业公司（5 分）：明确企业性质、背景、现状和所有权，具有创业理念和战略目标。

(3)产品服务(10 分):产品描述清楚,说明了产品的商业价值、产品与客户需求、产品开发能力。

(4)市场分析与营销策略(10 分):包含 STP 和 4P 营销理论。

(5)生产管理(10 分):包含生产计划。

(6)管理团队(10 分):介绍关键管理员、组织结构、角色分配、管理职责等。

(7)财务分析(10 分);损益表、资产负债表、现金流量表等齐全,而且有理有据。

(8)融资回报(10 分):介绍利益分配、投资回收和退出战略。

(9)可行性(20 分):包含市场机会、竞争优势、管理能力、财务预算和投资潜力 5 个方面分析的可行性。

(10)计划书写作(5 分):简洁明了,不冗余。

四、展示创业计划书

(一)制作创业计划书的 PPT

制作创业计划书的 PPT 是一个研究的过程,而不是拼命地堆积资料的过程,所以在未深入了解项目之前,切莫急于动手。制作创业计划书的 PPT 的步骤如下:

1.经验学习

初创企业的创业者并没有编写创业计划书的经验,此时可以先搜集一些较为成功的商业计划书范文、模板及相关资料。在研究这些资料所包含的内容、结构和写作手法后,汲取其中的精华,理清自己写作的思路。

2.创业构思

一个成功的企业源于一个优秀的企业构思。如果构思不正确,企业后期将经营困难,甚至破产倒闭。因此,成熟的创业者应具有较为完整的创业构思,单纯地“东施效颦”,只是看别人的生意好就跟着学,容易导致失败。创业者在进行创业构思时,要冷静分析、谨慎决策,考虑多方面的问题。如:企业的名称是什么?怎么寻找合适的创业模式?企业的产品(服务)如何?怎样找到投资者?怎样处理可能遇到的各种问题?

3.市场调研

市场调研就是市场需求调查,通过运用科学的方法,有目的、有计划地收集、整理、分析有关供求、资源的各种情报、信息和资料。总之,市场调研是展现现有市场和预测未来发展趋势的调研活动,它为创业者制作营销策略和企业决策提供了正确、有效的依据。

4.方案起草

收集到足够的信息后,创业者即可开始起草创业计划书。由于创业计划书中包含的内容众多,创业者在计划时要明确各个部分的作用,做到有的放矢。创业者可以制订一个任务表,在表格中将需要完成的各项任务细化出来,标明其先后顺序、负责人等。同时,在撰写创业计划书的过程中,创业者还需咨询律师或顾问的意见,确保计划书中的文字和内容没有歧义,不会发生误解。

5.修饰

在撰写创业计划书的过程中,要注意控制篇幅。简要的创业计划书一般为4~10页,全面翔实的创业计划书一般在40页以内。创业计划书的封面要简洁有新意,包含项目或企业名称、地址、联系方式等。封面的纸质要坚硬耐磨,尽量使用彩色纸张,以增加文件的外观吸引力,但颜色不要过于耀眼。计划书装订要精致,要按照资料的顺序进行排列,并提供目录和页码,最后还要附上计划书中支持材料的复印件。

6.检查

对创业计划书文本和内容进行检查,以保证计划书的正确和美观。对文本进行检查时,主要是查看文字描述、语言措辞、数据运算等是否准确,表格图形、资料引用、模型格式、数据处理等是否存在不合理,格式排版是否美观。内容检查则是从阅读者的角度进行审视,对创业计划书所反映的内容的完整性、科学性和合理性等进行核查。

(二)创业计划书的演示技巧

1.演示前

在准备过程中,需要做好如下几点:

(1)准备好演示所需的所有数据。

(2)组织好所有信息。

(3)了解投资人的关注点。

2.演示时

在演示过程中,要注意如下几点:

(1)演示时的准备动作。预先整理好自己的想法,不要去想那些会干扰你的消极信息。站姿、手部动作都要大方得体,双手千万不要交叉。跟观众要有充分的目光交流,把演示台当作自己的主场,目光要和善、从容。

(2)开场白。你可以直奔主题,自信、大方、热情地充分展示 PPT 上的内容。也可以用趣味性的语言开场,先简单叙述一个故事。语调要沉稳,咬字要清楚。

(3)与大家互动。一定要相信自己,有足够的自信。要觉得自己就是个成功者,一上场就能吸引他们的目光,一定能拿到投资。同时,也要注意主动地与投资者产生互动,并吸引投资者积极参与进来。要设身处地、将心比心,站在投资者的角度看待问题、想事情,让对方感觉到被尊重。

(4)用必要的手势强调重点。在演示中,你可以使用你的肢体语言。运用肢体语言时,表情要带有情感,激发与投资者的多渠道互动。同时,适时地总结你的观点,提醒投资者注意什么是重点。

3.演示完

演示完毕,需要注意以下几点:

(1)了解投资者的疑惑。

(2)时刻保持积极的态度。

(3)切忌与投资者争辩。

思维导图

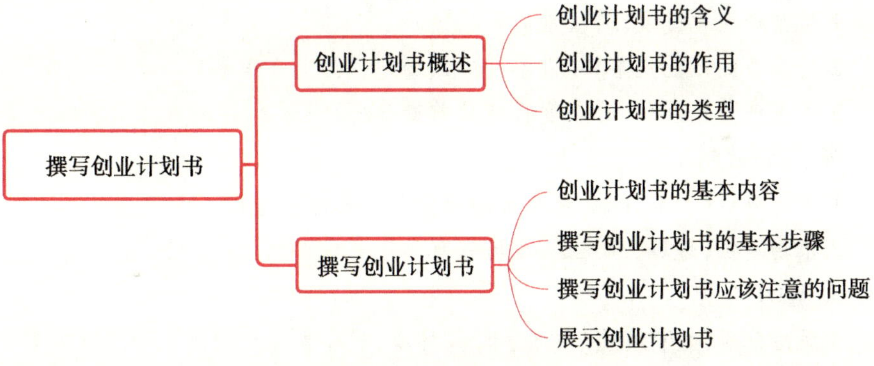

图 8-1　本章思维导图

项目实训

制作创业计划书

请选择一个创意项目制作创业计划书。“互联网+”大学生创新创业大赛项目计划书模板如下:

项目名称:

项目类型:

团队成员:

指导教师:

申报日期:

一、项目概述(800 字以内)

从市场分析及定位、产品介绍、商业模式、营销策略、财务分析、团队介绍、其他说明等方面阐述。

二、公司简介

1.公司概述(包括公司 logo 的介绍以及公司的经营理念等)

2.公司现状

3.发展规划

三、产品与研发

1.产品/服务介绍

2.产品/服务特色优势(新颖性、先进性和独特性,竞争优势)

3.技术研发水平

4.知识产权情况

四、产业化程度(已注册企业填写)

1.目前产业化进展(阶段性成果描述)

2.已具备的产业化条件(设备、技术、场地、人才、合作等)

3.未来产业化进程(分年度目标及前景分析)

五、市场营销

1.市场分析(行业背景、现有市场规模及增长趋势等)

2.市场定位(地域、产业链、市场占有率等分析)

3.SWOT 分析

4.风险分析(分析资金、技术、市场、环境、管理等存在的风险和规避方案)

5.营销策略

6.盈利方式

7.市场预测

六、发展战略

企业愿景及 3 年规划目标(产品开发、技术提升、市场开拓、技术人才引进、平台建设、跨地域分布、产业链组建、研发/产业化项目里程碑等)。

七、商业模式

八、财务分析

1.未来 3 年营收预测表

2.未来 3 年费用预测表

九、融资说明

1.项目总投入(目前项目已有的总投资,项目未来 1 年的融资计划及进展预

测）

2.资金用途（资金分阶段使用计划及用途）

3.资产估值（有形资产估值、无形资产估值及估值计算方法）

十、团队介绍

1.团队核心成员介绍

2.公司组织结构及人力资源配置

十一、项目其他附件材料

附件材料包括：专利证书、著作、政府批文、鉴定材料、营业执照复印件等。

第九章 新企业的创办与管理

学习目标

1.知道创办企业的流程。

2.学会撰写企业章程。

3.掌握企业管理的技巧。

案例导入

在2016年12月和2017年2月,郭彪的两名大学同窗因为健康问题相继离世。同窗的离开让他难过,也让他开始对生命有了全新的思考和认识。"那件事对我的触动很大,并引发了我对大健康产业的关注。于是我决定以归零的心态跨界到新的领域再次创业。"讲到这里,郭彪正了正眼镜,语气变得平缓起来。

或许是机缘巧合,郭彪的合伙人正好拿到一个与健康相关的项目,主要做欧洲EMS设备大中华区的销售代理。但他的合伙人告诉他,这个项目做了一段时间后,即便它的训练模式得到了用户的普遍认可,但在中国市场上的销售却并不尽如人意。

合伙人娓娓道来,把问题全盘讲给郭彪听,希望从他那里获得一些启示。

出于对项目的好奇,经过一番调研后,郭彪找到了"叫好不叫卖"的原因。

一是EMS设备的价格太贵,远远超出了老百姓的消费能力范围;二是该设备存在很多问题,比如使用前准备烦琐、实际穿戴不便捷、使用场地受限、脉冲体验不佳等,这与更偏爱于使用便捷与场景多样化产品的国人习惯相背离。

经过半年的摸索、分析，郭彪得出了一个结论性判断：中国的 EMS 市场尚处于早期阶段，基于欧洲的 EMS 产品做销售代理的商业逻辑在中国市场上很难走得通。为了“破冰”，他决定与合伙人共同组建技术团队，自主研发性能更好、穿戴更便利、价格更亲民的 EMS 智能产品。

有了明确的方向后，2017 年，郭彪创立了上海美亦健健康管理公司。按照他的战略定位，这是一家致力于整合健康产业上下游资源，通过技术研发和应用创新所打造的物联网智能健身服务平台，专门为用户提供随时随地、省时省力的科技健身产品和服务，通过健康数据运营，形成促进人类健康管理的大互联平台。

公司成立以来，引入欧洲最新的 EMS 健身科技，结合中国人的身体特质和习惯进行了全面优化设计，研发出适用于各类场景的 ABCFIT 系列智能穿戴式健身产品，实现了让所有在职场中忙碌的工作人员利用碎片化时间即可高效、便捷、轻松地完成健身训练的目标。公司现已拥有多项软硬件知识产权。

“事实证明，我们的方向没有错。”郭彪表示，几年来，他切身感受到了“黑科技”给他和团队带来的快乐和无限可能。

（节选自金立刚：《用黑科技赋能大健康——访 ABCFIT 创始人郭彪》，《中国商界》2019 年第 11 期，第 104~107 页，略有改动）

第一节　创办新企业

一、企业的含义

企业是自主经营、自负盈亏，依法独立享有民事权利并承担民事责任，从事商品生产和经营活动的经济组织。不同于其他一些生活组织，企业专门从事商品生产和经营，是自主经营、自负盈亏、独立核算的经济组织。企业既要从市场上采购商品（产品或服务），又要在市场上向顾客出售其生产加工的商品（产品或服务），这些经营活动形成了商品流与现金流。在企业经营过程中，企业与供应商（市场）和顾客（市场）的沟通主要就是通过商品流与现金流来完成的。

二、企业的类型

按照不同的分类标准，企业可以有不同的类型。

依据企业从事的领域可把企业分为贸易企业(零售业、批发业),制造企业,服务企业,农、林、牧、渔企业,等等。依据新企业的法律组织形式可以分为个体工商户、个人独资企业、合伙企业、公司制企业(包括有限责任公司、股份有限公司)等。当然现在企业的类型更加多样,比如公益型组织等。

(一)个体工商户

公民在法律允许的范围内,依法经核准登记,从事工商业活动的为个体工商户。个体工商户是新创企业的原始形态。

个体工商户的名称在申请登记管辖机关范围内同一行业中不得重名。个体工商户的名称一般应体现所属行业,由行政区划、字号、行业、组织形式依次组成。

个体工商户可以个人经营,也可以家庭经营。个人经营的,以个人全部财产承担民事责任;家庭经营的,以家庭全部财产承担民事责任。

(二)个人独资企业

个人独资企业,又称个体企业或单一业主制企业,是指依照《中华人民共和国个人独资企业法》(简称《个人独资企业法》),在中国境内设立,由一个自然人投资,财产为投资人个人所有,投资人以其个人财产对企业债务承担无限责任的经营实体。

1.个人独资企业设立的条件

个人独资企业的设立需要满足以下条件:①投资人为一个自然人,而且只能是中国公民。②有合法的企业名称。个人独资企业不能使用“有限”、“有限责任”或“公司”字样。③有投资人申报的出资。设立个人独资企业,投资人可以用货币出资,也可以用实物、土地使用权、知识产权或其他财产权利出资。以个人财产出资或者以其家庭共同财产作为个人出资的,投资人应当在设立登记申请书时予以明确。④有固定的生产经营场所和必要的生产经营条件。⑤有必要的从业人员。

2.个人独资企业的法律特征

个人独资企业是新创企业的一种常见形式,其法律特征是:①在组织结构形式上,个人独资企业是由个人创办的独资企业,其投资者是一个自然人。国家机关、国家授权投资机构或国家授权的部门、企业、事业单位等都不能作为个人独资企业的设立人。②在责任形态上,投资者个人以其个人财产对企业债务承担无限责任。投资人若以家庭共同财产作为个人投资的,以家庭共有财产对企业债务承担无限责任。这是个人独资企业区别于有限责任公司和股份有限公司等企业形式的基本特征。③从性质上看,个人独资企业是非法人企业。个人独资企业没有独立的资产,企业的财产就是投资人的财产,企业的责任就是投资人的责任。因此,个人独资企业无独立承担民事责任的能力。个人独资企业虽然不具备法人资格,但却是独立民事的主体,能够以自己的名义从事民事活动。

3.个人独资企业的经营方式

个人独资企业的经营方式是指经登记机关核准登记的个人独资企业经营活动所采用的方式或方法。这类企业一般规模较小,常见的经营方式有自产自销、代购代销、来料加工、来样加工、来件装配、零售、批发、批零兼营、客运服务、货运服务、代客储运、装卸、修理服务、咨询服务、代理销售、连锁经营等。国家允许个体工商户和私营企业采取的经营方式,个人独资企业均可以采用。

4.个人独资企业可以从事的业务

个人独资企业是私营企业,凡是个体工商户和私营企业可以从事的业务,个人独资企业均可从事;凡是国家禁止个体工商户和私营企业从事的业务、经营的商品,个人独资企业也不得从事和经营。个体工商户和私营企业可以从事的行业有工业、商业、交通运输业、建筑业、饮食服务业、修理业、科技咨询以及文化娱乐业等,个人独资企业也可以从事这些行业。国家有关法律、行政法规规定,个体工商户和私营企业不得从事下列行业:军工业、邮电通信业、铁路运输业、金融保险业等,个人独资企业也不可以从事这些行业。

5.个人独资企业对投资人的限制

根据《个人独资企业法》规定,法官、检察官、警察、公务员、现役军人不能作为个人独资企业投资人。

6.个人独资企业对投资人出资的规定

个人独资企业是无限责任形式的企业,企业投资人不仅要以其出资对企业承担责任,还要以个人的其他财产承担无限责任。《个人独资企业法》规定,设立个人独资企业应当有投资人申报的出资。个人独资企业的出资额由投资人自愿申报,投资人不必向登记机关出具验资证明,登记机关也不审核投资人的出资是否实际缴付。个人独资企业投资人应当在申请设立时明确是以个人财产出资还是以其家庭财产作为个人出资。

(三)合伙企业

合伙企业,又称合伙制企业,是指依照《中华人民共和国合伙企业法》(简称《合伙企业法》)在中国境内设立的,由各合伙人订立合伙协议,共同出资、合伙经营、共享收益、共担风险的普通合伙企业和有限合伙企业。

合伙企业是一种古老而富有生命力的共同经营方式,它以自身的特点和优势大量存在于世界许多国家的诸多行业之中,有许多国际知名的大企业在新创阶段甚至已经成长为大规模企业后都采用了合伙企业的组织形式。我国合伙制企业的数量不如个人独资企业和公司制企业多,一般在广告、商标、咨询、会计师事务所、律师事务所、股票经纪人、零售商业等行业较为常见。这里以普通合伙企业为例：

1.普通合伙企业的法律特征

根据法律规定，普通合伙企业的主要特征有：①合伙企业以合伙协议为成立的法律基础。合伙协议是调整合伙关系、规范合伙人相互权利义务、处理合伙纠纷的基本法律依据，对全体合伙人具有约束力，是合伙企业得以成立的法律基础。②合伙企业须由全体合伙人共同出资、合伙经营。出资是合伙人的基本义务，也是其取得合伙人资格的前提条件。合伙人必须合伙参与经营活动，从事具有经济利益的营业行为。③合伙人共负盈亏、共担风险。普通合伙企业合伙人对合伙企业债务承担无限连带责任。合伙人既可以按其对合伙企业的出资比例分享合伙盈利，也可按合伙人其他办法来分配合伙盈利。当合伙企业财产不足以清偿合伙债务时，合伙人还需要以其他个人财产清偿债务，即承担无限责任，而且任何一个合伙人都有义务清偿全部合伙债务，即承担连带责任。

2.普通合伙企业的设立条件

依据法律规定，新创普通合伙制企业的设立条件是：①有两个以上的合伙人，并且都是依法承担无限责任者。合伙人人数上限没有限定。合伙人只能是自然人，不能是法人。②有书面合伙协议。③有各合伙人认缴或者实际缴付的出资。可以是货币、实物、土地使用权、知识产权或其他财产权利出资，甚至可以用劳务出资。对出资的评估作价可以由合伙人协商确定，也可以由全体合伙人委托法定评估机构评估。④有合伙企业名称（应当标明“普通合伙”字样）和生产有经营场所。⑤法律、行政法规规定的条件。

（四）公司制企业

公司制企业制度又称为现代企业制度，是指适应市场经济要求，以规范和完善的企业法人制度为主体，以有限责任制度为核心的新型企业制度。

1.公司制企业基本特征

创立公司制企业必须遵循严格的法律规范，其法律特征是：①公司是一个由股东出资入股组成的法人团体，具有法人地位，按照一定规章制度成立，拥有独立财产，在其法人财产基础上独立从事经营活动，并能以自己的名义行使权利和承担责任与义务。②所有出资人都只以自己的出资为限，对公司的债务负有有限的清偿责任。即当公司入不敷出、资不抵债时，可以强制企业破产，但不管公司欠债多少，所有出资人都只以其投入企业的资本清偿债务，不再负有超过这一限额的债务清偿责任。当个别股东发生股权转移或其他变动时，不会导致公司的解体，也不会影响企业的运营。因此，公司制企业有较好的存续性。③公司是由一个法人治理机构来统治和管理，即由股东会、董事会和高级经理人员三者组成的机构来管理,三者形成一种合力,同时也形成一定的制衡关系。通过这一形式,股东将自己的资产交由公司董事会托管,公司董事会是公司的常设决策机构,拥有对高级经理人员的聘用、奖惩以及解雇权力。高级经理人员受雇于董事会,组成董事会领导下的执行机构,在董事会的授权范围内经营企业。

2.公司制企业类型

(1)有限责任公司。有限责任公司是指根据《中华人民共和国公司登记管理条例》等规定注册登记,由一定数量的股东共同出资,每个股东以其所认缴的出资额对公司承担有限责任,公司以其全部资产对公司的债务承担责任的企业法人。

有限责任公司内部的法律关系的界定比较清楚,规范起来也比较容易,企业以注册资本对外承担责任,投资者不负连带责任。因而,有限责任公司是多数大学生创业者都乐于采用的组织形式。目前,在我国设立有限责任公司需要符合以下几点条件:①股东人数须符合法律规定。法律规定有限责任公司的股东人数须在 50 人以下,其中包括参与公司设立的原始股东,也包括公司设立后由于资本增加、股权发生变动、公司合并等原因新增加的股东。②有符合公司章程规定的全体股东认缴的出资额。有限责任公司的注册资本为在公司登记机关登记的全体股东认缴的出资额。法律、行政法规以及国务院决定对有限责任公司注册资本实缴、注册资本最低限额另有规定的,从其规定。③股东共同制定公司章程。有限责任公司章程应当载明下列事项:公司名称和住所,公司经营范围,公司注册资本,股东的姓名或者名称,股东的出资方式、出资额和出资时间,公司的机构及其产生办法、职权、议事规则,公司法定代表人,股东会会议认为需要规定的其他事项。股东应当在公司章程上签名、盖章。④有公司名称,建立符合有限责任公司要求的组织机构。⑤有公司住所。

(2)股份有限公司。股份有限公司又称股份公司,是指根据《中华人民共和国公司登记管理条例》等规定登记注册,其全部注册资本由等额股份构成并通过发行股票筹集资本,股东以其所认购的股份对公司承担相应责任,公司以其全部资产对公司债务承担责任的企业法人。

目前,我国股份有限公司设立的条件有以下几点:①发起人数符合法律规定。设立股份有限公司,应当有 2 人以上 200 人以下为发起人,其中须有半数以上的发起人在中国境内有住所。②有符合公司章程规定的全体发起人认购的股本总额或者募集的实收股本总额。③股份发行、筹办事项符合法律规定。发起人认缴和社会公开募集的股本达到法定资本最低额度。④发起人制订公司章程,采用募集方式设立的经创立大会通过。⑤有公司名称,建立符合股份有限公司要求的组织机构。⑥有公司住所。

企业的组织形式无优劣之分，但在企业的规模、成立条件、注册程序、法律责任等方面存在不同。各种企业组织形式的法律形态特征比较如表 9-1 所示。

表 9-1　各种企业法律形态特征比较

	业主数量和注册资本	成立条件	经营特征	利润分配和债务责任
个体工商户	业主是一个人或家庭，无注册资本要求	(1)成立条件简单，业主只要有相应的经营资金和经营场所即可 (2)可以起字号	(1)资产属于私人所有 (2)业主既是所有者又是劳动者和管理者	利润归个人或家庭所有，也分别以个人资产和对家庭财产对企业承担无限责任
个人独资企业	业主是一个人，无注册资本要求	(1)投资人是自然人 (2)有合法的企业名称 (3)有投资人申报的出资 (4)有固定的生产经营场所和必要的生产经营条件 (5)有必要的从业人员	(1)财产为投资人个人所有 (2)业主既是投资人又是经营管理者	(1)利润归个人所有 (2)投资人以其个人资产对企业债务承担无限责任
合伙企业	业主为两个人以上，无注册资本要求	(1)有两个以上合伙人(自然人) (2)有书面合伙协议 (3)有合伙人认缴或者实际缴付的出资 (4)有合伙企业的名称和生产经营场所	依照合伙协议共同出资、合伙经营、共享收益、共担风险	合伙人按照合伙协议分配利润，普通合伙人对企业债务承担无限连带责任，有限合伙人以其认缴的出资额为承担责任
有限责任公司	由 50 个以下的股东组成，无注册资本要求	(1)股东符合法定人数 (2)有符合公司管理规定的全体股东认缴的出资额 (3)股东共同制定公司章程 (4)有公司名称建立符合有限责任公司要求的组织机构 (5)有公司住所	(1)公司设立股东会、董事会和监事会 (2)由股东会聘请职业经理管理公司经营业务	(1)股东按出资比例或按全体股东约定的比例分配利润 (2)以出资额为限承担有限责任

三、新企业注册流程与要求

根据法律规定，企业开办之初需要经过市场监督管理部门核准登记，获得正式颁发的营业执照以及有关部门的经营许可，取得合法身份。为此，就需要进行名称核准、前置审批、申领营业执照、备案刻章并且开立银行账户。

2016 年 6 月 30 日，国务院办公厅发布了《关于加快推进“五证合一、一照一码”登记制度改革的通知》。从 2016 年 10 月 1 日起，“五证合一”“一照一码”登记制度在全国范围内实施，各地在原有的工商营业执照、组织机构代码证、税务登记证“三证合一”改革基础上，整合社会保险登记证和统计登记证，推进“五证合一”改革。2018 年 1 月 1 日起，全面废除旧版营业执照，全面实行新版“五证合一”执照。“五证合一”后，企业注册程序大大简化，效率大幅度提高。

值得一提的是，2013 年《公司法》修订时，取消了原来的一般性验资要求，但仍然规定以募集方式设立的股份有限公司的注册资本应当经过验资机构验资。

企业注册流程中需要注意的事项主要有以下几个：

（一）新企业名称的规定

企业名称由行政区划、字号、行业、组织形式依次组成。如北京安平融信会计服务有限责任公司。

个人独资企业的名称应当符合名称登记管理有关规定，并与其责任形式及从事的营业相符合。个人独资企业的名称中不得使用“有限”、“有限责任”或者“公司”字样。

合伙企业名称中的组织形式后应当标明“普通合伙”、“特殊普通合伙”或者“有限合伙”字样，并符合国家有关企业名称登记管理的规定。

有限责任公司，必须在公司名称中标明“有限责任公司”或者“有限公司”字样。股份有限公司，必须在公司名称中标明“股份有限公司”或者“股份公司字”样。

农民专业合作社的名称应当含有“专业合作社”字样，并符合国家有关企业名称登记管理的规定。

（二）前置审批事项

有些企业在办理营业执照前还需要先取得特定部门办理的许可证，办理前置审批事宜。如设立烟草专卖批发企业需要事先拿到国家烟草专卖局或省级烟草专卖行政主管部门核发的许可证；经营快递业务的企业，在申领营业执照前需要先得到国家邮政局或省级邮政管理机构颁发的经营许可，等等。关于前置审批的相关规定可参照 2015 年发布的《工商总局关于严格落实先照后证改革　严格执行工商登记前置审批事项的通知》。

（三）编写相关的注册文件

在企业名称核准之后，申请人还应当按照企业登记法律、行政法规和国家市场监督管理总局规章的规定提交有关材料。如合伙协议、公司章程等。

1.合伙协议的编写

合伙协议依法由全体合伙人协商一致、以书面形式订立。订立合伙协议、设立合伙企业，应当遵循自愿、平等、公平、诚实信用原则。

合伙协议应当载明下列事项：①合伙企业的名称和主要经营场所的地点；②合伙目的和合伙经营范围；③合伙人的姓名或者名称、住所；④合伙人的出资方式、数额和缴付期限；⑤利润分配、亏损分担方式；⑥合伙事务的执行；⑦入伙与退伙；⑧争议解决办法；⑨合伙企业的解散与清算；⑩违约责任。

有限合伙企业的合伙协议，除以上内容外，还应当载明下列事项：①普通合伙人和有限合伙人的姓名或者名称、住所；②执行事务合伙人应具备的条件和选择程序；③执行事务合伙人权限与违约处理办法；④执行事务合伙人的除名条件和更换程序；⑤有限合伙人入伙、退伙的条件、程序以及相关责任；⑥有限合伙人和普通合伙人相互转变程序。有限合伙人可以用货币、实物、知识产权、土地使用权或者其他财产权利作价出资，但不得以劳务出资。

合伙协议经全体合伙人签名、盖章后生效。合伙人按照合伙协议享有权利，履行义务。修改或者补充合伙协议，应当经全体合伙人一致同意；但是，合伙协议另有约定的除外。合伙协议未约定或者约定不明确的事项，由合伙人协商决定；协商不成的，依照《合伙企业法》和其他有关法律、行政法规的规定处理。

2.公司章程的编写

有限责任公司章程应当载明下列事项：①公司名称和住所；②公司经营范围；③公司注册资本；④股东的姓名或者名称；⑤股东的出资方式、出资额和出资时间；⑥公司的机构及其产生办法、职权、议事规则；⑦公司法定代表人；⑧股东会会议认为需要规定的其他事项。股东应当在公司章程上签名、盖章。

一人有限责任公司应当在公司登记中注明自然人独资或者法人独资，并在公司营业执照中载明。一人有限责任公司章程由股东制定。

（四）确定企业住所

新企业要开展生产经营活动，必须拥有固定的场所，这个活动场所在法律上称为住所或经营场所。公司的住所是公司主要办事机构所在地。经公司登记机关登记的公司的住所只能有一个。公司的住所应当在其公司登记机关辖区内。经营场所是市场主体从事经营活动的场所，是执照登记的备案事项。在通常的情况下，企业的住所和经营场所是在同一地址。

2014 年，国务院发布《注册资本登记制度改革方案》，简化住所（经营场所）登记手续。申请人提交场所合法使用证明即可予以登记。2015 年 4 月 21 日，李克强主持召开国务院常务会议，部署进一步促进就业鼓励创业，决定放宽新注册企业场所登记条件限制，推动"一址多照"、集群注册等改革，鼓励地方盘活闲置厂房等提供低成本的创业场所。

（五）备案刻章

新企业领取营业执照后，创业者需到所在地公安局特行科办理新企业印章审批，并向特行科提供相关文件，包括营业执照、法定代表人身份证明等。经公安局审批后到指定的印章刻制单位刻制新企业印章。公司用章包括公章、财务章、法人章、全体股东章、公司名称章等。

需要说明的是，企业的印章、企业牌匾、企业银行账户、企业信笺所使用的名称应与新企业在市场监督管理机关登记注册的名称相一致。

（六）开立账户

新创办企业需设立基本账户，企业可根据自己的具体情况选择开户银行。银行开户应提供的材料包括：营业执照正本及复印件、公司公章、法人章、财务专用章、法人身份证原件及复印件等。

第二节　管理新企业

企业管理是对企业生产经营活动进行计划、组织、指挥、协调和控制等一系列活动的总称，是社会化大生产的客观要求。企业管理是尽可能利用企业的人力、物力、财力、信息等资源，实现多、快、好、省的目标，取得最大的投入产出效率。

一、新创企业的管理原则

新企业成长和现有企业成长具有明显的不同。由于现有企业在激烈的市场竞争中已经建立了一定的竞争优势，包括品牌、服务、渠道等。作为新入行的企业，只有打破原有竞争格局才能扭转不利局面。

（一）"生存第一"原则

企业在创业初期的首要任务就是在市场中生存下来，让消费者认识和接受自己的产品。也就是说，创业之初企业最根本的目标就是生存，企业的一切活动都应围绕生存来运作，一切危及企业生存的做法都应避免。"生存第一"原则要求创业者把满足顾客的需要放在第一位，要求把盈利作为公司管理绩效的唯一考核指标。企业应有明确的生存理念，指导员工时刻心系企业的生存安危，不断奋斗确保企业基业稳固持续发展。

（二）“现金为王”原则

现金对于企业而言，如同血液对于人一样重要。资金链断裂，往往会使刚刚成立起来的企业遭遇挫折甚至破产。“现金为王”原则要求：第一，创业者周期性地评估企业的财务能力，要对当前现金流的状况做到心中有数；第二，创业者一定要节约用钱，每一分钱都应该用在最需要的地方；第三，采用“早收账，迟付款”的方法来实现正现金流。

（三）“分工协作”原则

初创期的企业员工虽然进行了初步的分工，建立了一套组织结构，但在现实中，平时各司其职，遇到紧急情况和重要任务时，往往需要大家齐心协力、团结一致去应对最紧要的事情。也就是说，初创企业的人员职责分工相对大企业而言比较模糊，企业员工之间处于一种“既分工、又协作”的状态。

（四）“事必躬亲”原则

初创期的企业由于人手少、资源缺乏，一切都处于萌芽阶段，所以创业者必须亲自去做很多事情，如直接向客户推销产品、参与商业谈判、处理财务报表、制定薪酬计划、从事广告宣传等。

经典案例

随着公司战略升级，周鸿祎开始强调“协作”，有意识地修正企业文化。“我原来做产品、做技术出身，原来的文化更多的偏向如何做事，比如说创新、用户至上等等，但是现在公司规模大了之后，我们感觉在文化上要弥补另外的方向，就是协作。”

周鸿祎关于企业文化和团队建设的思考，在2019年拆分奇安信之后就对外界表露过。“我对二号位的标准比较高，我对自己狠，对二号位的要求也很高，所以一直在寻找，但不容易。”他希望能找到一个多面手帮助他将战略进行分解。

2019年9月，在接受《中国企业家》采访时，周鸿祎对中意的人才多了一项要求：找到一些能干的人，无论是产品还是销售上能干的人也不难，最难的是当很多人在一起团结协作的时候，大家如何合作。在他眼中，今天政企安全已经不是个人英雄主义，而是进入了“打群架”的阶段。2019年下半年，周鸿祎更直言自己要补课，柳传志所说的做企业“定战略、搭班子、带队伍”九个字更是被他反复斟酌。

可见,360 对待政企市场的决心非同一般。而周鸿祎觉得,这件事根本不存在决心大小的问题,因为 360 已经做了十年,说什么都比不上做十年。多年来,360 蹚过沼泽、泥潭、陷阱后终于找到了一条希望之路。

为了这条路,50 岁的“红衣教主”选择重新披上战袍。

(节选自刘哲铭:《周鸿祎重披战袍》,《中国企业家》2019 年第 12 期,第 39~42 页,略有改动)

二、新企业成长的驱动因素

企业成长的推动力量包括创业者(团队)、市场和组织资源等。

(一)创业者

根据《中华人民共和国公司法》的规定,创业者申请公司注册时,不再需要最低注册资本,也无须再提交验资报告。事实上,如果愿意,仅用一元钱就能注册公司当老板了,这意味着创业门槛大大降低,创业者不用再望而却步了。此外,中国的创业公司正享受着让全世界都羡慕的政策支持,一个个“经济技术开发区”正在北京、上海甚至各中小型城市拔地而起,政府不仅帮助创业者兴建了厂房、办公室,还在税收、人力招募方面给予了巨大的支持。

要推动企业成长,创业者需要全身心地投入行业中,熟悉其运行规律,要经过详细的评估和周密的调查再去实施创业计划。最好是选择好行业之后,先去比较优秀的企业实践几年,获取必要的行业知识,建立有效的人脉及夯实创业的根基。创业应该是一件低调的事情,成功固然伟大,但实现的过程却并不都是轰轰烈烈。在初始阶段,创业者应该去寻求有经验的人帮助,要注重团队精神,不要蛮干,方向比坚持更重要。创业者在经营中要表现出不同的优秀品格,如强烈的进取心、较强的内控能力,富于创新、不断挑战自我超越自我的精神。

(二)创业团队

创业团队必须有能够胜任的带头人。在企业管理和市场营销中,我们经常谈论领导者的核心竞争力,在创业团队中,带头人的作用非常重要。创业团队中必须有可以胜任的领导者,而这种领导者,并不是单单靠资金、技术、专利来决定的,也不是谁出好的点子谁当头,而是团队成员在多年共事过程中发自内心的认可。一个好汉三个帮,红花也需绿叶扶持。不管创业者在某个行业多么优秀,也不可能具备所有的经营管理经验。而借助团队,他们便可以获得企业所需要的经验,例如顾客经验、产品经验和创业经验等。人际关系在创业中的比重也被放在一个很重要的位置,人际关系网络或多或少地帮助着创业者,是企业成功的因素之一。依靠团队,人际关系可以放得更大,从而提高创业成功的概率。一项针对创业者能力的研究报告指出，组成团队与管理团队是成功创业者需要具备的主要能力之一。由于组成创业团队的基石在于创业愿景与共同信念，因此创业者需要提出一套能够凝聚人心的愿景与经营理念，形成共同的目标、语言、文化，作为互信与利益分享的基础。组成创业团队是一种结合愿景、理念、目标、文化、共同价值观的机制，使之成为一个生命与利益共同体的组织。

（三）市场

准确的市场定位是创业成功的关键。在创业之前，创业者必须明确自己究竟做什么行业、生产什么产品。只有定位精确，创业者才能走得更快、更远。很多创业初期的人都想着要尽量“大小通吃”，赚所有人的钱。麦当劳可不可以兼卖利润高的鱼翅捞饭？五星级酒店有没有可能把地下室改成招待所，用低价格把低收入人群也吸引过来？当然这都是否定的，因为这样做的后果是把自身原有的顾客群也一并丢掉。

（四）资源

很多人在初次创业的时候，资源都是十分欠缺的。资源不足会使创业团队成功的概率降低。在资源准备上，一般来说要符合两种条件：一是要有进入一个行业起码的资源，另一个是要具备差异性资源。如果任何条件均不具备，则创业成功的可能性很小。

创业资源条件主要包括以下几个方面：①业务资源——赚钱的模式是什么？②客户资源——谁来购买，如何扩展团队？③技术资源——凭什么赢取客户的信赖？④经营管理资源——经营能力如何？⑤财务资源——是否有足够的启动资金？⑥行业经验资源——对该行业资讯与常识的积累；⑦行业准入条件——某些行业受到一些政策保护与限制，需要具备进入资格条件；⑧人力资源条件——是否有合适的专业人才？也许你不专业，但必须有专业人才帮助你。以上资源创业者也不需要100%的具备，但至少应具备其中一些重要条件，其他条件可以通过市场方式来获得。创业者如果有足够的财力资源，其他资源欠缺也可以弥补；如果有足够的客户资源，其他资源的欠缺也容易改变。

（五）创新

创新是企业的唯一生命主线。失去创新，企业将停滞不前，甚至衰亡。创新是企业得以生存与发展的根本。创业期的企业往往处在风险期，抵抗内、外部风险的能力都很弱，因此企业在存续期间不能失去创新。

管理创新不仅是大企业的“加速器”，更是小企业快速发展的利器。一些小企业只会跟在别人的后面跑，而没有学会管理创新，甚至根本就不懂什么是管理创新。这样没有管理创新的企业多半都是不长久的。

三、新企业管理的技巧和策略

了解新企业管理的技巧和策略，有利于新企业在激烈竞争的环境中得以生存，并且实现快速成长。一般来说，新企业的管理技巧和策略有：注重整合外部资源追求外部成长，管理好保持企业持续成长的人力资本，及时实现从创造资源到管好用好资源的转变，形成比较固定的企业价值观和文化氛围，注重用成长的方式解决成长过程中出现的问题，从过分追求速度转到突出企业的价值增加，等等。

（一）注重整合外部资源追求外部成长

企业成长需要依靠资源的支持，资源的来源渠道可以分为内部和外部。对于新企业来说，由于内部能够产生的资源有限，单纯依靠内部的资源积累来发展，往往会对企业的发展起到抑制的作用，影响企业的成长速度，在竞争对手发展较快的情况下，使企业处于不利地位。充分利用外部资源，则可以使企业将内外部资源进行很好的整合和匹配，能够为企业快速发展筹集到相应资源，保障企业的增长速度和竞争优势。

按照企业之间整合资源的方式不同，可以把资源整合分为三种形式：纵向整合、横向整合和平台式整合。

1.纵向整合

纵向整合是处于一条价值链上的两个或者多个厂商联合在一起结成利益共同体，致力于整合产业价值链资源，创造更大的价值。如大学生创办的高科技企业，一开始可能会采用 OEM（original equipment manufacturing，定牌生产）的模式，通过代工方式完成相应产品的生产过程，创业团队只负责研发、销售和售后服务。随着企业规模的扩大，创业者管理能力的提高，为了更好地满足消费者需求、了解消费者的体验，就可以纵向整合原来的代工企业，使研发和生产可以更好对接，不断提高产品质量。比如，在重型卡车柴油发动机市场已做到国内领先的潍柴动力，通过兼并收购，向上游整合进了变速箱、车桥业务，向下游整合了重型卡车、装载机、大客车整车制造业务，成为一家在整个重型车辆产业链上都有布局的公司，形成强大竞争力。

2.横向整合

横向整合是把目光集中在价值链中的某一个环节，探讨利用哪些资源、怎样组合这些资源才能最有效地组成这个环节，提高该环节的效用和价值。横向整合是一种快速扩张、扩大市场占有率的较好方法。如北大硕士毕业生王令凯2014 年在上海创办米有沙拉之后，不但第一个提出了“主食沙拉”这一概念，弥补了中国市场的空白，还成功地得到了市场的认可。米有沙拉就是通过横向整合的方式迅速扩大了市场份额。

3.平台式整合

平台式资源整合是将企业作为一个平台，在此基础上整合供应方、需求方甚至第三方的资源，同时增加利益相关方的收益或者降低交易成本，自身也因此获利。

创业者应采用最有利于企业发展的方式，通过整合获取外部资源，帮助企业获得快速健康的发展。

（二）管理好保持企业持续成长的人力资本

知识经济的背景下，人力资本在企业中的重要性日益突出。现代企业之间的竞争就是人才的竞争，初创期的企业如此，成长期的企业更是如此。不论是团队的完善，还是员工的招聘乃至企业的人力资本积累，在企业发展中都有着非常重要的意义。由此，创业者一方面应通过合理的股权设置和股权激励来维系创业团队的成员，另一方面应设计合理的绩效考核机制调动员工的积极性，并建立合理的上升通道，使员工可以在工作上、职位上和企业一起成长，保持企业人力资本的稳定性。最好能够通过创新的方式，激励企业所有成员根据企业愿景和发展规划，确定自己的奋斗目标，和企业共进退。

（三）及时实现从筹集资源到管好用好资源的转变

创业初期，企业资源非常紧缺，需要筹集大量资源。但企业经过一段时间的经营活动稳定下来之后，初期发展所需要的资源基本到位，这时候企业管理的重心就需要及时从筹集资源向使用资源转变。创业者应通过各种渠道创新性地开发和利用资源，在经营中树立创造资源、管理资源和利用资源并重的管理理念和经营思想，建立企业的资源管理制度和资源利用监督机制，加强对企业各种资源的利用和管理。甚至可以采用拼凑的方式配置资源等，充分发挥各种资源的价值，将有限资源的效用发挥到极致。

（四）形成比较固定的企业价值观和文化氛围

企业价值观是企业文化的核心，是企业决策者对企业性质、目标、经营方式的取向所做出的选择，是为员工所接受的共同观念。企业价值观会对企业及员工的行为起到导向和规范作用，能产生凝聚力，激励员工释放潜能，是企业精神的灵魂，代表着企业存在的理由。因此，创业者应以企业领导者的言传身教来树立统一的价值观，同时通过建立健全配套机制来塑造企业精神，有意识培育积极向上的价值观。

企业文化氛围在企业整体环境中形成，体现企业所推崇的特定传统、习惯及行为方式的精神格调。企业文化氛围是无形的，以其潜在运动形态使企业全体成员受到感染，体验到企业的整体精神追求，从而产生思想升华和自觉意愿。因此，创业者应在积极创造物质氛围和制度氛围的基础上，把创造良好的企业文化氛围作为重点，创造良好的学习环境，鼓励企业成员求知上进，使企业内形成浓厚的学习气氛，建立学习型组织。

随着企业的快速成长，企业的组织结构和员工构成等会发生较大变化，日常管理会变得日益复杂，创业者需要及时采取措施培育有利于形成企业凝聚力的价值观，打造良好的文化氛围。

（五）注重用成长的方式解决成长过程中出现的问题

企业在成长过程中会出现很多初创时无法预料的问题，这既是创业最吸引人的地方，也是企业面临的最大风险。当新的问题出现时，创业者应积极应对，注重变革和创新，运用发展的眼光来处理问题，用成长的方式解决问题。因此，创业者需要做到以下几点：第一，善于把握变革的切入点主动变革。第二，重视人力资源开发。如第二个技巧所述，人力资源管理是任何一个初创企业都要高度重视的发展策略。第三，注重系统建设。科学的管理系统有利于日常工作有条不紊地开展，使各个部门按照日常分工高效开展工作，是保证企业未来高速增长的动力系统。创业者应在企业基本工作捋顺之后，尽早开始系统建设工作，使企业早日步入快速发展的轨道。

（六）从过分追求速度转到突出企业的价值增加

创业初期，企业的重点往往放在快速扩大市场份额、增加销售收入上。但是，随着企业的各项工作步入正轨，创业者应将关注的重点转移到客户价值上。创业者可通过不断创新，持续满足消费者的多元化需求，为客户创造更多价值，在客户价值提升的基础上，使企业价值得以增加。

第三节　新企业的财务管理

一、企业成本

（一）企业成本的含义

成本管理是指充分动员和组织企业全体人员，在保证产品质量的前提下，对企业生产经营过程的各个环节进行科学合理的管理，力求以最少的耗费取得最大的生产成果。成本管理是企业管理的一个重要组成部分，它要求系统而全面、科学而合理的管理，对于促进增产节支、加强经济核算、改进企业管理、提高企业整体成本管理水平具有重大意义。

（二）企业成本的构成

企业成本主要包括以下 3 个方面内容：

（1）固定成本。固定成本是一成不变的企业成本，包括租金、保险、营业执照等。开办费和保险以分摊方式计入成本。

（2）可变成本。可变成本是随着生产或销售的起伏而变化的企业成本，包括原料、燃料、辅助材料、工资、职工福利、维修费、办公用品、邮费、广告、通信费、咨询费等。这些成本是随着销售的增长而不断变化的。

（3）折旧成本。折旧是一种特殊的隐形成本，是指在固定资产使用寿命内，按照确定的方法对应计折旧额进行系统分摊。固定资产在使用过程中因损耗逐渐转移到新产品中去的那部分价值的一种补偿方式。固定资产的物质形态在报废之前是在生产中长期被使用的，它的价值却是按照其在生产中的损耗程度一部分一部分逐渐地转移到产品中去的。为了保证再生产的正常继续进行，必须在产品销售以后，把那部分已经转移到新产品中去的固定资产的价值，以货币形式提取并积累起来，以便若干年后即在固定资产价值全部转移完毕时用于更新固定资产。这种按固定资产的损耗程度进行补偿的方法就称为折旧。

（三）创业企业成本开支的范围及标准

企业在创业初期虽然很多方面都不够健全，但是仍然要按照国家的要求，真实、准确、完整、及时地登记本企业发生的经济业务，其成本开支的范围和标准具体体现在：

（1）工资。生产管理人员及由本单位组织安排工作并支付工资的临时工等的工资及津贴、补贴；按国家规定的各种假期工资；按规定发给的超产奖、安全奖。

（2）职工福利费。按工资总额范围和提取比例提取的费用。

（3）折旧费。按应计提固定资产原值，采用平均年限法及规定的提存率提取的费用。计提折旧的依据为月初应计提固定资产原值。当月增加的固定资产当月不计提折旧，当月减少的固定资产照提折旧。

（4）税金。按规定支付的房产税、土地使用税、印花税等。

（5）保险费。参加投保的财产物资的保险费用。

（6）失业保险。按在职职工工资总额和当地的保险率缴交。

（7）养老保险。按在职职工工资总额和当地的保险率缴交。

（8）住房公积金。按在职职工工资总额和当地的费率缴交。

（9）劳动保险费。6 个月以上病假人员的工资及职工死亡丧葬补助费、抚恤金等。

(10)水资源费及水文测报费。按发电量和当地规定的费率缴交的费用。

(11)工会经费。按工资总额范围和提取比例提取的费用。

(12)教育经费。按工资总额范围和提取比例提取的费用。

(13)土地使用费。使用土地而支付的费用。

(14)物料消耗。生产运行、维护、事故检修用的各种材料、备品备件,不构成固定资产的小型技术革新用料,车间通风、照明及消防、卫生用料,生产及管理运输车辆耗用的燃料,生产和管理部门的房屋、建筑物、设备、仪器、仪表等维修用料。

(15)修理费。固定资产发生的大、中、小修理,以及生产、管理用器具、非机动车辆的修理费。

(16)办公费。生产和管理部门用的文具、纸张、印刷品、清洁卫生用品、报纸杂志及通信费用。

(17)水电费。生产和管理部门和公共场所的水电费用。

(18)差旅费。职工因公出差的差旅费、市内交通费及出勤补贴和误餐费,职工探亲及上下班交通补贴。差旅费补贴应按当地财政规定标准。

(19)低值易耗品摊销。生产和管理部门用的器具、办公桌椅及不构成固定资产的仪器、仪表等。

(20)劳动保护费。按规定发给职工的劳保服装用品、安全防护用品、防暑降温用品及值班被褥。

(21)运输费用。生产和管理部门发生的物品搬运费,租用汽车、吊车租赁费,运输用机动车辆养路费、过桥过路费、年检费、交管费及委托外单位的小修、保养等。

(22)租赁费。生产和管理部门由于生产经营需要从外单位临时租入的各种固定资产(除汽车)及工具而支付的租金。

(23)业务招待费。根据经营业务的合理需要,按规定的标准据实列支的费用。

(24)其他费用。不属于以上各项范围应计入成本的费用。如咨询费、诉讼费、民兵训练、警卫消防、绿化环境卫生、会议费、团体会费、独生子女保健费、党团活动费、试验检验费等。

由于首次创业缺乏经验,许多创业者容易将成本核算过于简单化。一是对“成本”这一概念的理解发生偏差,以为成本就是公司的租金、员工的工资及产品的进货成本;二是许多隐性成本可能还没算,例如电脑等固定资产的折旧、维护保养,自己作为领导消耗的时间和精力等。这样会导致实际赢利状况与预期相差过大、推广计划中投入产出不合理等负面问题。因此,创业企业加强成本管理非常重要。

二、财务报表

（一）财务报表的重要性

财务报表可以用来确定财务状况的好坏、偿债能力的强弱、盈利能力的高低和现金流量的大小。财务报表用数字展示企业的面貌，包括数据化信息如资产负债表、利润表和现金流量表中的有关数据，非数据化信息如财务情况说明书、财务报表附注等。其中资产负债表、利润表、现金流量表三张表的作用特别重要，要及时编制，真实反映企业经营状况，加强对企业活动的审计和监督。在一个企业中，获利能力和偿债能力是密切相连的。如果企业获利能力强，一般可按期偿还债务；如果获利能力弱，连年亏损，则势必造成偿债危机。

（二）资产负债表

资产负债表亦称财务状况表，是反映企业在一定日期（通常为各会计期末）的财务状况（资产、负债和业主权益的状况）的主要会计报表。资产负债表利用会计平衡原则，将合乎会计原则的资产、负债、所有者权益交易科目分为“资产”和“负债及所有者权益”两大区块，在经过分录、转账、分类账、试算、调整等会计程序后，以特定日期的静态企业情况为基准，浓缩成一张报表。其除了用于企业内部除错、确立经营方向、防止弊端外，也可让所有阅读者于最短时间内了解企业经营状况。

1.基本结构

资产一般是按各种资产变化先后顺序逐一列在表的左方，反映单位所有的各项财产、物资、债权和权利。所有的负债和业主权益则逐一列在表的右方。负债一般列于右上方，分别反映各种长期负债和短期负债的项目；业主权益列在右下方，反映业主的资本和盈余。左右两方的数额应相等，资产负债表是以“资产=负债+所有者权益”这一等式为理论基础的，据此可以分析公司的财务状况。

2.作用

资产负债表是反映企业在某一特定日期财务状况的报表。例如，公历每年12月31日的财务状况，由于它反映的是某一时点的情况，所以又称为静态报表。资产负债表主要提供有关企业财务状况方面的信息。通过资产负债表，可以提供某一日期资产的总额及其结构，反映企业拥有或控制的资源及其分布情况，即有多少资源是流动资产、有多少资源是长期投资、有多少资源是固定资产等；可以提供某一日期的负债总额及其结构，反映企业未来需要用多少资产或劳务清偿债务及清偿时间，即流动负债有多少、长期负债有多少、长期负债中有多少需要用当期流动资金进行偿还等；可以反映所有者所拥有的权益，据以判断资本保值、增值的情况及对负债的保障程度。资产负债表还可以提供进行财务分析的基本资料，如将流动资产与流动负债进行比较，计算出流动比率；将速动资产与流动负债进行比较，计算速动比率等。这些可以反映企业的变现能力、偿债能力和资金周转能力，从而有助于会计报表使用者做出经济决策。

3.内容

资产负债表根据资产、负债、所有者权益（或股东权益）之间的钩稽关系，按照一定的分类标准和顺序，把企业一定日期的资产、负债和所有者权益各项目予以适当排列。它反映的是企业资产、负债、所有者权益的总体规模和结构，即资产有多少；资产中，流动资产、固定资产各有多少；流动资产中，货币资金有多少、应收账款有多少、存货有多少等；所有者权益有多少，所有者权益中实收资本（或股本）有多少、资本公积有多少、盈余公积有多少、未分配利润有多少等。在资产负债表中，企业通常按资产、负债、所有者权益分类分项反映。也就是说，资产按流动性大小进行列示，具体分为流动资产、长期投资、固定资产、无形资产及其他资产；负债也按流动性大小进行列示，具体分为流动负债、长期负债等；所有者权益则按实收资本、资本公积、盈余公积、未分配利润等项目分项列示。

拓展阅读

一个家庭作坊的资产负债表

表9-2为一个家庭作坊的资产负债表情况表。

表9-2　家庭作坊的资产负债表

资产栏		资产形成原因栏	
流动资产		负债	
现金及银行存款	3万元	短期借款	5万元（一年内还朋友）
原材料	40万元	长期借款	8万元（一年后还银行）
其他	2万元	所有者权益	
固定资产		资本	30万元（自有资本）
房子	1万元		2万元（朋友入股）
设备	0.5万元		1.5万元（父母入股）
合计	46.5万元	合计	46.5万元

（三）利润表

利润表是反映企业在一定会计期间经营成果的报表，例如反映1月1日至12月31日经营成果的利润表。由于它反映的是某一期间的情况，所以又称为动态报表。有时利润表也称为损益表、收益表。

1.利润表的作用

通过利润表，可以反映企业一定会计期间的收入实现情况，即实现的主营业务收入有多少，实现的其他业务收入有多少，实现的投资收益有多少，实现的营业外收入有多少等；可以反映一定会计期间的费用耗费情况，即耗费的主营业务成本有多少，主营业务税金有多少，营业费用、管理费用、财务费用各有多少，营业外支出有多少等；可以反映企业生产经营活动的成果，即净利润的实现情况，据以判断资本保值、增值情况。将利润表中的信息与资产负债表中的信息相结合，还可以提供进行财务分析的基本资料，如将赊销收入净额与应收账款平均余额进行比较，计算出应收账款周转率；将销货成本与存货平均余额进行比较，计算出存货周转率；将净利润与资产总额进行比较，计算出资产收益率等。利润表可以反映企业资金周转情况及企业的盈利能力和水平，便于会计报表使用者判断企业未来的发展趋势，做出经济决策。

2.利润表的特征

利润表分项列示了企业在一定会计期间因销售商品、提供劳务、对外投资等所取得的各种收入及与各种收入相对应的费用、损失，并将收入与费用、损失加以对比结出当期的净利润。这一将收入与相关的费用、损失进行对比，结出净利润的过程，会计上称为配比。其目的是衡量企业在特定时期或特定业务中所取得的成果，以及为取得这些成果所付出的代价，为考核经营效益和效果提供数据。比如，分别列示主营业务收入和主营业务成本、主营业务税金及附加并加以对比，得出主营业务利润，从而掌握一个企业主营业务活动的成果。配比是一项重要的会计原则，这在利润表中得到了充分体现。

3.利润表包含的内容

利润表主要反映以下几方面的内容：

（1）构成主营业务利润的各项要素。从主营业务收入出发，减去为取得主营业务收入而发生的相关费用、税金后得出主营业务利润。

（2）构成营业利润的各项要素。营业利润在主营业务利润的基础上，加其他业务利润，减营业费用、管理费用、财务费用后得出。

（3）构成利润总额（或亏损总额）的各项要素。利润总额（或亏损总额）在营业利润的基础上加（减）投资收益（损失）、补贴收入、营业外收支后得出。

（4）构成净利润（或净亏损）的各项要素。净利润（或净亏损）在利润总额

(或亏损总额)的基础上,减去本期计入损益的所得税费用后得出。

在利润表中,企业通常按各项收入、费用及构成利润的各个项目分类分项列示。也就是说,收入按其重要性进行列示,主要包括主营业务收入、其他业务收入、投资收益、补贴收入、营业外收入;费用按其性质进行列示,主要包括主营业务成本、主营业务税金及附加、营业费用、管理费用、财务费用、其他业务支出、营业外支出、所得税等;利润按营业利润、利润总额和净利润等利润的构成分类分项列示。

拓展阅读

某小企业的利润表

表9-3是根据某小企业各项费用制作的利润表。

营业收入:90000元;

营业成本:40000元;

营业费用:20000元;

管理费用:10000元;

营业外收入:2000元;

营业外支出:1000元;

所得税费用:5250元。

表9-3 小企业利润表

编制单位: 年 月 单位:元

项目	行次	上年同期累计	本月数	本年累计数
一、营业收入			90000	
减:营业成本			40000	
税金及附加				
营业费用			20000	
管理费用			10000	
财务费用				
加:其他收益				
投资收益(损失以"-"号填列)				
其中:对联营企业和合营企业的投资收益				

续表

项目	行次	上年同期累计	本月数	本年累计数
公允价值变动收益(损失以“-”号填列)				
资产减值损失(损失以“-”号填列)				
二、营业利润(亏损以“-”号填列)			20000	
加:营业外收入			2000	
减:营业外支出			1000	
三、利润总额(亏损总额以“-”号填列)			21000	
减:所得税费用			5250	
四、净利润(净亏损总额以“-”号填列)			15750	

企业负责人: 主管会计: 制表: 报出日期: 年 月 日

(四)现金流量表

现金流量表主要是反映出资产负债表中各个项目对现金流量的影响,并根据其用途划分为经营、投资及融资 3 个活动分类。现金流量表可用于分析一家机构在短期内有没有足够现金去应付开销。

1.经营活动

收到现金:

(1)销售商品、提供劳务收到的现金。

(2)收到税费返还。

(3)收到其他与经营活动有关的现金。

支付现金:

(1)购买商品、接受劳务支付的现金。

(2)支付职工以及为职工支付的现金。

(3)支付的各项税费。

(4)支付其他与经营活动有关的现金。

2.投资活动

收到现金:

(1)收回投资收到的现金。

(2)取得投资收益收到的现金。

(3)处置固定资产、无形资产和其他长期资产收回的现金净额。

(4)收到其他与投资活动有关的现金。

支付现金：
(1)购建固定资产、无形资产和其他长期资产支付的现金。
(2)投资支付的现金。
(3)支付其他与投资活动有关的现金。
3.筹资活动
收到现金：
(1)吸收投资收到的现金。
(2)取得借款收到的现金。
(3)收到其他与筹资活动有关的现金。
支付现金：
(1)偿还债务支付的现金。
(2)分配股利、利润或偿付利息支付的现金。
(3)支付其他与筹资活动有关的现金。

第四节 市场营销管理

一、市场定位

(一)市场定位的作用

1.确立产品的特色

市场定位的出发点和根本要素就是要确定产品的特色。首先，企业要了解市场上竞争者的定位如何，其提供的产品或服务有什么特点。其次，企业要了解顾客对某类产品各属性的重视程度。显然，费大力气去宣传那些与顾客关系并不密切的产品是多余的。最后，还得考虑企业自身的条件。有些产品属性虽然是顾客比较重视的，但如果企业力所不及，也不能成为市场定位的目标。

2.树立市场形象

企业所确定的产品特色，是企业有效参与市场竞争的优势，但这些优势不会自动在市场上显示出来。要使这些独特的优势发挥作用，影响顾客的购买决策，需要以产品特色为基础树立鲜明的市场形象，通过积极主动而又巧妙地与顾客进行沟通，吸引顾客的注意与兴趣，求得顾客的认同。有效的市场定位并不取决于企业怎么想，关键在于顾客怎么看。市场定位成功与否的最直接反映就是顾客对企业及其产品所持有的态度和看法。

3.巩固市场形象

顾客对企业的认识不是一成不变的。由于竞争者的干扰或沟通不畅，会导致市场形象模糊，顾客对企业的理解会出现偏差，态度发生转变。所以建立市场形象后，企业还应不断向顾客提供新的论据和观点，及时矫正与市场定位不一致的行为，巩固市场形象，维持和强化顾客对企业的看法和认识。

（二）市场定位的原则

各个企业经营的产品不同，面对的顾客也不同，所处的竞争环境也不同，因而市场定位所依据的原则也不同。总的来讲，市场定位所依据的原则有以下几个：

1.根据产品特点定位

构成产品内在特色的许多因素都可以作为市场定位所依据的原则。比如，所含成分、材料、质量、价格等。“七喜”汽水的定位是“非可乐”，强调它是不含咖啡因的饮料，与可乐类饮料不同。“泰宁诺”止痛药的定位是“非阿司匹林的止痛药”，显示药物成分与以往的止痛药有本质的差异。

2.根据用途定位

为老产品找到一种新用途，是为该产品创造新的市场定位的好方法。曾有一家生产曲奇饼干的厂家，最初将其产品定位为家庭休闲食品，后来发现不少顾客购买是为了馈赠，便将之定位为礼品。

3.根据顾客利益定位

产品提供给顾客的利益是顾客最能切实体验到的，也可以用作定位的依据。例如，世界上各大汽车巨头的定位也各有特色，劳斯莱斯车豪华气派，丰田车物美价廉，沃尔沃则结实耐用。

4.根据顾客类型定位

企业常常试图将其产品指向某一类特定的使用者，以便根据这些顾客的看法塑造恰当的形象。

事实上，许多企业进行市场定位依据的原则往往不止一个，而是多个原则同时使用。因为要体现企业及其产品的形象，市场定位必须是多维度的、多方面的。

（三）市场定位的类型

市场定位是一种竞争性定位，它反映市场竞争各方的关系，是为创业企业有效参与市场竞争服务的。

1.避强定位

这是一种为避开强有力竞争对手进行市场定位的模式。创业者避开竞争强手，瞄准市场“空隙”发展特色产品，开拓新的市场领域，有学者称其为“市场需求填空”。这种定位的优点是能够迅速在市场上站稳脚跟,并在消费者心中尽快树立起一定形象。由于这种定位方式市场风险较小,成功率较高,常常被多数企业所采用。

2.迎头定位

这是一种与市场在位者“对着干”的定位方式,即创业者选择与竞争对手在正面展开市场竞争,争取同样的目标顾客,彼此在产品、价格、分销、供给等方面稍有差别。实行迎头定位,创业者必须做到“知己知彼、知天知地”,应该了解市场上是否可以容纳两个或两个以上的竞争者,自己是否拥有比竞争者更多的资源和能力,是不是可以比竞争对手做得更好。同时,应选择恰当的市场进入时机与地点。否则,迎头定位可能会成为一种非常危险的战术,会将创业企业引入歧途。当然,也有些创业者认为这是一种更能激发自己奋发向上的定位尝试,一旦成功就能取得巨大的市场份额。

3.重新定位

重新定位通常是指对那些销路少、市场反应差的产品进行二次定位。初次定位后,随着时间的推移,新的竞争者进入市场,选择与本企业相近的市场位置,致使本企业原来的市场占有率下降;或者由于顾客需求偏好发生转移,原来喜欢本企业产品的人转而喜欢其他企业的产品,因而市场对本企业产品的需求减少。在这些情况下,企业就需要对其产品进行重新定位。所以,一般来讲,重新定位是企业为了摆脱经营困境,寻求重新获得竞争力和增长的手段。不过,重新定位也可作为一种战术策略,并不一定是因为陷入了困境,也有可能是由于发现新的产品市场所引起的。例如,某些专门为年轻人设计的产品在中老年人中也开始流行后,这种产品就需要重新定位。

二、营销策略组合

环境变量将提供很多重要的信息,以决定什么是最有效的营销策略。在营销计划中,实际的短期营销决策将包含 4 个重要的营销变量:产品或服务、定价、分销和促销。这 4 个要素的总和被称为营销组合。尽管灵活性同样值得考虑,但创业者仍然需要一个较强的决策基础以便能对每天的营销决策提供指导。每个营销组合变量涉及的关键决策如表 9-4 所示。

表 9-4 营销组合的关键决策

营销组合变量	关键决策
产品	组建或材料的质量、风格、特征，买卖的特许权、品牌、包装、规格，服务的可获得性、产品保证
定价	质量形象、定价单、数量、折扣、快速支付限额、信用条款、支付期
分销	批发商或零售商的使用、批发商或零售商的类型、分销渠道的数量、分销渠道的长度、地理覆盖区域、存货、交通
促销	媒体的选择、信息、媒体预算、个人销售的角色、销售促销（展示、赠券等）、公众对媒体的兴趣

（一）价格

在营销计划中最难的决策就是为产品或服务确定适当的价格。一个质量好而且零部件较贵的产品需要以较高的价格来维护其产品形象。但创业者还应该考虑其他很多因素，比如成本、折扣、运输及毛利。估价的问题常常与成本估计的困难联系在一起，因为它们常常反映在需求中，而需求本身又是难以预计的。根据市场研究及产品本身的特点，创业者可以采用不同的定价策略。

1.撇脂定价策略

撇脂定价策略是以高价位来搜刮市场利润的一种定价法策略。“拍立得”快速照相机刚上市时，销售此类照相机的只有一家公司，所以该公司先推出一种昂贵的机型，赚取大量利润后，再逐渐推出简单、便宜的机型。撇脂定价策略成功的条件：①有充足的市场需求量；②市场价格敏感度低，需求弹性小；③良好的产品品质及功能，吸引消费者愿意出高价；④高价不会吸引竞争者在短期内加入市场竞争；⑤在小规模的生产成本下，仍有充足的利润。

2.渗透性定价策略

渗透性定价策略是以较低的产品价格打入市场，目的是在短期内加速产品成长，期望能获得大量的市场占有率。渗透性定价法策略的成功条件：①有足够的市场需求；②高度的价格敏感度及需求弹性；③大量生产能产生显著的成本经济效益；④低价是减少潜在竞争者的最佳策略。

3.组合定价策略

如果企业开发出一系列产品，而且产品之间的关联性很强，开发的主产品必须使用特定的专属产品，或在主产品使用过程中附属产品也必须使用本企业开发的产品。对这种产品的定价策略是将主产品的价位降低，甚至可以降到成本以下来吸引更多的顾客；而对配置的附属品采取高价策略，以获取尽可能多的利润。这种定价策略就是组合定价策略。

（二）产品

这个营销组合要素是对新创企业即将上市的产品或服务的描述。对该产品或服务的定义不仅要考虑它的有形特征，还必须考虑其无形特征。例如，戴尔计算机公司的产品是计算机，从外形上与其他现有的竞争者所提供的产品没有太多的不同，所不同的是它由积压的零部件组装而成，依靠直接营销技术上市，交货快而且成本低。这样，该产品远超过它的物理组件本身。它包含包装、品牌、价格、保证、形象、服务、交货时间、特征和风格。在考虑市场战略时，创业者需要考虑产品的所有方面，牢记满足顾客的需要。

一个产品，需要有多方面的价值体现。创业者的新产品开发，需要围绕产品全位价值进行知识融合。在经济过剩的时代，产品在满足功能性与安全性的同时，还应注意考虑产品的精神价值。

（三）销售渠道

这个要素主要是为顾客提供效用。也就是说，它使产品在需要的时候方便顾客购买。这个变量必须与其他市场营销组合变量相一致。例如，一个高质量的产品不仅有较高的价格而且应该在质量形象较好的批发店分销。

对于高新技术产品销售市场应是推动的过程，而不是推销的过程。但如果开发的产品最终顾客是消费者，则可以将推动与推销结合起来，以推销为主，即采用推式策略。

推式策略是指企业将中间商作为主要推销对象，然后再通过中间商的推销活动将产品销售出去。这是一种向前推进的方式，中间商处于主动销售的位置，发挥着主要的作用。建立产品销售渠道时，以下方式可供选择：

1.“搭别人的船”

对于刚创办的企业，企业及产品品牌不为消费者所了解，也很难在短时间内为客户所接受。此时可以借用品牌的商标（要合法使用商标，切不可假冒，造成商标侵权）及利用他人强而有力的营销网络将开发的新产品迅速推向市场。这样既可以满足消费者追求名牌的心理需求，也有利于迅速打开市场销路，保证新产品销售的成功。

2.“捆绑式”销售

如果开发出的新产品系列是相关产品，这些产品的用途是相互配套、相互联系的，那么配套产品可以利用主要产品销售渠道。

3.广泛性和控制性相结合的销售渠道

该策略是指既要利用尽可能多的中间商分销其产品，又要能控制中间商的销售活动。目的在于保证选用的销售渠道畅通无阻，保证产品质量信誉不受损害。

4.直接建立自己的销售网络

在目标市场采用密集型和轰炸型销售策略，运用这种方式销售的产品一般是市场需求巨大、面向广大消费者、利润率特别高、技术含量高的产品。采用这种大手笔的方式需要创业者具有大的气魄。

此外，创业者在制订营销计划和决策之前，有必要对所有可能的分销方式进行评价。市场研究以及与企业协会和朋友之间的网络联系经常可以为决策提供有益的见解。新创企业想要迅速找准市场、进入市场并拥有一定的市场份额，就需要选择合适的销售渠道。

（四）促销

创立初期的企业销售策略应当集中在能马上吸引顾客的促销手段和保证良性循环的销售方法上。由于受到资金来源的限制，大部分刚启动的企业没有资金针对一个或两个以上的目标市场做广告，因此选择能迅速带来收益而又花费最少的区域和恰当的位置来做广告是非常重要的。

1.借助他人推荐

顾客之间的相互推荐是招揽新生意的极好方式。在传播企业及其产品的声誉方面，没有什么方式能比顾客间一传十、十传百的推荐速度来得更快。

2.公共关系

为了使开发的新技术产品尽量让别人了解，公共关系是强有力的促销工具。例如，新闻媒体报道企业开发的新产品，通过公共报道将产品有关信息传递给顾客；与外部行业、技术、专家、中间商建立良好的沟通渠道；建立良好的政府沟通渠道；等等。

3.适当进行广告促销

广告是现代促销最常用，也是非常有效的手段，多少创业者通过广告促销打开了市场使自己创业成功。选择媒体时，要根据顾客（用户）的状况来确定。像民用消费品选择电视是有效的，而一些工业用品可选择专业杂志或报纸。

4.直接销售

对创业者来说，直销虽然困难但也是打开市场的一种切实可行的方式。以下几个指导方针或许对创业者的直接销售有一定的帮助。

（1）要做充分的调查来区分哪些是可能需要产品的潜在客户。这就意味着要将市场范围内使用所推销产品的公司名称、地址及电话号码整理出来。探访那些不用你产品的公司只能是白白浪费时间、精力和金钱。

（2）获取那些能购买你产品的负责人的姓名、地址及电话号码，向负责人以外的人谈论并推销产品是很不恰当的。

（3）在推销前要了解你的销售市场。你有时间做的就是简短地介绍你的产品并说明为什么要买它。如果买者想了解更多,他会做进一步的询问。

(4)在第一次通过电话或当面与顾客接触中不要试图成交。如果顾客有兴趣的话,可以问他什么时间和地点比较方便,你可以再来一次详细说明你的产品,包括价格、交付期和质量保证。

(5)要集中说明你产品的使用价值,而不是它的价格。第二次接触时再解释产品定价和选择的支付方式。

创业者有必要设法告知潜在顾客有关产品的可获得性,或运用广告媒体如印刷资料、广播或电视等来教育消费者。创业者应该对每个可选媒体仔细评价,不仅考虑成本,也要考虑这些媒体满足市场目标的效果。

独特或创造性的营销设想常常会引起媒体的特别兴趣。地方报纸或贸易杂志常常会刊登有关新办企业的文章。通过运用公共关系向这些媒体发布消息,往往会起到免费广告的作用。创业者应该考虑把这些宣传方式与其他促销手段结合起来。

所有这些营销组合变量都将在营销计划的营销策略或行动计划部分详细描述。这就要求营销策略和行动计划应该足够确定和详细,以便指导创业者顺利地开展经营活动。

思维导图

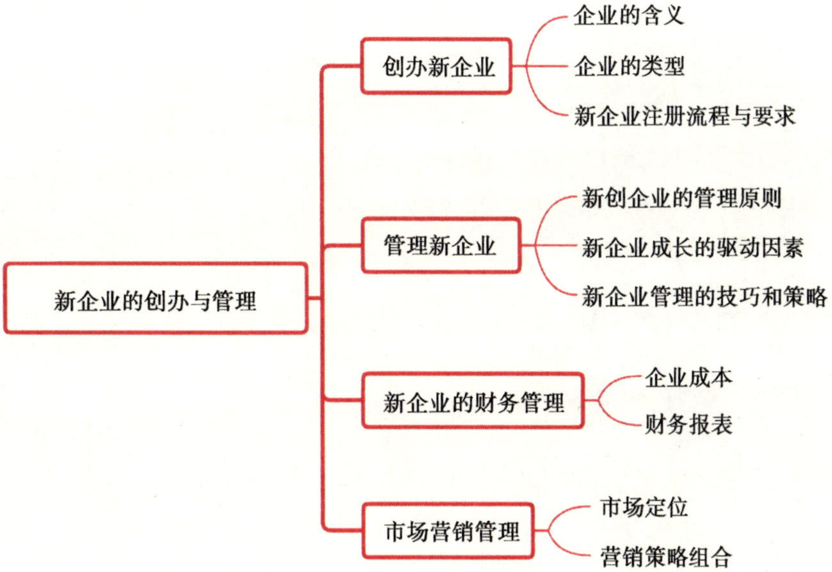

图 9-1　本章思维导图

项目实训

将学生分为若干小组,每组 6~8 人。根据所学知识和收集的信息资料,每个小组拟定创业公司类型。

假定以小组为单位注册公司,根据不同创业公司类型和经营范围,制定一份公司注册流程和企业登记方案。

让各小组成员做好创业企业的组织架构设计,明确各岗位职责,做好分工,完善创业团队的人力资源管理。完成创业企业组织结构图与岗位职责权限划分,撰写组织结构设计方案。

第十章 “互联网+”创新创业

学习目标

1. 了解“互联网+”的含义。
2. 掌握“互联网+”在汽车工程中的运用。
3. 掌握“互联网+”在机械工程中的运用。
4. 掌握“互联网+”在智能交通中的运用。
5. 掌握“互联网+”在人文旅游中的运用。
6. 掌握“互联网+”在运输管理中的运用。
7. 掌握“互联网+”在道路桥梁工程中的运用。
8. 掌握“互联网+”在建筑工程中的运用。

案例导入

2017 年 9 月，第三届全国大学生“互联网+”创新创业大赛在西安落下帷幕。在所有参赛项目中，来自云南大学的小罗的项目“罗小馒红糖馒头”获得全国总决赛金奖，且被评为“最佳带动就业奖”单项奖，并和中国高校创新创业孵化器联盟现场签约。

2015 年 11 月，小罗在学校食堂租了一块地方，首家“罗小馒红糖馒头”店开业。为推广自己，小罗想到了“爱心早餐计划”：给所有早上赶着校车来上课、没有时间吃早餐的老师送一杯豆浆、一个馒头、一张名片。通过这次活动，红糖馒头店在校内人人皆知，很多老师一天不落地来店里买馒头。经过慢慢的发展和口碑积累，两年来小罗的红糖馒头直营店加上加盟店已经有 130 多家。以每个门店每天要销售 1200~1500 个馒头来算，仅是一天的时间就能制作195000个馒头，每个馒头的售价为1.5元，如此一来所有门店每天的流水就能达到292500元。一个小小的红糖馒头怎么能做成功呢？“我们用了互联网产品思维和工匠精神去做。”小罗说。小作坊要的是如何卖出去最多，而他们想到的是怎么让消费者喜欢，追求更好的迭代。

（节选自卿臻、罗兰芬主编：《大学生创新创业教育》，国家行政学院出版社2018年版，第205~206页，略有改动）

第一节　“互联网+”概述

一、“互联网+”简介

“互联网+”代表着一种新的经济形态，它指的是依托互联网信息技术实现互联网与传统产业的联合，以优化生产要素、更新业务体系、重构商业模式等途径来完成经济转型和升级。“互联网+”计划的目的在于充分发挥互联网的优势，将互联网与传统产业深入融合，以产业升级提升经济生产力，最后实现社会财富的增加。

“互联网+”概念的中心词是互联网，它是“互联网+”计划的出发点。“互联网+”计划具体可分为两个层次的内容来表述。一方面，可以将“互联网+”概念中的文字“互联网”与符号“+”分开理解。符号“+”意为加号，即代表着添加与联合。这表明了“互联网+”计划的应用范围为互联网与其他传统产业，它是针对不同产业间发展的一项新计划，应用手段则是通过互联网与传统产业进行联合和深入融合的方式进行；另一方面，“互联网+”作为一个整体概念，其深层意义是通过传统产业的互联网化完成产业升级。互联网通过将开放、平等、互动等网络特性在传统产业的运用，通过大数据的分析与整合，试图理清供求关系，通过改造传统产业的生产方式、产业结构等内容，来增强经济发展动力，提升效益，从而促进国民经济健康有序发展。

二、“互联网+”概念的提出

国内“互联网+”理念的提出，最早可以追溯到2012年11月的易观第五届移动互联网博览会。会上，易观国际董事长兼首席执行官于扬首次提出“互联网+”理念。他认为，在未来，“互联网+”公式应该是我们所在的行业的产品和服务，在与我们未来看到的多屏全网跨平台用户场景结合之后产生的这样一种化学公式。我们可以按照这样一个思路找到若干这样的想法。而怎么找到你所在行业的“互联网+”,则是企业需要思考的问题。

2014 年 11 月,李克强在首届世界互联网大会上指出,互联网是大众创业、万众创新的新工具。其中“大众创业、万众创新”正是 2014 年政府工作报告中的重要主题,被称作中国经济提质增效升级的“新引擎”,可见其重要作用。

2015 年 3 月的全国两会上,李克强总理在政府工作报告中首次提出“互联网+”行动计划。李克强在政府工作报告中提出,制定“互联网+”行动计划,推动移动互联网、云计算、大数据、物联网等与现代制造业结合,促进电子商务、工业互联网和互联网金融健康发展,引导互联网企业拓展国际市场。全国人大代表马化腾提交了《关于以“互联网+”为驱动,推进我国经济社会创新发展的建议》的议案,表达了对经济社会创新的建议和看法。他呼吁,我们需要持续以“互联网+”为驱动,鼓励产业创新、促进跨界融合、惠及社会民生,推动我国经济和社会的创新发展。马化腾表示,“互联网+”是指利用互联网的平台、信息通信技术把互联网和包括传统行业在内的各行各业融合起来,从而在新领域创造一种新生态。他希望这种生态战略能够被国家采纳,成为国家战略。

2015 年 7 月 4 日,国务院印发《关于积极推进“互联网+”行动的指导意见》,这是推动互联网由消费领域向生产领域拓展,加速提升产业发展水平,增强各行业创新能力,构筑经济社会发展新优势和新动能的重要举措。

三、“互联网+”的基本内涵

“互联网+”是两化融合的升级版,将互联网作为当前信息化发展的核心特征提取出来,并与工业、商业、金融业等服务业全面融合。“互联网+”的关键就是创新,只有创新才能让这个“+”真正有价值、有意义。正因为此,“互联网+”被认为是创新 2.0 下的互联网发展新形态、新业态,是知识社会创新 2.0 推动下的经济社会发展新形态演进。

通俗来说,“互联网+”就是“互联网+各个传统行业”,但这并不是简单的两者相加,而是利用信息通信技术以及互联网平台,让互联网与传统行业进行深度融合,创造新的发展生态。

“互联网+”有六大特征:

一是跨界融合。“+”就是跨界,就是变革,就是开放,就是重塑融合。敢于跨界了,创新的基础就更坚实;融合协同了,群体智能才会实现,从研发到产业化的路径才会更垂直。融合本身也指代身份的融合,客户消费转化为投资、伙伴参与创新等等,不一而足。

二是创新驱动。中国经济增长方式,必须转变到创新驱动发展这条正确的道路上来。这正是互联网的特质,用互联网思维来求变、自我革命,也更能发挥创新的力量。

三是重塑结构。信息革命、全球化、互联网业已打破了原有的社会结构、经济结构、地缘结构、文化结构。权力、议事规则、话语权不断在发生变化。“互联网+”下的社会治理、虚拟社会治理将会有很大的不同。

四是尊重人性。人性的光辉是推动科技进步、经济增长、社会进步、文化繁荣的最根本的力量。互联网的力量之所以强大,也是由于对人性的最大限度的尊重、对人体验的敬畏、对人的创造性发挥的重视。

五是开放生态。关于“互联网+”,生态是非常重要的特征,而生态的本身就是开放的。我们推进“互联网+”,其中一个重要的方向就是要把过去制约创新的环节化解掉,把孤岛式创新连接起来,让研发由人性决定的市场驱动,让创业并努力者有机会实现价值。

六是连接一切。连接是有层次的,可连接性是有差异的,连接的价值是相差很大的,但是连接一切是“互联网+”的目标。

四、“互联网+”的消费模式

“互联网+”背景下的消费模式完全不同于传统消费模式,对商品生产、市场流通、经营销售都产生了巨大的影响,形成了消费模式的新常态。

(一)满足了消费需求,使消费具有互动性

传统消费模式与商业模式形成的根本原因在于供给与需求在时间和信息获取上的非同一性。在传统消费模式中,供给方依照自身对于市场和消费者的理解,自行设计制造商品和服务,通过各种销售渠道送达消费者手中。在传统模式下,消费者是商品服务的被动接受者,同时因为技术、资金等各方面的限制,供给方很难满足需求者的个性化需求。商品流通的中间环节为各种类型商业机构,商业机构充当了供给方和需求方的中间枢纽。但在“互联网+”背景下的消费模式中,互联网为消费者和商家搭建了一个快捷而实用的互动平台,供给方直接与需求方打交道,中间枢纽环节被省去,供给方与需求方直接形成了消费流通环节。同时,互联网使得个性化“私人订制”成为可能。消费者通过互联网直接将自身的个性化需求提供给供给者,能够亲自参与商品和服务的生产。生产者则根据消费者对产品外形、性能等多方面的要求提供个性化商品。“互联网+”间接上促进了消费个性化趋势的形成,消费者成为商品和服务的生产出发点与归宿,与生产有了直接紧密的联系。这种互动性体现的不仅是一种商业模式,更代表着未来新经济和新文化的发展方向和趋势。

(二)优化了消费结构,使消费更具有合理性

随着社会的进步与发展,人们已经不再满足于简单的基本物质生活需求,对特色化、趣味化的需求更加强烈,以互联网为载体的新兴消费正好满足了人们的需求。消费者置身于资源丰富的网络世界中时,能够借助互联网的特点进行方便快捷的消费,而同时互联网购物本身就是一种前所未有的体验。借助互联网的各种创新特点,消费者能够体验到与传统消费模式截然不同的感受,体验消费过程就与消费本身融为一体,体验中有消费,消费中蕴含体验。互联网逐渐培养了消费者享受快捷选择、快捷支付的舒适性,消费者也就逐渐习惯于互联网所提供的“唾手可得”和“无所不及”的精神享受。这种传统消费模式不能提供的体验使得消费已经进入了享受型和发展型消费的新阶段。同时,互联网信息技术有助于实现空间分散、时间错位之间的供求匹配,从而可以更好地提高供求双方的福利水平,进而优化升级人们的基本需求。

(三)扩展了消费范围,使消费具有无边界性

传统消费由于时间、空间限制,在消费内容、消费时空上都有客观条件的限制,互联网消费由于成功运用了互联网技术,使得传统消费的时空限制趋于消失,形成了一种无边际消费模式。首先,消费者在商品服务的选择上是没有范围限制的。当前各个电商在互联网上销售各种各样的商品和服务,特别是为消费者提供了大量个性突出的非标准化产品,如图书、影视、音乐和游戏等。在互联网技术的蓬勃发展背景下,互联网能够以无限的商品来满足消费者的需求。其次,互联网消费突破了空间的限制。随着互联网在全球普及范围的逐步扩大,消费者能在世界各地购买世界各地的商品和服务,互联网提供了超越国家和地区边界的能力,互联网消费没有了边界限制。再次,消费者的购买效率得到了充分的提高。网络技术的不断创新,使得包括商品搜寻、支付手段等在内的各种消费支撑技术得到了充分的发展,完全能够满足当前消费者方便快捷购物的需求。最后,互联网提供信息是无边界的。网络技术的发展使得各种类型信息排山倒海般地被消费者所接收,信息的传播同样不受时空地域的限制。同时,借助于大数据技术,消费者的消费偏好、消费习惯等微观信息也被归纳统计,借助于这些数据生产方更能为消费者提供完善的服务,消费信息在生产与消费方的充分流动促使整个互联网消费稳步健康发展。

(四)改变了消费行为,使消费具有分享性

AIDMA 理论作为分析消费者行为传统模式理论已经存在了很多年。该理论认为,消费者从最初接触到商品到最终完成购买将经历五个阶段:A(attention)诱发注意,I(interest)激发兴趣,D(desire)形成欲望,M(memory)产生记忆,A (action)促成购买。然而,在互联网背景下,AISAS理论才能更好地诠释在"互联网+"背景下消费者购物的行为模式。新消费行为模式AISAS与AIDMA相比较,在前两个阶段基本相同,但从第三个阶段开始就出现了变化。新行为模式在第三个阶段变为S(search),即消费者在互联网背景下主动进行商品服务的搜寻;第四个阶段为A(action),即采取购买行为;最后一个阶段变为分享S(share),因为互联网技术的发展,消费者也成为自媒体的代言人,能够随时随地分享自己的信息,能够将自身商品和服务的使用体验与其他人分享。基于"互联网+"时代特点而重新构建的AISAS模式强调互联网技术的应用而着重突出了信息获取和信息分享环节。正是因为消费者自主"搜索"和"分享"行为的普遍,所有的信息以互联网为中心聚合扩散,将产生成倍的传播效果,对消费者购买决策及信息收集模式带来了颠覆性的变革,这就使得消费者能直接接触到网络中由其他消费者分享的商品服务的各式各类信息。在电子产品、汽车、化妆品和一些奢侈品领域,互联网已经是消费者了解商品信息的首要来源。网络的日趋普及,带来了全民传播、全民分享消费信息的趋势。互联网的时效性、综合性、互动性和使用便利性使得消费者能方便地对商品的价格、性能、使用感受进行分享,消费者"货比三家"的困难程度被大大降低。这种信息体验对消费模式转型发挥着越来越重要的影响。

(五)丰富了消费信息,使消费具有自主性

"互联网+"时代的消费者不喜欢被动接受消费品和消费服务,他们更倾向选择流行、时尚、前卫的新鲜事物来彰显自我魅力。这种倾向性的选择缘于互联网把产品、信息、应用和服务连接起来,使消费者的"搜索引擎"有了"库"、有了"源"。消费者如果想购买商品,可以方便地找到同类产品的信息,并根据其他消费者的消费心得、消费评价做出是否购买的决定。也就是说,"互联网+"的消费时代最大限度地扩大了消费增量,盘活了消费存量,强化了消费者自由选择、自主消费的系列权益。

五、"互联网+"的发展趋势

新一代信息技术发展推动了知识社会以人为本、用户参与的下一代创新(创新2.0)演进。创新2.0以用户创新、开放创新、大众创新、协同创新为特征。随着新一代信息技术和创新2.0的交互与发展,人们生活方式、工作方式、组织方式、社会形态正在发生深刻变革,产业、政府、社会、民主治理、城市等领域的建设应该把握这种趋势,推动企业2.0、政府2.0、社会2.0、合作民主、智慧城市等新形态的演进和发展。"互联网+"是创新2.0下的互联网与传统行业融合发展的新形态、新业态，是知识社会创新 2.0 推动下的互联网形态演进及其催生的经济社会发展新常态。它代表一种新的经济增长形态，即充分发挥互联网在生产要素配置中的优化和集成作用，将互联网的创新成果深度融合于经济社会各领域之中，提升实体经济的创新力和生产力，形成更广泛的以互联网为基础设施和实现工具的经济发展模式。

无所不在的网络会同无所不在的计算、无所不在的数据、无所不在的知识，一起推进了无所不在的创新，以及数字向智能并进一步向智慧的演进，并推动了“互联网+”的演进与发展。人工智能技术的发展，包括深度学习神经网络，以及无人机、无人车、智能穿戴设备以及人工智能群体系统集群及延伸终端，将进一步推动人们现有生活方式、社会经济、产业模式、合作形态的颠覆性发展。

从现状来看，“互联网+”尚处于初级阶段，各领域对“互联网+”还在做论证与探索，特别是那些非常传统的行业，他们正努力借助互联网平台增加自身利益。例如传统行业开始尝试营销的互联网化，借助 B2B、B2C 等电商平台来实现网络营销渠道的扩建，增强线上推广与宣传力度，逐步尝试网络营销带来的便利。

与传统企业相反的是，在“全民创业”的常态下，企业与互联网相结合的项目越来越多，诞生之初便具有“互联网+”的形态，因此它们不需要再像传统企业一样转型与升级。“互联网+”正是要促进更多互联网创业项目的诞生，从而无须再耗费人力、物力及财力去研究与实施行业转型。可以说，每一个社会及商业阶段都有一个常态以及发展趋势，“互联网+”的发展趋势则是大量“互联网+”模式的爆发以及与传统企业的“破与立”并存。

六、“互联网+”的社会影响

“互联网+”中重要的一点是催生新的经济形态，并为“大众创业、万众创新”提供环境。

“互联网+”是对创新 2.0 时代新一代信息技术与创新 2.0 相互作用共同演化推进经济社会发展新形态的高度概括。

李克强总理所提的“互联网+”与较早相关互联网企业讨论聚焦的“互联网改造传统产业”基础上已经有了进一步发展。李克强总理在政府工作报告中首次提出的“互联网+”实际上是创新 2.0 下互联网发展新形态、新业态，是知识社会创新 2.0 推动下的互联网形态演进。

伴随知识社会的来临，驱动当今社会变革的不仅仅是无所不在的网络，还有无所不在的计算、无所不在的数据、无所不在的知识。“互联网+”是中国工业和信息化深度融合的成果与标志，也是进一步促进信息消费的重要抓手。“互联网+”为经济发展提供新引擎。

拓展阅读

国务院关于积极推进“互联网+”行动的指导意见(节选)

各省、自治区、直辖市人民政府,国务院各部委、各直属机构:

“互联网+”是把互联网的创新成果与经济社会各领域深度融合,推动技术进步、效率提升和组织变革,提升实体经济创新力和生产力,形成更广泛的以互联网为基础设施和创新要素的经济社会发展新形态。在全球新一轮科技革命和产业变革中,互联网与各领域的融合发展具有广阔前景和无限潜力,已成为不可阻挡的时代潮流,正对各国经济社会发展产生着战略性和全局性的影响。积极发挥我国互联网已经形成的比较优势,把握机遇,增强信心,加快推进“互联网+”发展,有利于重塑创新体系、激发创新活力、培育新兴业态和创新公共服务模式,对打造大众创业、万众创新和增加公共产品、公共服务“双引擎”,主动适应和引领经济发展新常态,形成经济发展新动能,实现中国经济提质增效升级具有重要意义。

近年来,我国在互联网技术、产业、应用以及跨界融合等方面取得了积极进展,已具备加快推进“互联网+”发展的坚实基础,但也存在传统企业运用互联网的意识和能力不足、互联网企业对传统产业理解不够深入、新业态发展面临体制机制障碍、跨界融合型人才严重匮乏等问题,亟待加以解决。为加快推动互联网与各领域深入融合和创新发展,充分发挥“互联网+”对稳增长、促改革、调结构、惠民生、防风险的重要作用,现就积极推进“互联网+”行动提出以下意见。

一、行动要求

(一)总体思路

顺应世界“互联网+”发展趋势,充分发挥我国互联网的规模优势和应用优势,推动互联网由消费领域向生产领域拓展,加速提升产业发展水平,增强各行业创新能力,构筑经济社会发展新优势和新动能。坚持改革创新和市场需求导向,突出企业的主体作用,大力拓展互联网与经济社会各领域融合的广度和深度。着力深化体制机制改革,释放发展潜力和活力;着力做优存量,推动经济提质增效和转型升级;着力做大增量,培育新兴业态,打造新的增长点;着力创新政府服务模式,夯实网络发展基础,营造安全网络环境,提升公共服务水平。

(二)基本原则

坚持开放共享。营造开放包容的发展环境,将互联网作为生产生活要素共享的重要平台,最大限度优化资源配置,加快形成以开放、共享为特征的经济社会运行新模式。

坚持融合创新。鼓励传统产业树立互联网思维,积极与“互联网+”相结合。推动互联网向经济社会各领域加速渗透,以融合促创新,最大程度汇聚各类市场要素的创新力量,推动融合性新兴产业成为经济发展新动力和新支柱。

坚持变革转型。充分发挥互联网在促进产业升级以及信息化和工业化深度融合中的平台作用,引导要素资源向实体经济集聚,推动生产方式和发展模式变革。创新网络化公共服务模式,大幅提升公共服务能力。

坚持引领跨越。巩固提升我国互联网发展优势,加强重点领域前瞻性布局,以互联网融合创新为突破口,培育壮大新兴产业,引领新一轮科技革命和产业变革,实现跨越式发展。

坚持安全有序。完善互联网融合标准规范和法律法规,增强安全意识,强化安全管理和防护,保障网络安全。建立科学有效的市场监管方式,促进市场有序发展,保护公平竞争,防止形成行业垄断和市场壁垒。

…………

二、重点行动

(一)“互联网+”创业创新

充分发挥互联网的创新驱动作用,以促进创业创新为重点,推动各类要素资源聚集、开放和共享,大力发展众创空间、开放式创新等,引导和推动全社会形成大众创业、万众创新的浓厚氛围,打造经济发展新引擎。(发展改革委、科技部、工业和信息化部、人力资源社会保障部、商务部等负责,列第一位者为牵头部门,下同)

1.强化创业创新支撑。鼓励大型互联网企业和基础电信企业利用技术优势和产业整合能力,向小微企业和创业团队开放平台入口、数据信息、计算能力等资源,提供研发工具、经营管理和市场营销等方面的支持和服务,提高小微企业信息化应用水平,培育和孵化具有良好商业模式的创业企业。充分利用互联网基础条件,完善小微企业公共服务平台网络,集聚创业创新资源,为小微企业提供找得着、用得起、有保障的服务。

2.积极发展众创空间。充分发挥互联网开放创新优势,调动全社会力量,支持创新工场、创客空间、社会实验室、智慧小企业创业基地等新型众创空间发展。充分利用国家自主创新示范区、科技企业孵化器、大学科技园、商贸企业集聚区、小微企业创业示范基地等现有条件,通过市场化方式构建一批创新与创业相结合、线上与线下相结合、孵化与投资相结合的众创空间,为创业者提供低成本、便利化、全要素的工作空间、网络空间、社交空间和资源共享空间。实施新兴产业

“双创”行动,建立一批新兴产业“双创”示范基地,加快发展“互联网+”创业网络体系。

3.发展开放式创新。鼓励各类创新主体充分利用互联网,把握市场需求导向,加强创新资源共享与合作,促进前沿技术和创新成果及时转化,构建开放式创新体系。推动各类创业创新扶持政策与互联网开放平台联动协作,为创业团队和个人开发者提供绿色通道服务。加快发展创业服务业,积极推广众包、用户参与设计、云设计等新型研发组织模式,引导建立社会各界交流合作的平台,推动跨区域、跨领域的技术成果转移和协同创新。

…………

(九)“互联网+”便捷交通

加快互联网与交通运输领域的深度融合,通过基础设施、运输工具、运行信息等互联网化,推进基于互联网平台的便捷化交通运输服务发展,显著提高交通运输资源利用效率和管理精细化水平,全面提升交通运输行业服务品质和科学治理能力。(发展改革委、交通运输部共同牵头)

1.提升交通运输服务品质。推动交通运输主管部门和企业将服务性数据资源向社会开放,鼓励互联网平台为社会公众提供实时交通运行状态查询、出行路线规划、网上购票、智能停车等服务,推进基于互联网平台的多种出行方式信息服务对接和一站式服务。加快完善汽车健康档案、维修诊断和服务质量信息服务平台建设。

2.推进交通运输资源在线集成。利用物联网、移动互联网等技术,进一步加强对公路、铁路、民航、港口等交通运输网络关键设施运行状态与通行信息的采集。推动跨地域、跨类型交通运输信息互联互通,推广船联网、车联网等智能化技术应用,形成更加完善的交通运输感知体系,提高基础设施、运输工具、运行信息等要素资源的在线化水平,全面支撑故障预警、运行维护以及调度智能化。

3.增强交通运输科学治理能力。强化交通运输信息共享,利用大数据平台挖掘分析人口迁徙规律、公众出行需求、枢纽客流规模、车辆船舶行驶特征等,为优化交通运输设施规划与建设、安全运行控制、交通运输管理决策提供支撑。利用互联网加强对交通运输违章违规行为的智能化监管,不断提高交通运输治理能力。

…………

(节选自国务院:《国务院关于积极推进“互联网+”行动的指导意见》,《国务院公报》2015年第20期,第11~23页)

第二节 “互联网+”与汽车工程、机械工程和智能交通

一、“互联网+”汽车工程

(一)“互联网+”汽车工程概述

近年来,我国汽车产业快速发展,形成了种类齐全、配套完整的产业体系,整车研发能力明显增强,节能减排成效显著,质量水平稳步提高,自主品牌迅速成长,国际化发展能力逐步提升。我国汽车产业已经具备了一定的产业基础,能够为汽车强国战略提供重要的支撑。工信部部长苗圩提出,汽车产业是推动新一轮科技革命和产业变革的重要力量,是建设制造强国和网络强国的重要支撑,是国民经济的支柱产业。中国汽车工业协会副会长董扬指出,汽车产业的发展,是国家富强、民族振兴和人民幸福的需要。清华大学赵福全认为,汽车产业在国民经济中占有重要地位,为了实现我国经济转型升级,建设汽车强国是别无他途的战略选择。

20 世纪 90 年代中期以来,中国互联网从无到有、从小到大、从大变强,互联网已嵌入人们生活的各个角落。电子商务、网络娱乐、无人驾驶汽车、互联网金融等新兴互联网产业发展势头强劲。互联网作为工业转型升级的先导力量,不断催生新产品、新业务、新模式、新业态,改变传统的生产方式、商业模式和管理模式。同时,互联网与汽车产业的融合正在日益加深,成为新一轮工业革命的发展方向和国际先进制造业竞争的制高点。我国是汽车产业大国,也是互联网大国,互联网与汽车产业融合空间广阔,潜力巨大。工信部、发改委和科技部 2017 年发布的《汽车产业中长期发展规划》中明确提出要加速跨界融合,构建新型产业生态,推进“汽车+”跨界融合工程。加快实施“互联网+”行动计划,推进互联网和汽车产业融合深度发展,是推进互联网产业发展,建设汽车强国的关键之举。

互联网汽车实质上是利用互联网、人工智能等新一代信息技术对传统汽车设计制造等流程再造,实现汽车产品及研发制造的网络化、数字化、智能化。

(二)“互联网+”对汽车工程创业的影响

当前,随着互联网与汽车产业深度融合,汽车正从交通工具转变为大型移动智能终端、储能单元和数字空间,实现乘员、车辆、货物、运营平台与基础设施等

智能互联和数据共享。互联网企业既依靠自身的直接行动，又借助对传统汽车制造商的间接促动，加速汽车业的转型升级，为我国汽车产业带来新的变革，如图 10-1 所示。

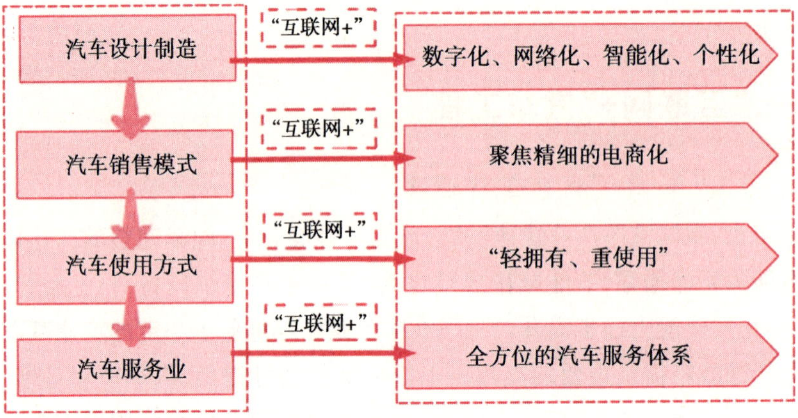

图 10-1 "互联网+"战略为汽车产业带来新的变革

1."互联网+"推动汽车设计制造模式变革

传统汽车设计由于缺乏大型设计软件的支撑及设计人员与客户的有效沟通而在进行效率低下的"闭门造车"。传统汽车制造都是通过大批量、规模化、流程固定的流水线大规模生产产品。随着互联网在汽车制造业领域应用日益广泛深入，汽车设计制造已经开始向着数字化、网络化、智能化及个性化的方向发展。其特点如下：

(1)数字化。工业大数据为汽车新技术的研发设计、加工制造等过程提供资源支撑和服务保障，为汽车生产要素实现优化整合和高效配置，从而在最大程度上保证汽车及零部件性能的同时，大大节约了设计开发时间。

(2)网络化。基于互联网的工业信息系统实现了车企与用户之间的互联互通与综合集成，促进了企业生产和市场需求之间的实时信息交互，同时也使得零部件生产及汽车组装等全生产过程变得更加精准协同。

(3)智能化。一方面，汽车绝大部分的生产制造过程都是由工业机器人完成，人只需用电脑控制机器人即可；另一方面，通过对各类传感器采集的汽车在驾乘、维修、保养过程中的海量信息进行及时的深度分析，可快速确定最优技术路线。

(4)个性化。基于互联网高效、快速及开放的特点，车企模块化研发与生产已经成为潮流，车企可以与用户互联互通，随时了解客户的需求，推出适销对路的产品，实现定制汽车个性化服务。

2.“互联网+”推动汽车销售模式变革

伴随着汽车产业与互联网的进一步融合发展，汽车营销正在由覆盖大众群体的营销模式，转向聚焦精细化的营销时代。传统汽车销售模式主要依靠电视、报纸、媒体等公众平台进行广告投放，在互联网与汽车产业的深度融合的时代，汽车产业传统的销售模式受到巨大冲击，电商化将成为汽车未来销售模式上的重要趋势。汽车企业依靠互联网大数据优势，可以进行精准广告投放，同时各种大数据产品和服务也在向后市场渗透，以更好地提供汽车服务；而消费者则可通过线上预约、线下体验和送车上门（支付）的方式购买新车。此外，互联网与二手车交易产业的融合大大降低了人力成本，减少了中间商的利益，客户可以通过最优的价格买到二手车，实现了资源的高效配置。

3.“互联网+”推动汽车使用方式变革

基于互联网的引入，汽车产品形态和功能的变化必然促使汽车使用方式呈现“轻拥有、重使用”的发展趋势。基于传统的汽车租赁平台，移动终端和互联网的加入使得客户可以在线上方便快捷地完成汽车租赁服务的预约、付款等。私家车与互联网的结合促进了优步（Uber）、滴滴打车等企业的发展壮大，极大地提高了私家车的使用效率，减少了资源浪费。我国已有多家公司在努力打造 P2P 汽车共享商业平台，比如神州专车、易到用车等。在全新的趋势下，用户可以通过智能移动终端，根据自己的喜好及实际需求灵活选择车辆类型。基于汽车使用的全新模式，车辆资源将最大程度上被合理配置，用户对车辆的使用更加便捷高效，同时也将会大大降低温室气体的排放量，有效缓解城市拥堵问题。

4.“互联网+”推动汽车服务业的变革

我国传统汽车服务业存在服务理念落后、综合服务水平不高、服务效率低下等各种问题。在开放的互联网时代，汽车服务业通过利用计算机信息处理技术和网络技术，按照一定的科学比例组织原则，在确保安全、便利的基础上选择或设置各种类型的汽车服务网络点，从而形成一个能为汽车提供全方位服务的汽车服务体系。

互联网与汽车服务的融合发展可以使天（互联网络）、地（汽车企业服务实际网点）、人（汽车服务人员和客户）完美统一，为车主提供全天候全方位服务，车主只管开车，剩下的事全由汽车服务体系完成。互联网与汽车保险服务的相互融合使得保险公司不仅可以利用网络进行内部的管理，还可以通过互联网络与客户开展电子商务服务，如网上投保、实时核保、理赔、签单等。

互联网与汽车金融的有机结合，建立了全平台的共享信用体系，极大地降低了传统汽车金融业务风险。互联网与汽车技术服务的结合使得汽车厂家、4S 店、特约经销商可以通过互联网与用户互联互通，随时了解客户需求，并根据客户的要求为其提供高效的售后技术服务。

经典案例

2020年11月23—27日，由《中国经营报》和中经未来主办的“2020中国企业竞争力年会周”在北京举行。作为年会周的重要组成部分，于11月25日举行的“2020中国汽车‘新营销’高峰论坛”，邀请多位知名学者及企业高管，共议经济“双循环”的新发展格局，共同探讨汽车变革的新方向。

威马汽车首席数据官梅松林出席峰会并参加圆桌论坛环节的讨论。他认为，电动汽车是一个新的品类，如果没有政策制定者以及消费者的包容和宽容就没有今天的特斯拉，就没有长续航的电池，也没有自动驾驶技术的出现。

不过，当前新能源汽车的技术还不够完美，梅松林表示：“一个新的技术从不成熟到成熟的过程中，技术本身是不完美的，但可以将问题解决得完美。快速响应、快速解决、及时担责，不仅要解决一时的问题，还要提供长期的解决方案，反而会让消费者更加信任企业。”

其以威马为例，从调研数据可以发现，消费者购买威马汽车的三大原因之一就是售后保障，尤其是电池的终身保障，得到了消费者的广泛认可。

如何解决问题？在梅松林看来，智能汽车具备天生数字化、智能化的特点，建立在数字化、智能化之上的数据便能够预测问题、预判问题、解决问题。“我相信智能产品的问题最终还要靠智能化的手段和工具解决它。大家知道数据驱动有四大作用，第一描述，第二诊断，第三预测，第四解决问题，要把四个方面的价值发挥出来，去解决智能产品本身的问题。”

最后，梅松林分享了威马汽车创立之初所树立的16字产品基本原则：安全可靠、质量稳定、体验出色、成本合理。

“大家经常用树这个概念形容一个企业的战略，我们也用树形容公司的产品策略。‘安全可靠、质量稳定’相当于树的根基，树的根基越是牢，这个企业越能百年常青，风吹不倒；‘体验出色、成本合理’是树干，电动化、网联化、智能化，电动化营养才能从树根源源不断通过树干输送到树枝树叶，才能硕果累累的，硕果累累就是好的产品。”梅松林说道。

（刘媛媛：《威马汽车梅松林：智能汽车天然具备数字化、智能化属性》，《中国经营报》2020年11月30日第T14版，略有改动）

二、“互联网+”机械工程

（一）“互联网+”机械工程概述

云计算、大数据、物联网、智能终端等新一代信息技术的高速发展以及与制造业的深度融合，正在引发新一轮的产业变革与科技革命。中国当前正处于工业化发展的关键时期，制造业发展面临着前所未有的机遇和挑战，制造业亟待转型升级。“互联网+”相关技术和手段为传统制造业升级提供了更加有效的工具，同时也带来了制造业演进的新路线，是实现制造强国的必然选择，互联网与“中国制造 2025”的融合已经成为我国制造业实现转型升级的必由之路。

我国制造业转型升级过程中，急需大量既具备扎实专业素养又熟悉“互联网+”创新创业模式的复合型人才，机械类专业是制造业工程技术人才的主要来源，理应成为创新创业教育的主战场。

（二）“互联网+”为机械工程创业提供机遇

1.发挥创新的行业主心骨作用

创新是机械工程行业的主心骨，在技术上如此，在产品运营上也是如此。成功的机械行业不应当仅停留在对已有成功经验的借鉴和模仿，而应该在“互联网+”潮流里开辟新的行业模式，在“云时代”中探索符合自身实际的经营之道。

2.重视售前售后服务

售前售后服务涉及设计、采购、制造、客服等多个环节，考验着整体团队的能力。企业要适应市场变化，加强内部沟通协调，这也是分秒必争的“互联网+”时代对企业强化战力、提质增效的新要求。

机械工程企业在设计制造过程中，可大胆引进“大数据”的概念，开启“智能化”生产。在市场活动中，应变经营产品为经营用户，创新营销模式，努力培育本企业本品牌的粉丝群体，利用社群的力量扩散本企业的知名度和美誉度。

3.化零为整，重塑“互联网+”新格局

关于互联网的打造是一方面，机械工程行业在“互联网+”中突围，还离不开行业内部的高效整合，建立行业共同的发展生态圈。

机械工程企业应携手合作，打造以企业为主体的行业交流平台，营造浓厚的行业发展氛围，营建集“产、购、销、服”四维于一体，涵盖市场、技术、交易、仓储、物流，甚至战略规划、金融支持等各环节的行业孵化基地；整合机械工程行业投资、人才、物料、市场等产业上下游发展要素，形成产业集群的发展特色和产业基地的发展格局，为传统制造业转型升级奠定良好的互联网生态圈基础；化零为整，在市场商务乃至政府政策上用一个声音说话，避免原先单打独斗的局面，停止内耗,凝聚为一个共同整体。

经典案例

1989 年出生的王建,在大学期间一直有创业的梦想。2013 年大学毕业后,经过慎重考虑与仔细的市场调研,学习机电一体化的他准备开设一家机电经销店。当项目开始启动的时候,王建才发现一切没有他想象的那么简单。机电产品需求非常广阔,但是产品采购成本高,同时在产品介绍、安装、售后服务的过程中,又要求经营者具备丰富的技术知识,而自己仅仅是一名刚刚毕业的大学生,实践经验还比较缺乏。这些都成为他梦想实现的障碍。

一筹莫展的王建和自己的老师、同学交流,老师和同学向他建议:为什么不做一家机电连锁超市呢?在机电行业建立了一个 O2O 模式的机电产品交易平台,通过线上购买、线下提货的方式,满足客户的一站式采购需求。

听完建议,王建眼前一亮,大为振奋。说干就干,在经过仔细的接洽与评估后,王建选择加盟了一家已经获得一定发展的机电连锁超市,随后在公司总部进行了 3 个月的培训。培训过程中,他学习到了丰富的经营知识和产品技术知识,还接触到了很多同样具有创业梦想的大学生,在行业"老手"的悉心教导和与同行的不断交流下,王建的实践动手能力得到了极大提高,对创业的理解也更加深入。

不多久,王建的门店正式开业了,店面机电产品琳琅满目。王建表示,他有信心将门店经营好,以优质的产品与服务,满足客户的需求。他也欢迎更多的有创业梦想的大学生同他交流,实现自己的创业梦想。

(戴兰平、朱艳军、夏利波主编:《大学生创业基础》,湖南大学出版社 2018 年版,第 13 页)

三、"互联网+"智能交通

(一)"互联网+"智能交通概述

如今,遍布街道的摄像头、电子卡口、电子警察系统等,不仅规范着交通秩序、维护着城市安全,同时也产生了大量的城市交通数据信息。对这些信息进行深度挖掘和有效利用,能够为交通管理带来极大的便利,从而进一步优化利用交通工具和道路,减少交通资源的闲置浪费。

随着"互联网+"时代的到来,大数据、云计算等先进技术不仅被人们广泛熟知,还逐渐被应用到社会生产生活的各个领域。在智能交通方面,对大数据信息进行分析、挖掘，有利于实现车、路、人之间的精准连接与整合，从而为人们提供更为智能、精准和人性化的交通服务，优化人们的出行体验。

同时，大数据技术的应用，也增强了交通管理部门的信息收集、分析和整合能力，使他们能够对车辆、道路等交通资源进行更为优化的配置和更加高效的利用，大大提高了交通管理能力，也增强了决策的科学性和效果。

在交通领域，“互联网+交通”推动了智能交通时代的到来。借助大数据技术，交通领域不论是从管理还是服务层面，都形成了“线上合理分配资源，线下高效优质运行”的智能化、精准化和人性化的状态，大大提高了交通管理和资源利用的效率，也极大优化了人们的日常出行体验。

（二）“互联网+”背景下智能交通的发展

首先，“互联网+”给交通带来的不仅仅是更多的线下服务移到线上。“互联网+交通”不是简单地将原来信息化的内容或纸面上的工作搬到互联网上，也不仅仅是将原有交通信息化的内容进行延伸和扩展，而是要用互联网的概念和技术重新定义和构造交通运输系统。例如现在很多人都在使用的网约出租车或者叫专车，就是在互联网概念下运输模式和服务模式的创新。还有依托于超高速无线网络的车路协同、船岸协同和空地协同等等。

第二，“互联网+”还应该进一步理解为“互联网 Plus”，也就是新一代互联网技术。它不仅仅是信息交互和交易工具，最突出特点就是具有驱动、执行和使能的功能，就是新一代互联网要渗透到执行部件和机构中。它不仅推进交通运输管理与服务的提升，还将形成新的载运工具和运输系统。目前国际上的工业互联网和工业 4.0 也有类似的内容，最典型的就是自动驾驶系统，如自动驾驶列车、自动驾驶船舶、自动驾驶汽车等等；再有就是依托于车车通信和车路通信的驾驶安全辅助系统，可以在良好的通信系统支撑下，协助驾驶人或者直接采取措施保障载运工具和乘员的安全。

第三，数字化将是未来交通产业创新、服务升级和安全可靠的重要引擎。无论是应用大数据、云计算，还是应用人工智能，数字化都是基础。目前国内载运工具、运行系统和服务系统的数字化还不是很完善，特别是道路交通的数字化还处在起步阶段，短板就是道路交通动态运行数据缺乏。

经典案例

拥抱“互联网+” 编织创业梦

2007 年大学毕业后，学习软件技术专业的邵杰并没有盲目地加入创业大军，而是选择去大的网络公司积累专业知识和工作经验。经过两年的准备，他和大学同学史鹏云一起回到家乡锡林浩特市，开始了自己的创业之路。邵杰的启动资金只有10万元，他用这笔钱租了一间不足50平方米的单间，买了两张办公桌、两台电脑，于2010年成立了易动力网络公司。为了更好地经营公司，邵杰在创业当年参加了就业部门组织的SIYB创业培训，并获得了10万元贷款。这次培训不仅让邵杰学到了各种创业所需的知识，也解决了资金问题。

每天一大早，邵杰就拿着名片满大街跑业务，锡林浩特的店铺基本上让他跑了个遍。一次次碰钉子，一次次被拒绝，邵杰都没有气馁，而是更加坚定了必胜的信念。他给自己定下了任务：每天要向20家店介绍自己的业务。为了跟一家市区外的企业谈成一笔4000元的单子，他一个月之内跑了不下10次。为了省下打车的钱，他就挤公交，等不上公交就步行回公司。

邵杰始终把用户需求摆在第一位，用心做好每一笔单子。随着口碑越来越好，他的生意也越做越好。2014年11月，邵杰的公司成功入驻银座文化创意创业园，有了150多平方米的办公场所，还享受到了3年的房租补贴（第一年补贴100%，第二年补贴70%，第三年补贴30%）。

如今，邵杰的公司已经成长为专业为客户提供社区电子商务运营和社区电子商务系统开发、网络品牌策划、网站建设、营销推广及运营维护等一站式网络营销解决方案的专业化互联网公司。2015年，易动力网络公司旗下的爱锡盟进入社区，开发社区电子商务，为社区提供O2O服务。同时，建设线下体验店，每个店和一名大学生进行创业合作，通过大学生带动3~5人就业。邵杰对公司的规划是：在未来3年内覆盖锡林浩特市20个小区，为20个大学生提供创业平台，带动200~300个大学生就业。

（戴兰平、朱艳军、夏利波主编：《大学生创业基础》，湖南大学出版社2018年版，第47~48页，略有改动）

（三）“互联网+”为智能交通创业提供机遇

1.智能交通是我国交通运输发展新阶段的战略重点

经过改革开放以来的大规模建设，我国交通运输基础设施网络初步形成，高速公路、高速铁路总里程位居世界第一，拥有一批吞吐量位于世界前列的大型港口和航空枢纽，服务能力已总体适应了经济社会发展需要。随着铁路、公路、水路、航空等交通基础设施的逐步完善，我国交通运输正在进入综合协调、优化发展的新阶段。在这个新的发展阶段，如何提高综合交通运输体系的运行效率和管理效率、如何为公众提供更优质的运输服务、如何与经济发展相结合培育新的增长点等，成为交通运输发展的关键问题。近年来，大数据、物联网、云计算、互联网特别是移动互联网技术的快速发展，为交通运输提质增效升级提供了更好的条件。交通与互联网融合发展，产生了新业态，为公众出行等提供了更加便利、多元化的运输服务。

因此，“十三五”及以后较长一段时期，应将推动“互联网+”便捷交通、智能交通发展作为我国交通运输的战略重点。

2.准确把握“互联网+”智能交通

“互联网+”智能交通侧重于实现先进技术方法在交通系统中的全面应用，旨在优化综合交通运输体系的系统和管理，推动效率提升和组织变革，支撑安全和绿色发展，从而提高全要素生产率。此外，互联网新业态的市场主体也可能朝着更广泛的智能交通领域拓展。

3.智能交通发展路径

当前，移动互联网等新技术快速融入交通运输领域，网约车、互联网巴士、互联网停车、互联网汽车维修等新业态得到了快速兴起和发展，为人们提供更加多样化、定制化、高质量出行服务。互联网正处于发展风口浪尖，应很好地利用该发展机遇，加以推动、因势利导。同时，基于“互联网+”便捷交通与智能交通的相通性，新业态的市场主体也在朝着智能交通领域不断推进，如百度等公司都在研发推广无人驾驶车辆等，本身就是智能交通的内容。

第三节 “互联网+”与人文旅游、运输管理

一、“互联网+”人文旅游

(一)“互联网+”人文旅游的基本原则

1.理清思路，强化产业优势要素

在“互联网+”人文旅游中，首先要有一个明确的思路，即坚持产业优势，在政府的统筹安排下，依托产业龙头企业、重点项目、知名品牌，调整产业布局，优化各自的产业结构和资源要素配置，促进文化创意产业与旅游产业的深度融合。以优势要素融合促进带动两大产业间的融合是文化创意产业和旅游产业融合发展的基础所在。

2.立足当地，突出地域文化特色

在产业融合过程中，产业的地域特色发挥是产业融合成功的重点。文化资源和人文精神要一脉相承。

3.认清现状，依托产业现实基础

在当下互联网时代，信息技术日新月异，只有厘清现状，才能避免重复建设，防止恶性竞争，使文旅融合走向良性发展之路。

4.运用互联网思维，注重整体效应

文化创意产业的发展，灵魂在创意创新。“互联网+”时代的到来，给人文旅游提供了新的时代土壤，可以运用互联网的开放、平等、互动等特性，利用互联网平台提供的大数据分析整合，把握市场新的供求变化，进而改变、提升已有的生产方式和产业结构，增强产业发展的经济动力，从而促进产业经济的健康稳定发展。产业间的融合必须注意互联网思维的应用，在加强文化创意产业和旅游产业自身网络化发展的同时，进一步促进多种产业形式的融合发展。

（二）“互联网+”为运输管理创业提供机遇

1.全面推动运输管理产业信息化，实现智能化

“互联网+”形势下的运输管理信息化，已不再局限于企业自身的网站建设或企业内部的管理信息系统开发，更多的是利用移动互联网的优势，在管理监控、运营作业、金融支付等方方面面实现信息共享，从而实现整个运输管理供应链信息化。随着手持终端设备的开发和移动互联网 App 应用的不断成熟，企业内部运作信息更加趋于同步，分拣中转、装卸运输等环节将更加协同有效。大数据应用使企业之间形成联动机制。

2.改变传统的营销模式，为精准定制营销发展创造条件

当前运输管理企业，特别是快递服务企业作为直接与终端客户连接的末端流通产业，掌握着大量准确的第一手客户资源，包括居住地、消费习惯、消费偏好、消费水平甚至家庭情况等。企业如果能够充分利用互联网的平台，提升了自身的运输管理服务水平，快递企业很容易形成规模效应，再结合这些企业提供给用户的线下运输管理体验和延伸服务，将大幅度提升推行试销、定制等服务的可行性。

3.带来全新的运作模式

运输管理是一个通过不断接力使社会资源实现合理调配的过程，而互联网让社会信息从不对称变得对称，实现社会资源的优化配置。随着大数据的不断发展，运输管理社会化应用正不断出现。此外，在运输环节，有企业已经自行开发了载货无人机，配送机器人项目也在研发中。运输管理行业借助互联网正与工业自动化、物联网等技术实现深度融合。

4.催生全国运输管理信息网的发展和完善，形成全国大格局

全国运输管理信息网将是一个提供运输管理信息资讯服务的平台，可以实现全国绝大多数城市和地区的运输管理资讯整合，实现运输管理信息的交换和

资源共享。全国运输管理信息网以计算机、信息、网络为技术支撑，为运输管理企业提供运输管理行业资讯，增强运输管理企业的市场竞争力，促进运输管理市场的发展。

经典案例

2015年，在首届中国“互联网”大学生创新创业大赛广西选拔赛决赛的舞台上，广西某商务职业技术学院L同学的创业项目“一县一品特产微商城”获得了银奖，同时获得广西电子商务创业大赛二等奖。

“一县一品”的创意从何而来呢？近年来，根据自治区发展农村电子商务的工作部署，广西多县市将发展农村电子商务作为推进县域经济转型升级和促进“三农”发展的重要举措，努力探索电商扶贫的新路径。而随着社会的发展以及互联网信息社会的普及，传统的商超、实体店、电商、直销、传统微商等商业模式和创业渠道的发展遇到了很大的瓶颈。“大众创业”“分享经济”“碎片式创业”已经成为趋势，“新零售、新微商”销售模式吸收了以上商业模式的优点、满足了以上趋势的特点，同时也避免了它们的缺点和法律风险。在这样的背景下，“一县一品特产微商城”借着自身“成本低、渠道便捷、零门槛”的优势，充分发挥微商平台的作用，通过推行农特产品线上销售，拓宽销售渠道，促进电商与产业融合发展，达到产销平衡。

（卿臻、罗兰芬主编：《大学生创新创业教育》，国家行政学院出版社2018年版，第201页）

二、“互联网+”运输管理

（一）“互联网+”运输管理的基本认识

近几年来，互联网技术在交通运输领域得到了快速发展和广泛引用，产生了巨大的经济和社会效益，但基于“互联网+”的新业态、新模式跨界融合形态多样、性质各异，突破了既有法律边界和制度范围，正在改变甚至重塑传统管理架构和治理模式，对行业原有固有的市场准入、审核审批以及管理模式产生了深刻变革和影响，导致传统行业管理模式不适应新型业态发展需求，法律法规和政策标准滞后于市场创新需要等问题日益突出。例如，“互联网+”城市货运形成的共同配送、统一配送等新模式，受到车辆标准化程度低、运力投放机制不完善等因素制约；“互联网+”高效物流催生的无车承运人新模式，受制于既有的管理制度设计，不能获得道路货运经营资质，无法开具道路运输增值税专用发票，限制了发展空间;等等。我们应充分发挥“互联网+”对运输服务与管理的重要作用,开启运输服务与管理的新模式,强化移动互联网、云计算、大数据、物联网等先进技术和理念在运输管理中的应用,更加准确地了解市场需求,增强运输行业管理的针对性和有效性。针对“互联网+”对运输管理影响做系统性分析,对提升行业治理能力、提高公众出行服务品质和推动运输行业转型发展具有重要的意义。

(二)“互联网+”运输管理创业提供机遇

从工业革命发展历程来看,当前全球已进入信息技术时代,工业、经济及社会发展复杂性与日俱增。面对复杂多变的环境,互联网的技术优势得以凸显。

从交通运输发展阶段来审视和展望运输服务发展的阶段,都经历了从基础设施的不完善到逐步完善,从各种运输方式独立发展到竞合融合发展的阶段,从最初单一简单的路网到综合复杂的路网。与工业革命发展阶段一样,“互联网+”解决复杂问题的优势在运输服务行业领域也开始凸显。这里分 3 个阶段来分析预判运输服务的发展过程及未来的发展新趋势。

第一阶段:2008—2014 年,互联网是技术、工具和手段。2008 年以来,随着交通基础设施瓶颈制约基本消除后,“以人为本”“建运并举”理念更加深入人心。人民群众的出行不再局限在以前的“走得了”,更多的是追求“走得舒适、走得便捷”,互联网作为一项技术在运输服务信息化建设中发挥了一定的支撑作用。

第二阶段:2015—2025 年,互联网是基础设施、思维和战略。运输服务迈入智能化时代,互联网真正深入影响运输服务产业,应该是以 2014 年移动互联网时代的广泛来临为标志点。移动互联技术广泛应用对传统运输发展方式产生了近乎颠覆性的影响,个性化、多样化、柔性化、一体化、高品质的运输需求得到充分释放,推动运输服务模式不断创新。智能交通、智能物流引领下的产业化开发,成为移动互联网时代新经济增长点中的支柱产业;推进交通运输治理体系和治理能力现代化,一批适应新兴服务业态发展的市场监管规章制度陆续出台。未来几年,我国将全面跨入数据技术时代,全面感知、泛在互联、交互便捷、协同融合成为可能;云计算支持下的 5G 网络应用,无人驾驶技术、纯电动技术成熟应用等。可以预期的是,从运输服务产业来看,移动互联网的泛在互联,有利于倒逼综合运输体制机制变革,市场机制通过技术手段推动不同运输方式资源整合利用,进入以旅客联程联运、货物多式联运为核心的综合运输服务一体化发展阶段,整个行业走向高度融合、高度统一,整体优势和组合效率得到充分发挥,技术的集群突破与加速扩散促进交通运输行业跨界融合不断深化。

第三阶段:2025 年以后,互联网朝更高层次发展,甚至被物联网所取代。这一阶段将是高度智慧化阶段,互联网时代逐渐被物联网时代所取代。根据斯坦福大学经济学家托尼·塞巴(Tony Seba)在《对2020—2030年交通运输的思考》中的预测,整个陆路运输市场将转向电气化;到2025年,所有新车都将是电动的,所有公交、小汽车、拖拉机、货车,所有依靠车轮移动的东西,都将在全球范围内实现电动化。这阶段标志性事件为:无人驾驶得到广泛应用,运输装备电动化时代全面推广,万物皆可感知和互联。未来运输发展将彻底颠覆传统的高度智能化体系,其呈现什么样的发展形态,仍有很大想象空间。目前可以想象的是,无人驾驶、无人操作(无人机)将普遍得到应用。届时,私家车及出租车、驾驶培训等传统行业有可能彻底消失,大众公交变成小众公交。

总结来看,未来适应“互联网+”运输服务背景下智能交通发展的新趋向、新特点,特别是对海量数据与信息的挖掘、提取、集成与再造的需求,推进各类资源的适度开放与共享,激发各类市场主体的创造力、活力与生命力。一方面,传统运输企业要积极拥抱互联网,深入推进“互联网+便捷出行”“互联网+高效物流”等行动,并优化信息发布与资源共享机制,实现集约化、平台化、开放式发展。另一方面,不断加大信息资源开放共享力度与数据资源管理、交易体系。在保证国家安全与行业稳定发展的前提下,向社会积极、有序开放行业数据、信息、技术、产品等资源,建立交通运输数据资源管理体系,形成行业大数据。以此为契机,引导和培育交通大数据交易市场,放宽市场准入,开展面向应用的数据交易市场试点,促进相关衍生产品的开发、应用与产业化推广;探索产业和服务模式创新,带动低碳智能交通向纵深发展。

拓展阅读

“互联网+”对交通运输安全管理的影响

1.有助于实现资源的优化配置

随着我国当前互联网技术和大数据技术的不断发展,互联网技术和公路交通运输行业进行了相互的渗透以及融合,电子商务平台在不断地崛起,在无形之中催生了物流行业的蓬勃发展,这对于交通运输安全管理来说面临着诸多的挑战。比如在实际工作过程中,一些车辆的数量在不断地增加,为了最大限度保证这些车辆运输的安全性和稳定性,需要利用我国当前先进的大数据和互联网技术构建公路交通运输的网络,加强公路交通基础设施的建设,并且还要对信息数据进行优化性的配置,更加贴合于实际工作需求以及工作要求。与此同时,“互联网+”还有助于实现公路交通运输行业在数据资源方面的开放共享,在各个区域内实现有效的管理。另外,还可以充分发挥互联网技术的优势,对公路交通信息进行在线的查询，在这一背景下对网约车和智能停车服务进行系统开发，从而使得公路交通运输安全管理的效率和质量能够得到有效的提升，更加满足人们的出行需求和出行要求。

2.有助于保证公路交通运输安全管理的有序开展

从整体上看，公路交通运输安全管理工作中所涉及的内容具有复杂性的特征，假如仍然采取传统工作模式的话，那么会给实际安全管理工作带来诸多的影响，在无形中也会加大工作人员的工作压力。在“互联网+”这一背景下，公路交通运输安全信息服务逐渐朝着多元化和个性化的方向而发展，并且一些软件企业也加强了软件的开发程度，根据当前公路交通运输安全管理的要求制定了个性化的软件，从而更加满足实际交通运输安全管理需求及要求。根据交通运输信息的有效共享能够方便各个行业对货物进行有效的监督，及时了解在货物运输过程中所存在的问题。与此同时，运用互联网技术还可以对交通违法行为进行有效的监管，实现智能化和自动化的管理效果，使得公路交通运输安全管理能力能够得到有效提高。一些管理人员根据大数据和云计算平台对车辆的行驶规律和出行需求进行了多方面的分析与研究，明确了在交通运输安全管理工作中所存在的问题，完善了基础设施，有效地缓解城市在交通方面所面临的压力。

3.有助于加强智能交通基础设施的建设

“互联网+”有助于推进智能交通基础设施建设工作的有序进行。在“互联网+”背景下，互联网和各行各业竞争相互的渗透以及融合，对于交通运输来说所面临的信息量是非常巨大的，因此为了提高实际工作水平以及工作质量，需要加强智能交通基础设施的有效研发，从而实现公路交通运输行业的有效改革以及创新。比如对电动车技术的电桩密度提出了一定的要求，充分发挥互联网技术大力开发无人驾驶，在一些地区利用互联网技术实现交通标识的针对性改革。随着我国当前互联网技术的不断发展，公路交通运输安全也对信息技术提出了更多的要求，不仅有助于提高我国互联网金融的发展水平，还可以保证交通运输安全管理效率的有效提升。

（节选自彭薇亦：《“互联网+”对道路交通运输安全管理的影响研究》，《财富时代》，2021 年第 1 期，第 58~59 页，略有改动）

第四节 “互联网+”与道路桥梁工程、建筑工程

一、“互联网+”道路桥梁工程

(一)道路桥梁施工特点

一般而言,市政道路桥梁可以分成道路和桥梁两大组成部分。其施工特点有如下几点:

1.施工前期准备时间短,施工进程紧张

城市道路桥梁建设作为一项惠民工程,其建设资金主要由政府出资。作为城市建设中重要的一环,在建设过程中只能提前完成,而不能滞后,因此对整个桥梁施工所给的工期是非常紧张的。

2.施工能够占用场地有限

在城市建设规划中,道路桥梁一般建设在人群较为密集的闹市区,因此施工所能占用的场地是十分有限的。这对整个施工的进度以及施工效率都将产生严重的影响,同时也对人们的出行造成一定的困扰,也可能对周边居民带来噪声污染,因此市政道路桥梁施工环境错综复杂,难度系数较大。

3.城市地下管线较为复杂,施工要求严格

市政道路桥梁施工中场地可能会遍布供热、给水、电力等线路,错综复杂。施工前必须严格排查,以免在施工过程中损坏线路,对居民生活造成影响,并造成不必要的经费投入。

(二)互联网技术在道路桥梁施工管理中的应用优势

影响道路桥梁的建设质量的因素较多,施工过程复杂,天气变化影响较大,同时道路桥梁的施工质量对城市正常运作起到了不可替代的作用,因此,对道路交通的施工要进行有效的管理,以保证其质量。互联网技术的发展和广泛应用,为道路桥梁进行施工管理提供了新思路和方法,可有效地提升工程效益和质量。

1.分工明确

想要快速有效地提高道路桥梁的管理水平,首先需要明确管理层责任、明确分工,将责任落到实处。在运用网络信息技术进行桥梁道路管理的过程中,可划分不同领域的管理层,并以此来进行匹配,这样才能有效地进行管理。同时,也要注重划分管理层内部的级别,通过利用先进的网络技术,对管理者制定管理目标,并建立相互监督的机制。当网络模型建立完成后,要上报上一级主管部门审批,经审核通过后再实施。这样每一级别的工作人员也都可以按照上级的目标

建立各自的模型,形成一个互相关联、互相影响的总网络模型。这样既有利于管理层方便管理,又能够明确操作人员分工,统一工程管理的理念,促进工程管理的有效运行。

2.信息传递高效

网络通信技术的发展使人与人之间的沟通更加便利,也在一定程度和特定的领域内实现了信息的共享。在道路桥梁的建设中利用网络通信技术,可以提高信息收取和传达的速度。道路桥梁管理涉及的因素较多、突发事件较多,因此信息的传递显得尤为重要,高效、迅速地传递信息能够保障工程的进程。网络通信技术的发展为道路桥梁管理中信息的传递提供了机遇,人们利用网络改革道路桥梁的管理方式,保障信息的及时发布。另外,利用网络可以有效地调整施工建设方案和流程,减少事故发生的概率,保障施工进度,保障道路桥梁的安全。

(三)"互联网+"在道路桥梁工程创业中的作用

1.为勘察设计提供技术支撑

(1)全球网络定位系统。全球定位系统在道路桥梁建设初期有着广泛的应用,这种技术可为道路桥梁建设初期提供精确的地理信息数据。工程师可利用此种技术,通过计算机来进行道路桥梁工程的设计。在道路桥梁的实地测量过程中,全球定位系统的使用不仅可避免很多实地测量过程将面临的不必要的麻烦,为这一工作的开展提供很大的便利,而且还能节省大量的人力物力,从而对道路桥梁进行精确勘察。

(2)道路与桥梁通行流量研究。互联网技术的发展使用,为道路桥梁工程建设中的国道主干线设计提供了重要的技术支持。在建设过程中利用集成网络系统的优势,可对实际区域的运输通行流量以及车辆规模等采集精确统计信息,为那些重要技术项目的研究提供可靠的参考信息,实现对运输流数据的科学采集与处理。集成网络系统通过模拟不同道路的路段与实际流量情况,可给出较为全面且形象化的分析。这一系统的使用可大大提升道路桥梁建设的现代化程度。

2.为交通地理信息系统提供支撑

(1)电子地图的应用。互联网技术的快速发展,将空间数据与数据库进行了有效的衔接。以往的信息管理方式正逐渐被淘汰,人们开始采用动态的电子地图。与以往的静态地图相比较,这种新型的动态电子地图能够对数据进行更为精确的采集,而且能储存更多的数据,为交通管理部门对道路桥梁的管理提供了技术保障,极大简化了管理过程的复杂程度。

(2)公路网规划力度的加强。在道路桥梁施工过程中,基于互联网的交通规划模拟软件正逐渐应用于工程建设中并且不断地发展,这对于道路桥梁的交通规划有着科学的指导意义。交通规划模拟软件能够实现诸多方面的功能,能与地理信息系统进行有效的结合,从而加强交通规划的力度。

(3)道路设计和维护。在道路设计和维护方面,互联网技术能够使道路设计及养护过程变得更为合理。利用网络技术,可以计算机为辅助来构建一个数据齐全的数字化地理平台,指导道路桥梁建设的方方面面,有利于三维空间结构的设计,提高了三维空间的形象化分析水平。互联网技术的发展使用可以将各个管理系统之间进行有效的衔接。与人工操作相比,运用先进的技术方法实现对桥梁设备的监测,能够大大降低误差。

3.为道路与桥梁工程建设提供保障

道路与桥梁工程是与国民经济相关性较大的工程项目,因其施工现场情况复杂,受到各方面因素的影响,而且工程建设过程中参与施工的人数较多,这些因素都增加了在施工过程中开展系统管理的困难程度。倘若整个工程建设过程中缺少科学合理的管理方法,将影响整个工程的后续进展。因此,工程师以及相关管理部门必须具备全局观,进行有效的整体规划,安排好工程建设的各个方面,进行有条不紊的管理,这样才能最大限度发挥管理部门的作用。互联网技术的发展使用为道路桥梁的管理工作提供了很大的便利条件。在运用网络规划方法时,工程师经常构建不同的网络模型从而达到管理目标的实现,在这些模型中,分级的管理目标是以总目标为导向设定的,因此目标较为符合实际情况。不同层次的网络规划组成一个有序的总体网络,从而达到有效的管理控制。不同级别的网络层次通过有效的衔接可实现整个施工计划的整体优化,这对总体规划目标的实现具有重要的意义。

4.为道路桥梁工程的养护、管理提供保障

道路桥梁工程竣工以后,经过长时间的风吹日晒会对路面造成损伤,减弱道路承载能力,因此对道路桥梁工程的养护是一项很重要的工作。现阶段,能够借助计算机网络技术的辅助作用使得整个养护工作形成一个功能完善的交流平台,该平台具有较强的数字处理能力,使得道路桥梁工程的三维设计环节变得更加简单方便。作为道路桥梁工程施工的领导者、决策者以及基层的工作人员来说,这些科学技术的应用使得整个维护过程成为一种可视化的管理方式。除此以外,运用先进的网络技能手段还能够及时对道路桥梁工程中出现的施工设备问题进行检测与修复,最大限度地减少出现误差的可能性,保障整个使用过程是高效的、安全的。

拓展阅读

道路桥梁工程施工测量中 GPS 技术应用

1.应用 GPS 技术进行放样测量

在道路桥梁工程的施工过程中，施工单位可以应用 GPS(global positioning system，全球定位系统)技术结合 RTK(real-time kinematic，实时动态)技术来提高放样测量的精度。工作人员应在施工控制网中合理选择控制点，并进行 GPS 基站的设置。一般应设置 2 个以上的操作站，并利用控制器来对比分析道路桥梁工程坐标，以提高放样测量精度，从而为保证后续施工的准确性提供可靠的参考基准。

2.应用 GPS 技术进行平面测量

在很多道路工程及桥梁工程的施工中，施工现场的地形条件往往比较复杂，传统的平面测量技术难以满足实际的施工要求，应用 GPS 技术就可以减少地形因素对测量结果的影响。在实际测量时，工作人员合理确定平面控制网等级并选取相应的坐标系，并在施工控制网中选择地势相对较高的位置，选择 2 个以上平面控制点设置 GPS 接收装置，然后利用全站仪等设备来进行观测测量。在获取 GPS 数据后再通过内业处理来进行数据分析，从而为道路工程及桥梁工程施工提供准确的数据参考。

3.应用 GPS 技术进行高程测量

随着我国道路桥梁工程项目的不断增加，一些施工现场位于山区等复杂地形环境下的工程项目给高程测量带来了较大的困难。传统测量技术由于对通视条件等有较高的要求，因此无法满足施工的实际需要。而应用 GPS 技术则无须保持控制点间通视，可以利用卫星定位来实现对大范围、复杂地形的高程测量。在实际测量工作中，测量人员应根据施工现场的地形地势特点和测量规范要求合理确定控制点数量以及控制点之间的距离，以保证测量的精度。同时，也可以利用静态定位等技术方法来完成高程测量。

4.应用 GPS 技术进行横纵断面测量

在道路工程及桥梁工程的施工过程中，施工单位还可以应用 GPS 技术来进行线路横纵断面的测量。测量人员在实际测量时应首先利用 GPS 技术来准确测定道路中线位置，然后就可以通过 GPS 的动态定位技术结合绘图软件等来结合中线桩点坐标，进行所有桩点纵向断面和路线横断面的测绘了。与传统测量技术相比，利用 GPS 测量技术测量道路、桥梁的横纵断面能够提高数据采集的时效性、全面性和准确性，并且极大地减轻了测量人员外业测量工作的强度，减少了人为因素对测量结果的影响，还有效降低了测量成本，因此在道路、桥梁工程施工中得到了越来越广泛的应用。

（节选自徐军：《浅谈 GPS 技术在道路桥梁工程测量中的应用》，《智能建筑与智慧城市》2020 年第 5 期，第 85~86 页，略有改动）

二、“互联网+”建筑工程

（一）“互联网+”建筑模式解析

1.建筑 O2O 模式分析

（1）运行方式。建筑业 O2O 模式可通过搭建平台整合设计、建材、装修、劳务等资源，打造提供一站式服务的产业链条，从而建立一条全新的生态链，将建筑产业链上下游各个环节的企业联系起来，构建一个大的生态系统，各个单元之间是平行的关系。这种情况下的 O2O 是大平台的概念，需要由具备雄厚实力的企业来担当这样的角色，它具有丰富的资源，熟悉各个单元的业务及管理模式，能够随时调配各个单元的活动。在“互联网+”浪潮下，这是长期发展的方向。建筑业 O2O 模式能够促进建筑企业生产活动所需的各项要素的自由流动，甚至无损耗流通。今天的绝大多数建筑企业还是以传统的模式进行运作，人力资源、机械设备、建材材料等关键的生产要素均由建筑企业自身把控，占用大量的资金。随着信息化的发展，互联网加速了各类生产要素的流动速率，尤其是 O2O 的电商平台上将大大促进建筑业各类资源的全社会共享，优化配置、提高效率。

（2）盈利模式。通过建材类的 O2O 平台，可迅速匹配所需材料、设备，有效降低采购成本。一方面，建材 O2O 平台可能消除建筑行业流通过程中的信息不对称，加快商品流通速度，实现扁平化和去中间化，保证流通精细化，解决物流成本高、效率低问题。另一方面，建筑企业能够通过此类平台进行集中采购、竞价采购等，省去中间环节，降低企业采购成本。

通过劳务 O2O 平台，可迅速匹配符合条件的工人，有效解决劳务用工人手紧缺的问题。中劳网、好工人、匠才汇等建筑劳务 O2O 平台，将劳资双方都聚集在一个平台上，使得双方能在最短的时间里进行匹配，一定程度上缓解了用工紧缺的问题。

经典案例

商凌枫是华中科技大学建筑与城市规划学院研二的学生。2015 年 6 月，他和同校几名同学创建了属于自己的创业团队“WA 创意”装修工作室，将目光对准了大学生单一乏味的寝室格局。

“多少年来，大学宿舍都是千篇一律，非常单调。于是大家就想应该添加点个人色彩，装修一下。”作为团队成员，该校机械学院大二学生章磊负责微信宣传和市场推广的工作。

2015 年 7 月，团队成员曹克勤的同学，成为他们的第一单业务客户。这个客户希望把位于华中科技大学紫崧公寓的一间男生宿舍，装修成一间木质风格的小屋。有的设计效果图，有的选购装修材料，有的负责施工，团队成员分工合作。没几天，就大功告成。洁净的木地板，仿木的墙纸，海蓝色的宿舍门……这间让客户非常满意的“木屋”总共花费才 1200 元。

“木屋”在他们的朋友圈大受欢迎，很快，“WA 创意”团队又接了 3 单业务。团队定位为“互联网+智能寝室定制平台”，成员们在微信上开了网店，设计了 10 多个装修风格模板，客户可以在网上选购下单。包括设计、安装、清洁等在内的一条龙服务，人均花费为 300～400 元，稍微高档一点的，人均花费为 500～600 元。

（节选自屈建成、王潇潇：《单调寝室变脸拉成“主题宿舍”》，《武汉晚报》2015 年 8 月 28 日第 14 版，略有改动）

2.智能联网模式

21 世纪以来，随着 3C（computer、control、communication）技术的不断发展及关键技术的突破，智能建筑在世界各地蓬勃发展。

建筑设备自控系统主要对智能建筑中的变配电系统、照明系统、空气调节系统、供热通风系统、给排水系统、消防系统、安防系统、电梯系统等子系统中的设备进行监视和控制，对其中的能源使用情况进行集中管理、分散控制。建筑设备自控系统的运行水平也决定了此智能建筑的智能水平。

一旦物联网技术融合在建筑设备自控系统中，建筑监控的范围扩大，监控的设备数量、类型将根据需要随意增加，传输网络更加快速、安全，对设备的监视信息处理将更及时，降低机电设备运行能耗，可以轻松实现建筑设备的远程监控，使智能建筑更加绿色环保。

（二）“互联网+”建筑的发展趋势

1.建造技术的发展非常迅速

伴随着“互联网+”时代的到来，一些建筑企业也和互联网企业进行了深度的合作，尤其是在技术方面，促进了建筑企业技术的进步。比如一些比较知名的建筑企业，积极投入建设了 BIM 公共平台。

2.“互联网+”和施工管理进行了有效的结合

现在越来越多的建筑企业开始深度利用BIM技术，进行集成化的管理和可视化的管理，利用这种方式能够很大程度上提高工程的质量。让这项技术参与到建筑单位的信息管理中，不仅能够实现数据的相互连通，缩短不必要的施工周期，而且还能够降低单位的成本，有效地避免出现大量索赔问题，从而提高了工程管理的效率。也正是这样，在建筑产业发展的过程中这种管理方式得到广泛应用，这种管理方式已成为现代化管理的主要趋势。

（三）弘扬工匠精神和传承鲁班文化

每个行业都有自己的历史传承和文化底蕴。对于中国建筑行业和建筑业创业而言，最有代表性的传统文化就是鲁班文化。鲁班文化具有三大精髓：一是精湛，二是勤奋，三是创新。新时期鲁班文化还有其新的内涵：严守规矩、诚信执业的工匠本色，勤于思考、勇于探索的创新意识，吃苦耐劳、爱岗敬业的奉献精神，尊重规律、求真务实的科学态度，精益求精、追求卓越的品牌战略，互相帮衬、合作共赢的行业风尚。

在经济发展新常态的背景下，加强企业文化建设，弘扬工匠精神和传承鲁班文化，提升建筑企业软实力，对新时期建筑业持续发展和建筑业创业具有很强的现实意义。

第一，它是建筑业创业积极践行党和国家关于弘扬优秀民族传统文化要求的具体体现。鲁班是我国古代优秀的工匠和杰出的发明家。他集匠心、师道、圣德于一身，给我们民族留下了崇信物质文明和精神文明的宝贵遗产。历史是根，文化是魂。在产业面临转型升级、日益重视工匠精神的今天，建筑业创业应该把优秀的传统文化和精神遗产与时代脉搏相结合，突出行业特色，为社会注入正能量，产生较好的社会效益，提升建筑业的社会影响力。

第二，有利于培养先进的建筑行业文化，有助于持续促进工程质量和安全生产水平的提高。住建部早在2014年全国工程质量治理两年行动电视电话会议上就指出，要通过工程质量治理两年行动，集中解决一批存在的问题，特别是通过解决问题，建立起一个新体制和新机制，形成一个习惯，乃至形成一种文化。住建部希望通过这项活动形成一种激励机制，树立一个品牌，成为企业精细管理、诚信经营、树立社会形象的追求目标，成为行业激励上进、崇尚竞争、奉献社会、展示建筑业把提高工程质量视为生命的决心和见证。建筑业创业必须响应这个主题才能生存和长远发展。

第三，有利于促进一线操作工人学技术、钻业务，提升行业整体素质，打造一支新型的建筑产业工人队伍。建筑业是劳动密集型产业，一线工人素质的高低直接影响着建筑产品质量和安全生产。大力弘扬工匠精神，传承鲁班文化，表彰建筑业的典型人物，传播建筑业好故事，唱响建筑业好声音，可以引导社会公众改变对建筑业“土、粗、脏、累”的印象，有效提升建筑人的职业声望，在行业内形成一种精益求精、追求卓越的文化氛围，从而吸引更多优秀的年轻人投身建筑业，激励一线从业者爱岗敬业，踏踏实实学习新技术、掌握新本领，从而为打造一支高素质的新型产业工人队伍奠定基础。

思维导图

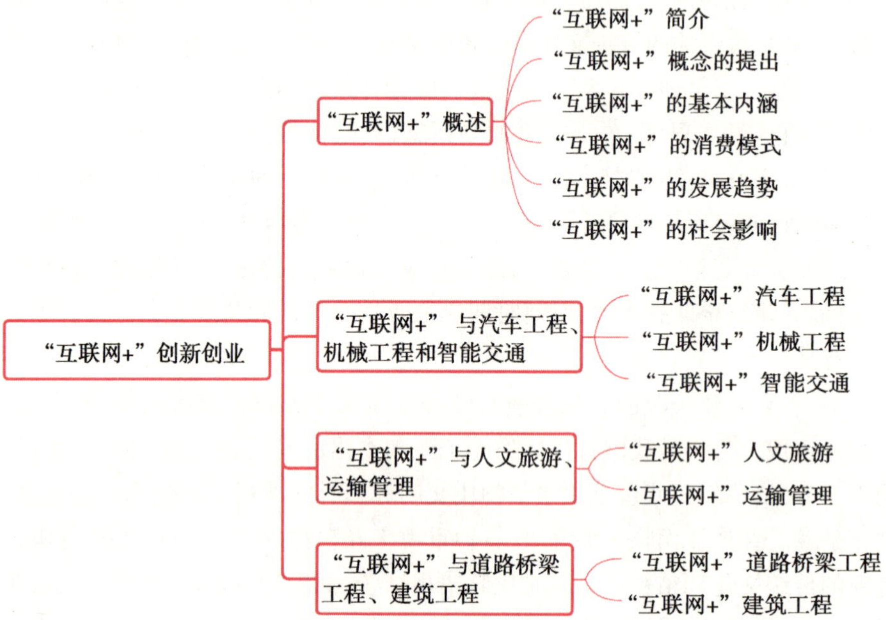

图 10-2　本章思维导图

项目实训

结合自己所学专业，实地调研与本专业有关的企业创业者（至少 3 位），了解和分析“互联网+”在本专业的运用及创新。

参考文献

1.储克森,姚晓峰.创新创业教育[M].北京:机械工业出版社,2020.

2.戴兰平,朱艳军,夏利波.大学生创业基础[M].长沙:湖南大学出版社,2018.

3.杜鹏举,罗芳.大学生创新创业基础[M].北京:中国铁道出版社,2018.

4.杜永红,梁林蒙.大学生创新创业教育:基于互联网+视角[M].2 版.北京:清华大学出版社,2019.

5.郭斌,王成慧.大学生创新创业案例:第二辑[M].天津:南开大学出版社,2016.

6.郭友鹏,高泽金.大学生创新创业实务[M].北京:高等教育出版社,2017.

7.胡龙廷.大学生创业基础[M].北京:机械工业出版社,2017.

8.李红梅,赵婷.大学生创新创业指导实务[M].北京:电子工业出版社,2019.

9.马化腾,张晓峰,杜军,等.互联网+:国家战略行动路线图[M].北京:中信出版社,2015.

10.马旭晨,吴雁南,吴波,等.创新创业工具箱[M].北京:机械工业出版社,2018.

11.马雅红.大学生创新创业教育基础与能力训练[M].北京:北京理工大学出版社,2016.

12.缪莹莹,孙辛欣.产品创新设计思维与方法[M].北京:国防工业出版社,2017.

13.卿臻,罗兰芬.大学生创新创业教育[M].北京:国家行政学院出版社,2018.

14.徐军,徐全忠.大学生创新创业基础[M].北京:高等教育出版社,2020.

15.杨京智.大学生创新创业基础:大赛案例版[M].北京:人民邮电出版社,2020.

16.杨志群.大学生创业体系的科学构建[M].北京:科学出版社,2016.

17.姚凯.大学生创业导论[M].北京:清华大学出版社,2015.

18.叶龙.从爆文到爆款:新媒体内容运营创业宝典[M].北京:清华大学出版

社,2018.

19.钟晓军.“互联网+”背景下大学生创业支持体系研究[M].杭州:浙江大学出版社,2016.

20.周欢伟.创新创业基础[M].北京:机械工业出版社,2018.

21.朱刚利,莫桂海,刘浩宇.大学生创新创业[M].北京:北京师范大学出版社,2020.

22.郝青.道路桥梁工程常见病害及施工处理技术[J].交通世界,2018(7):60-61.

23.苗圩.发展智能网联汽车的六大重点工作[J].汽车纵横,2017(7):21-23.

24.侯仲军.网络技能在道路与桥梁工程中的应用[J].工程技术(文摘版),2016(3):11.

25.王保华,邓召文,陈小兵.基于“互联网+汽车”战略的汽车产业发展政策思考[J].拖拉机与农用运输车,2017,44(2):1-3,11.